JN436441

지상의 풍경

허상문
영남대학교 영어영문학과 교수로 재직 중이며, 문학평론가 · 수필가 · 여행칼럼니스트로 활동하고 있다. 평론집 『오디세우스의 귀환』 『존재와 초월의 미학』, 산문집 『시베리아는 눈물을 흘리지 않는다』 『실크로드의 지평에 서서』, 영화평론집 『우리 시대 최고의 영화』, 번역서 『생명의 불꽃, 사랑의 불꽃』 등 다수의 저서가 있다.
이메일 smhuhh@naver.com

지상의 풍경

초판 발행 2016년 6월 7일

지은이 허상문 / **펴낸이** 노석균 / **펴낸곳** 영남대학교출판부

출판등록 1975년 9월 5일 경산 제16-1호

주소 경북 경산시 대학로 280 / **전화** 053) 810-1801~3 / **FAX** 053) 810-4722 / 홈페이지 book.yu.ac.kr

ISBN 978-89-7581-523-2

지상의

풍경

……………………허상문 지음

어딘가로 떠나기 위해서 지도를 들여다보기 시작하면 그때부터 나의 가슴은 떨리기 시작한다. 내가 여행을 떠나는 까닭은 또 다른 세상과 그곳에서 살아가는 사람들을 만나기 위함이다. 공항에서 오가는 사람들과 그들을 실어 나르기 위해 날아가는 비행기들은 언제나 생명감이 넘쳐난다. 저 멀리 또 다른 세상에서 나를 기다리고 있을 풍경과 익명의 존재를 만나기 위해 떨리는 가슴을 다스리며 낯선 땅으로 떠나면서 황홀한 여행의 서사는 시작된다.

여행은 언제나 고달프고 힘든 길이었다. 꿈에서도 그리워한 세상의 풍경들은 좀처럼 그 속살을 쉽게 드러내 보여주지 않는다. 낯선 곳에서 낯선 사람들을 만나면서 다른 세상에 던져졌다는 절대적인 고독과 여수를 한참이나 견뎌낸 이후에야 비로소 지상의 풍경들은 꽁꽁 싸매둔 자신들의 속살을 조금씩 드러내기 시작한다. 아득한 원시적인 자연의 신비를, 숨겨진 역사에 접근할 신성한 통로를, 인간의 위세에 의해 은폐되어버린 신화의 울림을, 일상 속에서 고단하게 살아가는 사람들의 꿈틀거리는 숨소리를 조금 씩 조금 씩 보여준다.

삶은 상처이고, 여행은 그 상처를 확인하는 길이다. 삶은 그 무언가로부터의 더럽힘이며, 우리는 그러한 더럽힘으로부터 벗어나기 위해 미지의 어딘가로 떠나고자 한다. 우리의 삶에서 누구도 영원히 행복할 수는 없고 영원히 살수도 없다. 우리에게는 아주 잠시 행복한 순간이 스쳐 지나갈 뿐이다. 잠시의 행복이 지나가고 나면 다시 상처가 덕지덕지 난 일상을 꾸역꾸역 살아가며 슬퍼하고 눈물지어야 한다. 우리 모두는 상처에 홀린 사람들이다. 언제나 이 세상을 떠도는 여행길은 인생길과 다르지 않았다. 여행길은 그저 나와 같이 이 세상에서 살아가는 사람들의 모습을 바라보고 그네들의 상처를 확인하는 길이었다. 그런 의미에서 여행은 바로 나의 내부에 도사리고 있는 아픔을 통해 이 세상에 흩어져 있는 또 다른 아픔을 확인하는 작업인지 모른다.

여행길에서 만난 사람들은 모두 나와 같이 상처투성이었다. 시대와 세상이 인간에게 가하는 온갖 슬픔과 고통을 다 뒤집어 쓴 사람들이었다. 그러나 슬픔과 고통으로 망가진 사람들의 가슴 속에는 그래도 끝내 간직해야할 인간의 모습이 담겨있었다. 그들의 모습과 마음을 바라보는 것은 눈물겨운 일이었다. 여행길에서는 굳이 역사니 문화니 하는 거창한 화두가 필요 없었다. 저 낯선 세상 어딘가의 뒷골목에서 만났던 헐벗고 고단한 삶을 살아가던 사람들이 흘리던 한 방울의 눈물, 밤을 도와 사막을 가로질러 달려가던 야간열차, 길가에 서럽게 핀 들꽃 하나, 그것이 바로 역사이고 문화이고 사상이었다.

여행은 평생을 그리워하면서도 쉽게 만나지 못하는 '그 누군가'와 '그 무엇'에 대한 그리움과 같은 것이었다. 사랑이 끝나고 그리움이 시작된 후, 여행이 끝나고 풍경이 사라진 후, 그 자리에 남아 있는 것은 무엇인가. 여행의 풍경이 끝나는 지점에는 언제나 또 다른 그리움이 있었다. 그리움은 세상과 존재를 흡수해 버리기도 하고 뱉어버리기도 한다. 여행은 자아와 타자, 이승과 저승 사이의 경계를 허무는 이정표이다. 여행에서의 풍경은 시간에 갇혀 있기도 하고 시간을 떠나 있기도 하다. 또 일순간 나타났다 사라진다.

나는 오늘도 신 새벽에 일어나 어디론가 떠날 꿈을 꾸고 있다. 바람 부는 날 그 무언가가 그리워지면 나는 언제나 떠날 준비가 되어 있다. 프라하로 달려가 카를교를 거닐 것이고, 상트 페테르브르크로 가서 레닌의 절망을 바라볼 것이고, 더블린으로 가서 제임스 조이스와 기네스에 취할 것이고, 히말라야를 오르고 갠지스 강을 바라 볼 것이다. 나의 상처이며 나의 그리움이며 나의 희열인 저 지상의 풍경들을 만나기 위하여….

차례 |

실크로드 대장정

비잔티움으로의 항해

그리스에서 신들과 보낸 시간

이탈리아 여행기

이집트 문명을 찾아서

영문학과 함께 한 영국기행

프라하의 봄, 그리고 가을

아우슈비츠에 대한 명상

두브로브니크의 노을

USA! USA!

캐나디언 록키를 오르며

또 하나의 문명, 앙코르와트

부에노스아이레스에서 사랑은 없다

마추픽추 가는 길

티베트, 그 잃어버린 땅의 순례

라싸에서 말하다

라싸공항에서 시내로 들어오는 길에 깨끗한 공기와 강, 그리고 푸른 하늘을 바라보면 저절로 감탄사가 나온다. 티베트의 고원에 위치한 라싸는 표고 3,650m나 되어서 사람들은 공항의 트랩을 내리면서부터 숨이 차다는 것을 느끼게 된다. 티베트어로 '신의 땅'이란 의미를 지닌 라싸는 지금은 중국 티베트 자치구의 구도區都이다.

티베트의 다른 지역과 마찬가지로 라싸도 연교차보다 일교차가 더 커서 그곳에서 하루를 보낸다면 아마도 하루사이에 사계절을 다 맛볼 수 있을 정도였다. '태양의 도시'라는 별칭답게 라싸의 일조시간은 다른 지역보다 특히 길어서 해가 뜬 이후 거의 내내 내리쬐는 강렬한 태양열 때문에 순식간에 피부와 입술이 말라왔다.

라싸는 처절할 정도로 아름다운 곳이다. 살을 태울 듯이 파고드는 강렬한 햇살과 밤이 되면 금세 얼굴에 쏟아 질 것 같은 별들은 장엄한 포탈라 궁을 더욱 눈부시게 한다. 라싸에 머무는 동안 포탈라 궁의 장엄하고 신비로운 모습은 밤잠을 설치게 했다. 오래된 게스트하우스에서 여행의 상념에 휩싸여 잠을 이루지 못하며 뒤척이고 있을 때, 달라이 라마가 꿈결에 나타나 준엄한 얼굴로 "지금 포탈라 궁으로 달려가 그 모습을 보라."고 소리쳤다. 잠자리에서 떨쳐 일어나 포탈라 궁으로 달려갔을 때, '포탈라티베트어로 '성지(聖地)''는 그곳에 깨어 있었다. 하늘의 모든 별을 머리 위에 가득 이고 지상의 모든 사람들이 잠든 새벽의 고요와 정적 속에서 신비를 가득 머금은 채 포탈라 궁은 장엄하게 거기에 서있었다.

포탈라 궁의 명멸

포탈라 궁은 티베트의 우울한 역사와 명멸을 같이해 왔다. 코발트빛 하늘과 금빛 찬란한 지붕들이 어우러져 장관을 이루는 이곳은 영화 〈티베트에서의 7년〉에서도 묘사되고 있듯이, 바로 14대 달라이 라마가 어린 시절 구식 망원경으로 티베트 사람들의 삶을 엿보곤 했던 곳이기도 하다. 달라이 라마가 망원경으로 내려다보던 시절의 라싸와 달리 이제 이 땅은 중국의 것이 되어 버렸고, 이곳에 사는 사람들의 정신마저도 거의 중국화 되어 버렸다. 시가지를 내려다보면서 나그네는 멈출 수 없는 세월과 역사의 흐름에 묘한 분노를 느끼게 된다.

포탈라는 이 지상의 모든 성聖과 속俗을 한 몸에 안고 있었다. 금방 쏟아져 내릴 것 같은 별들과 교교한 달빛 아래에서 포탈라 궁은 신비롭게도 사방의 어둠과 조화를 이루며 검은색에서 자주색으로 다시 회색에서 흰색으로 변화되어 가고 있었다. 포탈라는 단순한 건축물이 아니었다. 거기에는 사랑과 평화의 정신이 담겨 있었다. 그것은 바로 티베트 사람들의 아름다운 영혼의 모습이기도 했다. 포탈라의 머리 위에서 별들이 하나 둘씩 사라져 가기 시작하고 새벽 여명이 다가 올 때까지도 나는 그 곳에서 망연히 서성대며 떠날 수가 없었다.

그러나, 라싸는 더럽고 지저분한 곳이다. 거리에는 매연과 소음이 가득하고, 뒷골목 곳곳에는 온통 오물과 쓰레기가 쌓여 있으며, 사람들의 얼굴은 야크 버터기름에 절어 평생 한 번도 세수를 하지 않은 것 같은 검은 모습이다. 그들은 색깔을 분간할 수 없는 때에 찌든 옷을 입고 꼬질꼬질한 마니 차티베트 불교의 경문이 들어있는 신앙도구만 열심히 돌리며 다닌다.

티베트 사람들의 영혼과 삶

티베트 사람들은 가난에 찌든 얼굴을 하고 있지만, 자신들의 가난을 미워하지 않는다. 티베트를 진정으로 아름답게 해 주는 것은 티베트 사람들의 영혼과 그들의 삶이다. 그들은 최소한의 물질로서 삶을 영위해 나가고 있지만, 자신들의 영적인 삶에 대한 존엄을 지니고 있다. 그들은 욕망과 소유에 근거한 문명의 삶을 멀리하고 있지만, 티베트 사람들의 삶에는 영혼의 풍요로움이 담겨 있었다. 원래 그들은 유목생활을 하며 자연 속에서 먹을 것을 구하고, 공동체적인 인간적 연대 속에서 영위하는 무소유의 삶이 기본적 삶의 태도였다. 그래서 아직도 그들에게는 적어도 인간과 인간, 인간과 자연 사이의 평화롭고 풍요로운 관계가 살아 있는 듯 했다.

진정으로 아름다운 삶이란 무엇인가? 정신과 영혼 없이 물질적 풍요로움만을 누리는 것이 아름다운 삶인가? 문명과 자본은 끊임없이 세계를 정복하고자 하고, 물질은 인간을 온갖 욕망에 사로잡히게 해서 사회적·인간적 재앙을 낳고 있는 것은 아닌가? 자본주의 삶의 체제에서 인간은 온갖 욕망에 사로잡혀 그 노예가 되어있는가? 권력에 대한 욕망, 돈에 대한 욕망, 육체에 대한 욕망…. 그러나 티베트 사람들은 이 같은 욕망으로부터 자유로웠다. 티베트 사람들에게서는 '가난의 아름다움'이 일상적으로 우러나는 듯 했다. 그들에게는 물질에 대한 탐욕도 소비와 향락에 대한 욕망도 없었다. 눈만 뜨면 소비와 소유와 향락만을 추구하는 자본주의적 삶의 방식에 깊게 물들여진 우리의 삶 속에 때로 가난이 아름다움으로 여겨 질 수는 없을

까. 티베트 사람들의 맑은 영혼을 바라보면서 자본주의의 정점에서 날아온 나그네의 마음은 내내 편치를 못했다.

티베트 사람들은 언어로 말하는 것이 아니라 표정으로 말한다. 외지인들이 "타쉬탈레안녕하세요."하고 인사를 해도 그들은 그저 이빨을 씩 드러내며 싱긋 미소를 지을 뿐이다. 그러나 티베트 사람들의 그 미소 속에는 깊은 삶의 무게와 가슴 속에서 우러나는 영혼이 담겨 있었다.

조캉사원의 오체투지

티베트 사람들의 영혼의 아름다움은 종교와 역사에 대한 그들의 태도에서도 여실히 드러난다. 그들의 종교와 역사에 대한 믿음은 거의 맹목적이다. 그들의 종교에 대한 믿음에는 독선과 세속의 냄새가 없다. 그저 자신들이 믿는 바에 대하여 거의 맹목적으로 새벽부터 마니차를 돌리며 조캉 사원으로 모여들어 온몸을 내던지며 오체투지五體投地를 한다. 조캉 사원은 라싸 구 시가지의 중심 바코르 지역에 위치하고 있으며, 티베트 전역의 순례자들이 이곳에 모여들어 예불을 드리는 가장 신성한 사원으로 여기는 티베트 최고의 성지이다. 조캉이란 티베트어로 '부처의 집'이란 뜻을 가지고 있다고 한다. 이 사원은 약 647년에 창건된 티베트 최초의 목조건축으로, 지금까지 오랜 역사를 자랑한다.

티베트인들 성지순례의 마지막 여정이 바로 이 사원이며, 광활한 티베트 땅 곳곳에서 오체투지를 하며 찾아 온 끝없는 순례자들로 인해 그 돌계단은 닳아서 반들거릴 정도다. 또한 조캉 사원 내에는 약 1백여 개의 마니차가 있는데, 사원에 들어오는 모든 사람들은 이 마니차를 돌리며 순례를 시작한다. 뿐만 아니라 마니차 안에는 불경이 인쇄된 종이가 들어 있으며, 티베트사람들은 마니차를 한번 돌리는 것이 경전을 한번 읽은 것이라 믿기 때문에 티베트의 거리 곳곳에서는 어른 아이 할 것 없이 마니차를 돌리며 다니고 있다.

종교가 무엇인가? 온갖 이기와 독선과 아집으로 무장된 채 오직 자신과 가족과 종파의 복을 비는 것이 종교인가? 새벽에 추적추

적 내리는 비를 맞으며 조캉 사원에 이르는 티베트사람들의 순례가 오직 자신의 행복과 종파를 위한 것은 아닌 것 같았다. 저들은 왜 캄캄한 새벽길의 순례를 하면서 조캉 사원으로 모여드는 것일까? 5년여 동안을 계획하고 청해호에서 오체투지로 조캉 사원까지 걸어온 참배객도 보았는데, 이들은 무엇 때문에 그렇게 오랜 시간 자신의 온몸을 내던지며 험난한 길을 순례하며 참배하는 것일까? 오체투지의 의미는 무엇보다 자기 자신의 몸을 낮추는 겸손을 의미하는 것이며, 둘째는 부처님에 대한 맹목적 존경을 의미하는 것이라고 한다. 오체투지를 하면서 어떤 생각을 하고 무엇을 비는가 하는 것은 전적으로 하는 사람의 마음에 달려 있겠지만, 이들의 기원과 기도는 개인적인 소원성취보다는 자기반성과 다른 사람을 위한 것이라는 생각이 들었다. 나는 비 내리는 새벽길 순례의 맨 꽁무니를 숨죽여 따라 가면서 티베트 사람들의 종교와 믿음이 어떠한 것인가를 떨리는 가슴으로 엄숙하게 확인할 수 있었다.

티베트 사자의 서書

물질문명이 지배하고 있는 오늘날의 현실에서 인류의 지속적 발전과 번영을 위해서는 물질과 정신의 조화는 절실한 과제이다. 그러한 이유에서, 종교가 의미하는 바는 실로 대단하다. 모든 종교는 인간개개인의 구원의 도구로서 기여하기 전에 철학적으로 인간의 본질적 고통을 해결할 수 있는 방법을 제시하고 있다. 현대의 기술문명사회에서는 과학이 철학과 종교를 압도하고 있어서, 과학만이 진보적이고 종교나 철학과 같은 정신의 영역은 구시대의 유물처럼 생각되고 있다. 그러나 오늘의 과학이 비록 인간의 질병과 같은 육체적 고통을 해결하는데 커다란 기여를 하고 있는 것이 사실이지만, 그것이 인간의 보다 근원적 고통, 이를테면 죽음이라든가 사후의 세계에 대한 물음에까지 답할 수는 없는 것이다.

이러한 의미에서 종교를 소박하게 정의한다면, 종교는 바로 허약한 인간 영혼의 치료제이고 안식처이다. 우리의 몸이 아프면 병원을 찾듯이, 우리의 영혼이 아프면 우리는 정신적 치료를 받아야 하는 것이다. 그러나 우리의 영혼은 온갖 유혹과 욕망에 사로잡혀 있으면서도 종교에 기대어 구원을 얻고자 한다. 현대사회에서는 모든 것이 욕망 충족의 대상이 되지만, 적어도 종교는 인간의 욕망을 채우기 위한 수단이 되어서는 안 될 것이다. 중요한 것은 종교를 통해서 그 무엇에 집착하거나 얻고자 하기 보다는 종교를 통하여 우리들 자신이 누구인지 이 세상이 무엇인지 알고자 하는 태도이다.

덧없는 삶에의 유혹으로부터 벗어나라.
자만심으로부터, 무지로부터, 어리석음의 광기로부터.
속박을 끊어라. 그때 비로소 그대는
모든 괴로움으로부터 완전히 자유로우리라.
생과 사의 사슬을 끊어라.
어리석은 삶으로 빠져드는 이치를 알고
그것을 끊어 버려라.
그때 비로소 그대는 이 지상의 삶에 대한
욕망으로부터 자유롭게 되어
고요하고 평온하게 그대의 길을 걸어가리라.
–『티베트 사자의 서』에서

지금도 티베트 사람들은 오체투지를 하며, 그리고 '옴마니팟메홈'을 외치며 오로지 순수한 인간영혼의 구원을 위해 기도하고 있다. 티베트에 머무는 동안, 내가 그들에게 더욱 가까이 다가갈 수 없었던 것은 그들과 언어가 통하지 못했기 때문이 아니었다. 티베트사람들의 그 아름다운 영혼을 읽어낼 수 있는 따뜻하고 순수한 가슴이 없었기 때문이었다. 아 ! 그 막막함이 라싸의 마지막 밤을 보내는 나그네의 마음을 더욱 슬프게 했다. 이제 곧 날이 밝으면 라싸를 떠나야 한다.

흐르는 얄룽창포 강을 따라서

프랑스인 부부, 독일 사진작가와 나를 태운 지프는 라싸를 떠난 지 오래되지 않아 곧 얄룽창포강을 끼고 달리기 시작했다. 티베트의 전역에 걸쳐 유장하게 흐르고 있는 얄룽창포창포란 티베트어로 '큰 강'을 의미한다는 서부 티베트에서 시작하여 방글라데시까지 약 2,900km에 이르는 긴 강이다.

얄룽창포 곁을 달리던 지프는 곧 '우정공로' 위로 올랐다. 우정공로의 길이는 장장 725km에 달했으며 라싸에서 네팔의 국경도시인 장무까지 연결되어 있다. 지프는 얌드록쵸쵸는 티베트어로 호수를 뜻한다를 향해 달리기 시작했다. 군데군데에 야크들이 방목되고 있는 모습과 폐허가 된 사원들의 잔해가 덩그렇게 먼지 속에 쌓여 있었다. 교행이 힘들 정도의 좁은 협곡을 아슬아슬하게 달리던 지프가 갑자기 하늘이 열리는 넓은 초원길 위로 들어섰다.

돌탑들 군데군데에 룽다기도문이나 불교경전을 오색의 천에 꿰어 다발로 묶어놓은 일종의 만장. 파랑은 하늘, 노랑은 땅, 빨강은 불, 흰색은 구름, 초록은 대양을 나타낸다와 탈초우리의 시골 마을 어귀의 솟대와 같은 것가 거센 바람을 맞으며 어지럽게 날리고 있었다. 천길 낭떠러지 저 아래 비취색의 얌드록쵸는 찬란하게 빛나고 있었다. 얌드록쵸는 라모 라쵸, 남쵸, 마나사로바와 함께 티베트의 4대 신성한 호수의 하나로 꼽힌다. 특히 이 호수는 '분노한 신神들의 휴식처' 라 하여 많은 순례자들이 찾아든다. 전갈 모양을 한 웅대한 자태의 이 호수는 짙은 청갈색을 띠고 물이 흘러들어 가지도 못하고 빠져 나가지도 못한다고 한다.

저 멀리 만년설을 안고 있는 히말라야를 바라보며 이 아름답고 경이로운 호수는 때로 한 많은 티베트의 역사에 분노한 신들의 안식처로, 때로 순례자들의 갈증을 풀어주는 오아시스의 역할을 하며, 그리고 때로는 머리 위에 찬란한 무지개를 안고 여행객들에게서 경탄을 자아내게 하며 억겁의 세월을 이곳에 자리하고 있다. 잠시 고개에 앉아 가쁜 숨을 가다듬고 있으니 어디선가 야크의 목에 걸린 종소리도 들리고, 얌드록쵸를 따라 방목되고 있는 양떼들의 평화로운 모습이 보이기도 하였고, 마니차를 돌리며 순례자들도 지나간다. 이 허허벌판의 고산에도 생명은 어김없이 살아 숨 쉬고 있었다.

얌드록쵸를 떠난 지프는 북쪽 고원길을 택해 시가체를 향해 달려가기 시작했다. 고원 길은 다양한 모습으로 다가온다. 때로는 천애의 낭떠러지가 아득한 산을 오르다가도 끝없이 불모의 들판이 계속되는가 하면, 또한 순식간에 웅장한 계곡과 강이 나타나 여행객들을 압도한다. 푸른 들판이 계속되다가 갑자기 고도가 높아지면서 주위의 산들은 아무 것도 살지 않는 갈색으로 바뀐다. 그 갈색의 산 밑으로 흐르는 강물은 황토 빛의 흙탕으로 거센 소용돌이를 치면서 흐르기도 한다. 그러기를 반복하다가 마침내 밤10시가 지난 늦은 저녁 시간에 주위의 평지가 다시 보리밭으로 바뀌면서 시가체에 도착했다.

시가체의 타쉴훈포사원

시가체는 티베트 제2의 도시로 과거 창지방의 수도이다. 시가체도 티베트의 다른 도시들과 마찬가지로 중국인 구역과 전통적인 티베트인 구역으로 나뉘어져 있다. 티베트인 구역은 북쪽의 시가체 종과 서쪽의 타쉴훈포 사원 사이에 형성되어 있는 구 도시 지역이었다. 라싸에 조캉 사원이 있었듯이 시가체에는 타쉴훈포 사원이 있었다.

모택동의 붉은 군대가 히말라야의 눈 덮인 나라 티베트를 잔인한 무력으로 정복했을 때, 수백만 명의 티베트사람들이 죽어갔고, 사원과 불교문화는 완전히 파괴되어 버렸다. 티베트는 히말라야의 고원지대에서 고립되어 있었기 때문에 세계정세에 어두웠고, 현대에 들어서도 영국과 중국을 비롯한 외세에 빈번히 억압당해 왔다. 티베트사람들은 세계의 변화나 문명의 세계에 대해서는 관심을 가질 이유가 없다고 믿고 있었다. 티베트사람들은 오직 삶이 지닌 지고至高의 가치는 삶과 죽음을 초월하는 깨달음과 내면세계의 탐구에 있을 뿐이라고 생각했다. 중국은 티베트를 마치 자신들의 오랜 역사 속의 일부분인 양 티베트 역사와 문화를 말살하려 했지만, 중국 공산주의에 동화될 수 없는 영혼을 지닌 티베트, 아무리 말살하고자 노력해도 티베트 산천의 야크 떼와 같이, 그리고 부초같이 끈질긴 생명력을 지니고 다시 되살아났다.

자신의 사랑하는 조국 땅의 포탈라궁과 노블링카를 버리고, 티베트사람들을 떠나 이국땅에 망명해야 했던 달라이 라마의 심정이 어떠했을까. 사랑하는 조국의 아들딸들의 죽음을 바라보면서 부처님의 발등을 부여잡고 피 같은 눈물을 쏟으면서도, 그는 어둠이 걷히고 세상에 밝은 빛이 드리워지면 다시 조국을 향하여 사랑의 미소를 짓지 않을 수 없었다. 달라이 라마는 열아홉의 어린 나이에 망명길에 오른 채 아직도 티베트로 돌아오지 못하고 있지만 티베트 사람들은 그가 언젠가는 티베트로 돌아 와 자신들의 영적인 지도자가 되리라 확신한다.

티베트사람들은 비록 역사와 정치가 무엇인지 모르지만 자신들의 가슴 속에 오직 달라이 라마를 깊이 간직하고 있다. 티베트 사람들의 가슴에 부처로 자리하고 있는 영적인 존재인 달라이 라마와 그를 따르는 티베트 민족의 험난한 인생길은 숙명과 같은 장엄한 구도여행이라 할 수 있을 것이다. 그리고 지금 티베트에서 그들의 삶과 역사의 흔적을 쫓고 있는 나의 여행도 새로운 인간과 영혼의 세계를 만나기 위한 구도의 순례라고 한다면 지나친 표현일까.

집 없는 자는 집을 그리워하고

사원 전역을 감싸고 있는 동쪽 편의 언덕꼭대기에 오르면, 지금은 폐허가 된 시가체 종을 볼 수가 있다. 이곳은 과거 창지방의 왕들이 거주하던 곳으로 라싸 봉기 때 파괴되어 지금은 흔적만 남아 있다. 여기서는 시가체 주변의 계곡을 포괄하는 자연경관이 펼쳐지고 있었다. 그리고 이곳에서는 간혹 티베트 장례의 한 방식인 조장鳥葬이 이루어진다. 티베트인들의 장례풍습은 매장, 화장, 수장 등 여러 가지가 있지만, 가장 일반적인 방식이 조장이라고 한다. 조장은 육신을 토막 내고 뼈는 짓 빻아 버무려 지정된 높은 장소에서 새가 먹을 수 있도록 던져 주는 것이다. 장례과정은 죽은 자의 영혼을 인도하는 의식을 라마의 주도하에 두 세 시간 치른 뒤에 조장을 치른다.

조장이 티베트에서 일반화 될 수 있었던 것은 영혼이 떠나고 나면 더 이상 육신은 아무 쓸모없는 단편에 불과한 것일지 모르지만, 그것은 어떠한 형태로든 이 세상에 변화를 일으키는 고귀한 것이라고 생각하는 티베트인들의 철학에 바탕한 때문이었다. "인간은 어차피 죽어 한줌의 재가 될 것을 알면서도 그렇게 온갖 고뇌와 갈등에 휩싸여 다툼을 하는 것인가. 살아 있는 동안에는 두려워하지 않다가 죽을 때가 되어서야 두려워하는 것보다는, 살아 있는 동안에 죽음을 두려워하고 죽을 때는 두려워하지 않는 편이 훨씬 낫다."는 티베트 불교의 경구警句는 언제나 삶과 죽음의 연관 속에서 우리들의 인생을 되돌아 볼 것을 가르친다.

자정이 지난 시간에 잠자리에 들었지만 시가체의 거리에서는

개짓는 소리가 계속 들려왔다. 삶은 무엇이고, 죽음은 무엇인가? 인생에서 얻음은 무엇이고 또 잃음은 무엇인가?

집이 없는 자는 집을 그리워하고
집이 있는 자는 빈 들녘의 바람을 그리워한다.
나 집을 떠나 길 위에 서서 생각하니
삶에서 잃은 것도 없고 얻은 것도 없다.
모든 것들이 빈 들녘의 바람처럼
세월을 몰고 다만 멀어져 갔다.
어떤 자는 울면서 웃을 날을 그리워하고
웃는 자는 또 웃음 끝에 다가올 울음을 두려워한다.
–류시화의 〈길 위에서의 생각〉 일부

티베트의 유목민들

아침 일찍 시가체를 떠난 지프는 멀리 히말라야산맥이 있는 세계의 지붕을 향해서 다시 고원 길을 질주하기 시작했다. 시가체를 떠난 이후 평원의 풍광은 그 이전과는 다른 모습으로 눈앞에 전개되기 시작했다. 그저 눈이 시리다고 표현할 수밖에 없는 탁 트인 푸른 하늘, 그 아래 고원의 초원은 끝없이 펼쳐진다. 고개에 걸려 펄럭이며 여행의 행운을 기원하는 듯한 오색의 룽다, 그 끝에 간혹 그려놓은 듯이 자리하고 있는 유목민들의 텐트와 그 근처를 야크와 양 떼들을 이리저리 몰며 유유자적하고 있는 유목민들, 이 위대한 자연이 만들어 내고 있는 풍광 속에서 나는 지금 천국 어딘가를 거닐고 있는 것이 아닌가 하는 환상에 사로잡히곤 했다.

티베트 유목민들은 자신들을 스스로 '드로프카'라고 부른다. 드로프카는 양떼와 야크 떼들을 몰고 머나 먼 산간지역을 떠돌아다닌다. 유목민들에게 야크는 가장 친숙한 짐승이다. 야크는 세계에서 가장 높은 고원에서 살아가면서 그가 지닌 한 올의 털조차도 사람들을 위하여 바친다. 사람은 죽어서 새에게 아낌없이 육신을 던져주고, 야크는 죽어서 자신과 함께 하던 인간을 위하여 자신의 모든 것을 아낌없이 바친다. 이 얼마나 위대한 자연의 순환이며 보시布施인가.

드로프카에게 있어 고향이란 무의미하다. 계곡과 평원, 산과 강 모두가 고향인 것이다. 그들이 태어나고 자라는 곳, 그리고 그들이 죽어서 돌아가는 곳도 바로 자신들이 떠돌던 길 위의 바로 그 자리이다. 고향이 없지만 그들이 생활하는 곳, 그들이 죽는 곳, 그곳이 바

로 영원한 고향이다. 우리들은 도시 곳곳에서 한 평의 땅과 집이라도 더 차지하기 위해 아웅다웅 하고 있지만, 드로프카들은 어디든 괜찮은 목초지가 있는 곳이면 야크 털로 만들어진 천막을 친다. 한 가족이 생활하기 위한 천막은 적어도 반드시 일정한 거리를 두고 설치된다. 이처럼 같은 유목민들끼리도 스스로 일정한 거리를 유지하는 것은 목초지가 풍부하지 않은 고산지대에서 다른 유목민 집단을 위해 목초지의 여유를 남겨주려는 공동체적 삶의 지혜와 타인에 대한 배려 때문이다.

고원에서 핀 꽃

티베트 땅에 존재하는 모든 것은 신성하다. 평원에 흩어진 돌 조각과 풀포기 하나하나도 예사롭지 않다. 간혹 평원의 경사진 사면에 우리네 바닷가에서도 볼 수 있는 검은 몽돌이 박혀 있고 어떤 곳에서는 무더기로 그 돌들이 깔려 있었다. 몇 백 미터를 달려도 그 몽돌 밭은 끝나지 않는다. 4.500만 년 전에 지각의 변동으로 인도 대륙이 아시아 대륙과 충돌하면서 히말라야를 솟구쳐 올렸다고 하더니, 이곳이 그 옛날에는 바닷가였음을 말해 준다. 그래서인지 길거리에서 티베트 아이들이 암모니아 화석을 들고 다니며 팔고 있다. 계곡을 넘어 불어오는 한줄기 바람마저도, 황량한 고원에 피어나는 들꽃들도 모두가 신성하게 존재의 의미를 간직하고 있다. 간혹 우정공로 양쪽에 활짝 핀 노란색의 유채꽃이 나그네의 마음을 설레게 했다.

여행은 떠남을 통해서 그리던 것을 만날 수 있고 또한 자신과 일상을 초월할 수 있다. 그리고 떠난 곳에서 새로이 만나는 인물과 풍경에서 달라진 자신의 모습을 확인할 수 있게 된다. 그동안 그리움을 찾아 떠난 여행의 차창 가에는 무수한 꽃잎이 흩날렸다. 눈 내린 산사山寺의 앞마당에 핏빛 같이 뚝뚝 떨어져 있던 동백꽃, 어느 섬 마을 어촌의 앞마당에 서럽게 피어있던 해당화, 이역만리 티베트 땅에서 만나게 된 유채꽃, 그리고 길섶의 이름 없는 꽃잎에 이르기까지. 그들은 선혈같이 내 가슴에 뚝뚝 떨어져 멍울진다.

감상에 사로잡히고 있는 동안에 지프는 뉴팅그리라 불리는 국경 가까운 검문소를 통과해서 마침내 에베레스트를 눈앞에서 바라볼 수 있는 팅그리에 도착했다. 팅그리는 히말라야의 에베레스트 베이스 캠프로의 트래킹을 시작하기 위한 기점이기도 하다.

밤늦게 구쵸 마을 근처의 게스트 하우스에서 여장을 풀었다. 열악한 게스트하우스의 식당에서 밖으로 나오니 하늘에는 온통 쏟아질 듯한 별들이 창창하고 저 멀리에는 만년설 덮인 에베레스트가 바로 눈앞에 펼쳐져 있는 듯 했다. 천장이 없어 하늘이 다 보이는 게스트하우스의 화장실에서는 하늘의 별들이 더욱 찬연하게 보였고 히말라야의 산 그림자가 어둠 속에서도 뚜렷이 보이고 있었다. 저 히말라야에 "오로지 산이 거기 있기 때문에"라는 이유로 그 동안 얼마나 많은 사람들이 도전하고 좌절했던가. 헝겊조각만 하나 처진 화장실에 웅크리고 앉아 하늘을 바라보니 별은 더욱 찬란했다. 양 사방에서 바람이 휙휙 들어오고 빛나는 하늘의 별들이 아름답게 보이는 노천 화장실에서 용변을 보리라고는 어찌 꿈에도 생각했겠는가. 저녁식사를 마치고 휴식을 취한 후 게스트 하우스의 식당에 갔을 때, 그곳에는 세계 각국에서 모인 여러 명의 사람들이 야크 똥을 태우는 난로가에 모여 앉아 티베트과 에베레스트에 관한 담소를 나누며 밤을 새웠다. 토론은 밤을 새다시피 계속되다가 새벽녘 에베레스트로 떠나는 사람들 때문에 중단되었다.

티베트는 참으로 어리석고 가난한 사람들의 나라이다. 그러나

한 껍질을 벗기고 진짜 티베트 속을 들여다보면, 티베트만큼 영적으로 인간적으로 풍요롭고 성스러운 나라가 이 지구상에는 없을 것이다. 그들은 땅과 자연과의 끝없는 조화와 유대 속에서 살아가고 있다. 순정의 땅 라다크, 수많은 곰파사원와 초텐탑들, 우주 속이 다 들여다보일 것 같은 투명한 하늘, 히말라야의 만년설이 녹아 흐르는 차디찬 강물과 폭포, 그 속에서 살아가고 있는 사람들…. 이런 모습은 이 지구상에서 영원히 보존되어야 한다는 생각을 나누며 사람들은 헤어졌다.

장무의 밤은 깊어가고

팅그리를 떠나 히말라야를 뒤로 하면서 티베트의 마지막 길은 끝날 듯 끝날 듯하면서도 계속되었다. 국경도시 장무가 가까워 올수록 히말라야 산맥의 만년설이 녹은 물은 장대한 계곡과 폭포를 이루며 우렁차게 흘러 내렸고, 지옥 같은 운무가 우리의 앞길을 가로막아 섰다. 지프는 때로 계곡을 건너기도 했고, 폭포 속을 관통해 지나가기도 했다. 저녁나절 마침내 티베트와 네팔을 잇는 국경의 작은 마을 장무에 도착했다. 드디어 오랜 장정長征이 끝나고 이제 티베트의 마지막 끝자락에 닿아 있었다. 길고 긴 티베트 순례를 마치게 되었다는 안도와 아쉬움의 감정이 뒤섞인 가운데 밤새 통음痛飮을 했다. 장무의 밤은 그렇게 깊어가고 있었다.

티베트가 아름다운 것은 포탈라궁과 조캉사원, 얄룽창포와 히말라야가 있었기 때문만은 아니었다. 티베트는 우리에게 끊임없이 역사와 철학과 종교, 그리고 인간과 삶의 의미를 명상케 했다. 그리고 그곳에는 현재와 미래가 송두리째 없어진다 해도 해결되어야 할 과거가 있었다. 티베트와 티베트사람들은 우리들이 오랫동안 잊고 지내왔던 정말 소중한 일깨움을 주었다. 물질과 문명이 없어도 인간은 아름다운 삶을 누릴 수 있다는 것을, 삶이 진정으로 위대하고 아름다운 이유는 평화와 사랑이 있기 때문이라는 것을, 몸과 마음의 상처를 치유하는 것은 약이 아니라 순수하고 따뜻한 영혼의 힘이라는 것을, 우리는 모두 에베레스트의 정상에 오르고 싶어 하지만 행복은 그 곳에 올라가고자 애쓰며 땀 흘릴 때 있다는 것을….

티베트의 장엄한 일출

그러한 의미에서 티베트에서의 여정은 단순한 여행이 아니었다. 티베트의 삶과 인간과 역사를 깊은 심연으로부터 들여다보고 확인하기 위한 순례의 길이었다. 역사와 철학과 종교에 대한 깊은 명상이 없어도 좋았다. 티베트사람들의 그 순수한 눈망울과 표정, 티베트의 오염되지 않은 들꽃과 바람과 새벽이 있어서 좋았다. 그리고 그 속에는 깊은 삶의 무게가 담겨 있었다.

티베트 사람들이 자꾸 사라져 가고 있다. 흡사 그 옛날 남미南美의 잉카 사람들이 스페인의 정복자들을 피해 자신들이 건설한 천년왕국 마추픽추를 버리고 철새들과 함께 아마존의 숲 속 저 어딘가로 사라져 갔듯이. 그러나 티베트 사람들은 얄룽창포와 카일라스와 히말라야가 거기 있는 한 티베트로 다시 돌아 올 것이다. 티베트의 평원에서 타오르던 일출과 일몰을 바라보면서 나는 확신했다. 티베트는 언젠가 그 옛날 모습 그대로 우리들 곁에 다시 나타날 것이라는 것을.

아! 티베트, 그 길은 아직 끝나지 않았다. 지금은 비록 잃어버린 땅으로 남아 있지만, 티베트의 지평선은 언젠가 우리들의 눈앞에 다시 열리게 될 것이다. 저 산야의 장엄한 일출과 함께.

인도에서 흘린 눈물

슬픈 인도

인도의 델리 공항을 빠져 나왔을 때, 40도를 오르내리는 푹푹 찌는 폭염으로 인해 이미 온몸은 땀으로 범벅이 되어 있었다. 먼지와 매연과 사람과 자동차들의 소음으로 가득 찬 인도의 거리를 한참 걷다보면, 인도에 대하여 그 동안 끊임없이 들어온 이야기들, 이를테면 신비와 해탈과 종교와 철학을 명상케 하는 나라라는 이야기는 무색해지고 만다. 마침내 중국의 인구를 육박해서 12억이 넘는다는 명성답게 도심을 벗어난 거리에는 수많은 사람들과 누추한 걸인들이 득실대고 있었고, 자동차가 오건 말건 대로에서는 어슬렁거리며 지나가는 소들을 볼 수 있었다. 이 같은 사정은 시골 도시로 갈수록 심해서 때로 거리를 걷다보면 죽은 시신까지도 심심찮게 볼 수 있었다.

기차여행 도중 간이역에서 죽은 걸인 시신이 플렛홈 바로 앞에 방치되어 있어도 사람들은 힐끗 쳐다보고 그냥 지나치고 말았으며, 심지어 그 곁에 쭈그리고 앉아 무언가를 먹는 사람들이 있었다. 사람들이 곁을 지나갈 때마다 인도 고유의 역한 향냄새가 물씬 코로 전해진다. 거리에는 온통 오물로 가득 차 있었고 그 속에서 살아가는 사람들의 모습 또한 말로 표현할 수 없을 정도로 더럽고 지저분했다. 오죽했으면 한때 인도의 수도였던 캘커타를 '신이 버린 도시'라고 표현했을까?

그럼에도 불구하고 과거에나 현재에나 수많은 사람들이 인도를 그리워하고 이곳을 찾아 오는 이유는 무엇일까? 아마도 그것은 사람마다 제가끔 인도에서 삶과 죽음, 존재의 실체와 같은 인간의 본질적 문제의 실마리를 찾고자 한 때문이 아닌가 한다. 인도에서는 평생 혼자 인도 전역을 다니며 깨달음을 얻고자 하는 사두를 흔히 볼 수 있다. 그들의 전 재산은 몸에 걸치고 있는 붉은 천으로 된 옷 한 벌과 뒷일을 해결하고 씻을 수 있는 작은 깡통 하나뿐이다. 그래도 그들은 아무런 불평 없이 자기의 수도에 전념하며 살고 있다.

인도! 그곳은 말로 표현될 수 있는 곳이 아니다. 오직 생각과 체험으로 무언가를 배울 수 있는 곳이었다. 인도의 시간과 풍경에는 아름다움과 기쁨보다는 추함과 슬픔이 가득했지만, 그 속으로 빠져들수록 이상스럽게도 '삶의 의미가 무엇인가', '나는 어떠한 존재인가' 하는 의문이 미궁 속에서 피어나는 새벽안개 같이 피어올랐다. 그리하여 인도여행을 마치고 델리공항을 떠나면서 나는 다시는 인도에 오지 않으리라고 다짐했지만, 내가 지금도 부러워해 마지않는 사람은 배낭을 챙겨 메고 새벽의 인도 공항에 도착하는 사람이다.

그들은 인도의 기나긴 시간 속에서, 머나먼 길 위의 풍경 속에서 수많은 인물들을 만나게 될 것이다. 그 중에는 가진 것이라고는 깡통 이외에 아무 것도 없는 걸인들도 있고, 학식을 자랑하며 근엄한 체하는 현인賢人들도 있으며, 자기를 학대하며 삶의 의미를 찾는 고행승도 있을 것이다. 그리고 사리비단 옷을 휘날리며 들판 끝으로 사라져 가는 인도여인들도 있을 것이다. 인도여행은 길고도 멀었다. 그리고 인도여행 속에서 나는 진정한 슬픔을 알았다.

MBA/CAT

델리, 인더스문명의 발상

인도는 이집트문명, 메소포타미아문명, 황하문명과 함께 세계 4대문명으로 일컬어지는 인더스문명을 발상 시킨 곳이다. 인도는 우리같이 단일의 언어와 문화권에서와 다른 다문화권의 사회이다. 단일문화권에서 살고 있는 우리들로서는 다문화권 사회의 제도적 신분적 질서에 대하여 쉽게 이해 할 수 없는 부분이 너무나 많다.

인도인들이 카스트제도라는 엄격한 신분제도에도 불만치 않고 평생을 살아가는 것도, 가난을 일생의 업보로서 어깨에 짊어지고 살아가면서도 자신들의 궁핍을 슬퍼하지 않는 것도, 인도인들의 종교에 대한 견실한 믿음 때문인지 모른다. 인도의 종교하면 흔히 불교를 떠올리지만, 인도를 지배하는 종교는 힌두교이다. 수천 년의 세월을 카스트라는 이름으로 내려오는 신분과 계급질서에 대한 순응, 자신들에게 운명같이 드리워진 가난의 굴레, 이런 윤회의 업보에도 남을 원망하거나 자신의 처지를 한탄하지 않으며 그저 묵묵히 자신들에게 드리워진 삶의 질서를 믿고 살아가는 사람들이 인도인들이다.

평생을 성스러운 삶을 영위해 나가는 사람들이 있는가 하면, 물욕에 눈이 어두워 예사로 남을 해치는 사람, 영혼의 아름다움 뿐 아니라 외모의 우아함을 간직하기 위해 성장을 하고 있는 사람, 남의 시선에는 아랑곳없이 누더기를 걸치고 길거리에서 역에서 한 푼의 돈을 구걸하는 사람…. 인도에서는 어디서나 속됨과 성스러움, 가난과 번영, 아름다움과 추함, 선과 악이 공존하고 있었다.

우리가 잘 산다는 것은 궁극적으로 우리의 영혼과 육체가 조화로운 수행을 이루면서 살아갈 때가 아닐까 한다. 영혼이 자기 일을 잘하여 선한 상태에 있을 때, 우리의 삶도 선해지고 훌륭할 수 있을 것이다. 그러나 절대적인 악과 자포자기적인 삶의 태도는 행복의 원천이기는커녕, 아무것도 할 수 없고 아무것도 이룰 수 없는 것을 의미하는 것이다. 악은 선이 있을 때 존재할 수 있으며, 불의도 정의가 있을 때 가능할 수 있다. 아무런 선도 아무런 정의도 없는 곳에서는 악과 불의도 의미 없는 것이 아닐까. 인도에서는 어디서나 선과 악의 구분, 혹은 정신과 물질의 관계가 모호했다.

델리 공항을 떠나 뉴델리 도심을 지날 때까지만 해도 인도에 대한 느낌은 어느 나라의 대도시에서와 마찬가지로 잘 정돈된 시가지라는 느낌이 든다. 그러나 이 같은 느낌은 인도의 작은 도시를 여행하면서 곧 바뀌게 된다. 간디가 말했듯이, 인도의 영혼은 시골에서 살아 숨 쉬고 있기 때문이다. 마지막 왕조인 무굴제국의 흔적을 뒤로 하며 바라나시로 갈 길을 서둘렀다.

바라나시 가는 길

나는 지금 바라나시로 간다. 육신의 해탈과 영혼의 초월이 이루어진다는 갠지스 강이 있는 바라나시로 간다. 지난 밤 나는 릭샤의 벨이 울려 퍼지는 인도의 어둠의 도시를 배회하는 꿈을 꾸면서 밤새 잠을 이룰 수 없었다. 인도의 거리 곳곳에서는 릭샤와 소떼들과 인파가 뒤섞여 아비규환을 이루고 있었고, 나는 그 속을 이리 저리 방황하면서 절규하고 있었다.

밤새 나를 뜬눈으로 새게 했던 이 같은 악몽은 바라나시로 향하는 열차를 타기 위해 뉴델리 역으로 왔을 때 현실로 다가왔다. 뉴델리 역에는 수많은 걸인들과 인파와 소떼들이 뒤엉켜, 아마도 연옥이나 지옥이 존재한다면 이러한 모습이 아닐까하는 생각을 자아내게 했다. 40도를 오르내리는 더위 속에 연신 흘러내리는 땀, 한 걸음의 발자국도 옮기기 힘들게 손을 내밀며 엉겨 붙는 앵벌이 거지 아이들, 열차가 오가는 플랫폼을 달려가는 수많은 인파들, 그 인파들의 발길에 차여 가며 낮잠을 자다가 행인들의 발길에 밟혀 눈물을 흘리고 있는 노파, 남루한 옷차림으로 가슴과 성기를 거의 다 드러낸 채 젖먹이 아이를 가슴에 안고 한 푼의 돈을 구걸하고 있는 여인, 나는 이런 광경을 한참동안 바라보다가 마침내 나도 모르게 역사驛舍의 어느 모퉁이에 기대어 갑작스레 눈물을 터뜨리고 말았다. 그것은 우리네 삶과 인간에 대한 깊은 연민의 눈물이기도 했고, 분노의 눈물이기도 했고, 절망의 눈물이기도 했다. 저 가슴 밑바닥으로부터 오랫동안 참아왔던 눈물이 끝없이 펑펑 쏟아져 나왔다. 아! 신이여! 이 가난과 무

지와 인간들의 생존과 이들의 몸부림을 어이할 것입니까? 그리고 정녕 당신이 존재하신다면 어이하여 이들을 이렇게 내버려두고 계십니까?

바라나시로 출발하는 기차가 플랫홈에 도착했을 때 수많은 사람들은 악마구니와 같이 열차로 몰려들었다. 기차를 타기 전 각 열차 차량에 부착되어있는 예약자 명단에서 이름과 침대번호를 확인하고 열차에 올랐다. 인도의 열차는 객차와 객차 사이가 막혀 있어서 객차간 이동이 불가능했다. 그래서 자칫 지정된 객차에 타지 못하고 다른 객차에 탈 경우에는 자신의 좌석을 차지하지 못하게 된다. 뿐 아니라 외부로부터의 침입을 막기 위해 유리창을 쇠창살로 막아 놓고 있다. 흡사 감옥 행 호송차를 연상시키는 완전히 밀폐된 이 같은 열차 구조가 열차 사고 시에는 수 천 명의 죽음이라는 대형 참사를 가져오기도 한다. 열차의 이등침대석은 이층으로 된 긴 의자의 중간 등받이를 내리면 삼층 침대로 바뀌었다. 삼층 꼭대기의 침대 칸에 누우면 코끝이 천장에 닿을 정도로 협소했다. 여름철이어서인지 악취가 나고 벌레가 다니는지 온몸 곳곳이 스물 스물하기도 했다. 바라나시로 가는 열차는 생각보다는 정시에 뉴델리역을 출발하여 곧 어두워지는 인도의 대륙을 달리기 시작하였다.

인도 고원을 달리는 야간열차

어둠이 내리기 시작하는 철로 옆으로 황량한 인도의 고원에 핀 들꽃들이 스쳐 지나가고 있다. 희미한 불빛이 비치는 침대열차에 망연히 기대어 창밖을 내다보니 어둠에 비친 창가에는 세월의 무게 속에 일그러진 내 자신의 모습과 스쳐 지나간 시간과 사람들이 명멸하듯 하나하나 나타났다 사라지곤 했다. 이제 영원 속으로 사라져버린 시간과 사람들, 그리고 그들과 나누었던 증오와 사랑은 언제 나의 삶에 다시 나타날 것인가.

델리 역을 떠난 열차는 어둠을 뚫고 바라나시로 향해 달리고 있었다. 기차여행을 해보지 않고는 여행을 말하지 말라고 했던가? 특히 인도여행의 진수는 기차여행이라고 한다. 나는 그 언제부터인가 야간열차를 타고 인도 대륙을 횡단하는 꿈을 꾸어 왔다. 이제 그 꿈이 실현되어 어둠이 가득 찬 인도대륙을 관통하는 열차에 몸을 싣고 이리 저리 흔들리고 있는 것이다. 기나긴 여행의 외로움과 고독함이 뼈속까지 사무쳐 왔다. 이제 나는 갠지스 강이 있는 바라나시로 간다.

밤이 깊어 가자 열차에는 많은 인도인들과 여행자들이 잠들어 있고 나는 어둠을 달리는 열차 속에서 자신으로 돌아가는 여행을 시작한다. 인도의 밤기차는 한 낮을 뜨겁게 달구었던 갠지스사막에 시원한 바람을 일으키고, 불빛 하나 없는 어둠 속에 한줄기 빛을 만들며 달린다. 그곳을 달리는 기차를 살며시 비추는 보름달의 달빛은 더욱 찬연하다. 그래서 나는 밤 기차를 타면 항용 자리에 있는 시간보다 기차 칸 사이의 문턱에 앉아 있는 시간이 많다. 이곳에서만 느낄 수 있는 바람과 달빛을 즐기기 위해서 이다. 간혹 무임승차한 사람들과 앉아서 서로 얘기를 주고받으며 같이 담배를 피거나 감춘 술을 한 잔 씩 하다 보면 어느덧 사막 위의 달빛에 녹아든 자신을 발견한다.

인도인들의 호기심에 가득한 검은 눈동자는 나를 잠시도 그냥 두지 않았다. 마음씨 좋은 인도사람들은 순진하게도 했던 질문을 하고 또 한다. 어디서 왔느냐. 아이는 없느냐. 왜 혼자 다니느냐. 인도에 왜 왔느냐. 한 발자국도 움직이기 힘든 혼란스런 열차, 복도에까지 드러누운 채 있는 사람들, 열차 내에서 음주가 금지 되어있지만 술이 있으면 한잔 달라고 하는 승무원, 그리고 차이(茶)를 팔러 다니는 장사치들. 땀 냄새와 소음은 열차 밖이나 열차 속이나 똑같다. 인도인들이 더럽고 사기꾼도 많다고 하지만 열차 안에서는 오직 '인간적인 너무나 인간적인' 사람들뿐이다.

밤을 도와 달린 열차는 마침내 새벽 네시가 조금 지나 바라나시 역에 도착했다. 델리 역을 떠난 열차는 거의 열 두 시간 가까운 시간을 숨차게 달려 온 것이다. 그렇게 도착한 바라나시! 바라나시 역은 아직 새벽의 미명에 싸여 있었지만, 기차역에는 곳곳에 거지와 여행객들이 잠들어 있어서 역 구내에는 발 디딜 틈조차 없다.

갠지스 강의 해탈

바라나시의 원래 이름은 순례성지의 명칭으로 '카시'라고 하는데, 이것은 '영적인 빛으로 충만한 도시'라는 의미이다. 바라나시는 성스러운 강 갠지스인도사람들은 이곳을 강가(Ganga)라고 부른다를 떠나서 생각할 수 없다. 히말라야 계곡의 깊은 물을 모은 강가는 유유히 평원을 가로질러 시바 신의 이마의 초승달 모양 요염한 곡선을 그리며 바라나시를 만들어 내고 있다. 바라나시에서 모든 길과 물은 갠지스로 통한다.

바라나시에서 모든 시간의 흐름은 끊임없는 윤회로부터 해탈로 이어진다. 그리하여 수많은 사람들은 자신들의 시간의 윤회로부터 해탈을 얻기 위해 오늘도 강가로 강가로 모여든다. 사람들은 강가의 성스러운 물에 목욕을 하면 모든 영혼의 죄가 씻어 지고, 이곳에서 죽어 그 재를 강가에 흘려보내면 해탈과 초월을 얻는다고 믿는다. 오늘도 수많은 인도 사람들은 자신들의 영혼의 죄를 깨끗이 하기 위해서 강가에 모여들어 목욕을 하고, 가트에서는 죽은 시신들이 화장된다. 그들은 바라나시로 와서 죽지만 다시 태여 나기를 바란다. 바라나시는 인도의 어디에서나 처럼, 아니 인도의 어느 곳보다도 더욱 심한 소음과 먼지, 사람의 홍수로 번잡하기 이를 데 없다.

큰길에서 릭샤를 내려 갠지스 강가로 향하다 보면, 그 비좁은 골목길은 흡사 깊은 미로를 연상시킨다. 좁은 골목길을 이리저리 따라 가다보면 자꾸자꾸 끝없는 심연의 미로 속을 찾아 들어가는듯 하다. 골목길은 순례자와 걸인과 소 냄새로 가득했다. 사람이 지나다니

기에도 비좁은 골목으로 소들이 어슬렁거리며 돌아다녔다. 그럴 때면 사람들은 담벼락에 바짝 붙어서 소가 지나가기를 기다렸다. 가게들이 즐비하게 늘어서 있는 가운데를 순례자들과 갠지스에서 화장할 시체를 옮기는 사람들이 비좁게 지나가기도 한다. 길을 잃을 듯하면, 새로운 길이 나오고 또 다른 새로운 길이 나오고 여행자는 어느덧 삶의 길조차 망각할 정도다. 그러기를 한참하다 보면, 마침내 가트가 여러 개 나오고 눈앞에 갠지스 강이 펼쳐진다.

삶과 죽음의 경계에서

바라나시에서는 삶과 죽음이 공존한다. 온몸을 주홍색 색으로 감싼 시신들이 대나무들것에 실린 채 옮겨지는 풍경에서는 삶이 곧 죽음이었고 죽음이 곧 삶이었다. 죽은 자의 시신을 옮기는 살아 움직이는 자와 죽어서 침묵하는 죽은 자의 현세와 내세는 바라나시의 먼지 날리는 도시 속에서 공존하고 있었다. 힌두교인들은 매장을 하지 않고 반드시 나무를 이용하여 화장을 한다. 갠지스 강가의 화장터에서는 거의 언제나 힌두교도들의 장례식이 치러진다. 이른 새벽, 화장터가 있는 마니 카르니카 가트를 찾았을 때 그곳에서는 지난밤에 화장된 주검의 흔적과 냄새가 구토를 자아내게 했다.

화장 순서를 기다리는 여러 구의 시신들 중에서 맨 앞의 시신이 갠지스 강물에 먼저 몸을 적신 후 상주는 시신을 장작더미 위에 올리고 마침내 시신에 불을 지핀다. 장작에 불이 붙기 시작한지 얼마 되지 않아 시신의 살이 타는 노린내가 진동해서 코를 찔렀고 가끔씩 펑펑하는 내장 터지는 소리가 나기도 했다. 상주는 시신이 잘 타도록 하기 위해 시신을 긴 장대로 이리저리 뒤척이고 있었다. 이렇게 한 시간 여 동안 화장을 하는데도 우리들과 달리 인도의 가족들은 크게 소리내어 운다던가 크게 슬퍼하는 기색도 없다. 죽은 사람이 현세에서 겪은 모든 고통과 슬픔을 하직하고 저 내세에서 이어갈 새로운 삶을 축원하는 것인가.

미처 완전히 타지 못한 시체들이 강 위로 떠내려간다. 이는 가난한 사람들이 나무를 충분히 사지 못해서 화장을 충분히 하지 못한 채 버린 것이다. 화장에 사용되는 장작 값이 만만찮은지라 화장에 사용되는 장작을 충분히 구입치 못한 가난한 서민들의 시신은 언제나 타다가 중단되고 만다. 갠지스에는 그렇게 삶과 죽음이 공존하고 있었다. 바라나시와 갠지스에서 이루어지는 죽음의 화장 의식 속에서는 죽음과 삶의 경계가 사라지고 없었다. 삶이 무엇이고, 죽음은 무엇인가? 바라나시의 이 지독한 삶과 죽음의 혼돈 속에서, 그리고 장작 위에서 타오르는 육신을 바라보면서 삶과 죽음의 경계는 사라지고 없었다. 인도에서의 여행은 끊임없이 아름다운 풍광에 대한 감탄보다는 삶과 존재에 대한 의문을 되풀이 하게 했다.

시바의 사도를 만나다

도대체 나는 누구인가, 나는 어디서 왔는가, 그리하여 나는 어디로 갈 것인가? 갠지스 강가의 찬 새벽공기를 맞으며 웅크리고 앉아 있는 내 곁에 벌거벗은 채 아랫도리만 흰 천으로 가린 할아버지 한 사람이 다가와 앉았다. 그는 내 곁에 바싹 다가와 앉아 조그만 시바상을 움켜쥔 손을 내밀어 내 손을 움켜쥐며 인간의 삶은 고해의 바다라며 태초의 인간은 얼마나 아름답게 살았는지에 대해서 얘기를 해 주었다. 들릴 듯 말 듯 속삭이는 그 인도할아버지의 이야기 소리와 나이에 어울리지 않게 맑은 눈을 바라보며, 갑작스레 이 분이 나에게 어떤 깨달음을 던져 주기 위해 온 성자가 아닌가 하는 생각이 들었다.

할아버지는 강가의 기슭으로 사라지며 자신의 모습이 완전히 사라질 때까지 계속 되돌아서서 손을 흔들며 작별을 고했다. 바라나시에 온 많은 이방인들은 이곳에서 지내며 밤잠을 이루지 못하고 악몽에 시달린다고 하는데, 그는 우연히 나에게 다가와 죽음의 악몽에 시달릴 나를 구원해 주기 위해 보내진 시바의 사도는 아니었는지.

바라나시! 나는 때로 지옥을 헤매고 있는 듯이, 때로 천국을 헤매고 있는 듯이 그곳에 있는 며칠 동안 한 잠도 이루지 못한 채 악몽에 시달렸다.

갠지스 강을 흐르는 꽃잎

어느새 갠지스에는 어둠이 걷히고 날이 밝아 오고 있었다. 어둠이 지나고 빛이 나타나듯이, 그리고 죽음 뒤에 또 다른 생명의 탄생이 있듯이 가트에서도 해가 솟아나고 있었다. 가트에서는 동이 터오는 갠지스 강물에 자신들의 몸을 씻음으로서 축복을 받고자 하는 사람들로 가득했다. 어둠 속의 검은 강물이 아침 햇살을 받아 주홍색으로 변해 있었다. 얼굴에 물칠을 하며 무언가를 소원하는 노인과 강물에 꽃잎을 던지는 아낙네들이 갠지스의 성스러운 물에 몸을 적셔 자신들의 죄를 씻고 있었다. 붉게 타오르는 듯한 물속에서 목욕을 하며 자신들의 옷을 빠는 사람들이 있었으며, 또 다른 한쪽에서는 그 강물을 마시는 사람들도 있었다. 이 모든 순간들이 한편으로는 인간세계에서 일어나는 가장 고귀한 의식儀式으로 보이기도 했고, 또 다른 한편으로는 이성과 사고를 상실한 인간들의 광란의 몸부림으로 보이기도 했다. 가트에서 다음 차례의 화장을 기다리는 또 다른 죽음, 물위에 떠다니는 그냥 버려진 시체와 꽃잎들, 그 속에서 목욕을 하는 사람들, 저 멀리 갠지스의 끝자락에서 떠오르는 태양을 향해 주문을 외기 시작하는 순례자들.

아! 이들의 영혼과 육신은 갠지스 강에 흩어져 떠다니는 꽃잎과 함께 흘러흘러 하늘나라로 갈 수 있을까? 이 갠지스 강에서의 목욕으로 지상에서 지은 모든 우리들의 죄가 사해질 수 있을까? 그리고 이곳에서 죽어 우리의 육신이 한줌의 재가 되어 갠지스에 뿌려진다 해도, 우리는 지상의 모든 윤회를 해탈하고 영원으로 초월할 수

있을까? 갠지스 강물이 인도의 역사와 인간의 모든 것을 수용하면서 오늘도 유유히 흘러가고 있듯이, 바라나시는 여행자의 이 같은 섣부른 물음에 어떠한 해답도 던져주지 않는다. 영혼으로 충만한 바라나시의 여신은 오늘도 광란의 갠지스 강을 무심히 바라만 보고 있을 뿐이다.

사르나트의 설법

바라나시에서 북동쪽으로 약 9km의 거리에 사르나트라는 부처가 최초로 설법을 한 불교성지가 있다. 바라나시의 혼잡함에서 벗어나 이곳에 도착하면 커다란 가로수들과 넓은 잔디밭이 자리하고 있고 커다란 스투파와 사원 건물이 보인다. 사르나트는 부처가 깨달음을 얻은 이후 처음으로 설법을 시작한 곳이며, 쿠시나가르는 보리수 아래에서 부처님이 80세의 생을 마친 곳이다. 쿠시나가르에서 제자들에게 그의 최후의 설법을 남겼다. "너희들은 저마다 자기 자신을 등불로 삼고 자기를 의지하여라. 진리를 등불로 삼고 진리를 의지하여라. 그리고 너희들은 나의 가르침을 중심으로 서로 화합하고 공경하며 다투지 말라. 나는 몸소 진리를 깨닫고, 너희들을 위해 진리를 말하였다. 너희는 이 진리를 지켜 무슨 일에나 진리대로 행동하여라."

부처는 비록 육신은 여기서 죽더라도 깨달음의 지혜는 영원히 진리와 깨달음의 길에서 살아 있을 것이라고 가르쳤다. 부처는 모든 것은 덧없으니 게으르지 말고 부지런히 정진하라는 말을 남겼다. 그리하여 그가 남긴 가르침은 영원한 스승으로 남게 되었으며, 부처님이 행한 설법은 전 세계로 전파되어 진리가 되었다. 인류에게 절대 진리인 열반Nirvana을 부처님은 이렇게 설파했다.

그물에 걸리지 않는 바람같이
욕망은 실로 그 빛깔이 곱고 감리로우나
이것은 내게는 재앙이고 종기이고

화이며 질병이며 화살이고 공포이니
모든 번뇌의 매듭을 끊어버리고
소리에 놀라지 않는 사자같이
그물에 걸리지 않는 바람같이
흙탕물에 젖지 않는 연꽃같이
무소의 뿔처럼 혼자 가라.
-『숫파니파타』에서

타지마할, 사랑, 권력

아그라가 오늘날 세계 각국의 수많은 사람들에게 알려지고 있는 이유는 타지마할 덕분이다. TV 화면이나 혹은 그림엽서에서 자주 보던 타지마할의 모습을 바로 눈앞에서 마주하고 서니, 그 우아하고 황홀할 정도의 눈부신 건축물에 입을 다물 수 없다.

이 건축물이 그토록 많은 사람들의 경탄을 자아내고 매료시킨 것은 아름답고 우아한 흰 대리석이 만들어낸 탁월한 조형미나 건축술 때문만은 아니다. 타지마할은 사람이 살기 위한 저택도 아니고 신을 모시기 위한 신전도 아니다. 오직 사랑하는 아내의 죽음 앞에 바쳐진 묘소에 지나지 않는다. 그러한 건축술과 조형미의 아름다움 속에는 한 사나이가 아내를 향해 바친 지고하고 영원한 사랑이 담겨 있다. 이 세상에 영원한 사랑과 불멸의 권력이란 존재하지 않는 것인가. 무굴제국의 황제 샤자한이 야무나 강변에 남긴 이 지상에서 가장 아름다운 건축물인 타지마할은 우리에게 사랑과 권력의 의미를 새롭게 생각게 한다. 동서고금을 막론하고 이 지상에서는 얼마나 수많은 남녀들이 만나 자신들의 사랑을 천상의 축복에 의한 것이라 하며 그들의 사랑은 영원할 것이라고 손을 잡고 가슴을 맞대고 맹세하고 다짐했던가. 그러나 그들의 사랑은 때로 서로간의 갈등과 불화에 의해서, 타인의 시기와 질투에 의해서, 그리고 죽음에 의해서 미완으로 그치고 만다.

샤자한은 지상에서 이루지 못한 사랑을 천상에서나마 이루고자 꿈꾸었다. 비록 실패에 그쳤지만 야무나 강의 건너편 기슭에 타지

마할의 흰색 대리석과 대조되는 검은 대리석으로 자신의 무덤을 건설해서 양쪽을 다리로 연결하고자 하는 계획을 세운 것이다. 이슬람의 가르침에 의하면, 이 세상에 종말이 오는 날 모든 죽은 사람이 되살아나서 알라의 심판을 받는다고 한다. 샤자한도 지상에 종말이 오는 날 왕비와 함께 천상낙원으로 가서 못 다한 사랑을 꿈꾸며 타지마할의 건립에 심혈을 기울인 것인지도 모른다. 그래서인지 보름달이라도 뜨는 찬란한 달밤 아래에서의 타지마할의 아름다움은 말로 형언할 수 없으며, 현세에서는 볼 수 없을 것 같은 불가사의를 느낀다. 달빛 속에서의 타지마할은 낮 동안의 웅장하고 장엄한 모습은 간데없고 교교하고도 환상적인 자태를 드러내게 된다. 이때쯤이면 황제 부부가 지하 묘실에서 손을 마주 잡고 나타나 야무나 강변 어디에선가 사랑을 속삭이는 듯한 환상에 젖어 들게 된다.

지상에서 이루지 못한 사랑을 천상에서나마 찬란하게 부활시키고자 소망했던 샤자한과 왕비는 이제 낯선 구경꾼들의 발길에 오늘도 어지럽게 밟히고 있다. 그리고 샤자한과 왕비의 애끓던 사랑은 저 멀리 야무나 강과 함께 오늘도 무심히 흘러가고 있다. 아그라에는 샤자한과 무무타즈마할의 이루지 못한 사랑이 있었다. 그리고 이곳에는 만남과 헤어짐이 있었다. 지상에서 가장 아름다운 건축물이라고 불리는 타지마할에는 슬픈 사랑과 이별, 절대권력과 그 좌절, 그리고 저 흐르는 야무나 강과 같이 건너뛸 수 없는 이승과 저승의 깊은 심연이 있었다.

라자스탄의 자이푸르

델리에서 남서쪽으로 약 300여 킬로미터 떨어진 곳에 광대한 라자스탄 주의 주도인 자이푸르가 있다. '푸르'는 인도말로 성으로 둘러싸인 도시를 의미하는데, 인도에는 자이푸르 이외에도 조드푸르, 우다이푸르 등 푸르라는 명칭이 붙은 지명이 많이 있다. 바위 산 위에 우뚝 솟아 있는 메헤란 갈 요새를 중심으로 이루어진 조드푸르는, 그 옛날 이슬람에 항거해서 용맹히 싸웠던 힌두 전사 라지푸트가 지금도 숨어 살아 있는듯한 도시이다. 우다이푸르는 파초라라는 거대한 호수를 중심으로 번성한 고도로서 사막 속의 오아시스라고 불리고 있으며, 이 도시의 윤택함과 우아함은 모두 이 호수의 덕분이라고 한다. 호수의 한가운데에 떠있는 궁전 레이크 펠리스는 18세기에 지어진 지방 영주의 궁전으로 그 화려함과 우아함에 세계의 많은 사람들이 경탄하고 있다.

라자스탄 주의 가장 큰 도시는 자이푸르이다. 자이푸르는 델리, 아그라와 함께 이른바 북인도의 황금의 삼각지대라 불린다. 북인도의 서쪽 끝 라자스탄 지방에는 광대한 타르 사막이 펼쳐진다. 건조한 공기를 가르고 내려쬐는 강렬한 태양 아래로 선명한 사리를 두른 인도의 여인들이 물이 담긴 항아리를 머리에 이고 사막의 바람과 함께 갈 길을 재촉하는 모습은 사막에 핀 아름다운 꽃을 연상케 할 정도이다. 자이푸르는 도로와 건물이 질서정연하게 계획적으로 자리하고 있어서 초행자들도 쉽게 길을 찾을 수 있다.

자이푸르의 붉은 궁전

궁전과 옛날의 건물이 그대로 잔존하고 있는 시가지에는 대부분의 건물들이 붉은 빛으로 통일되어 있어서 자이푸르를 흔히 '핑크시티'라고 부른다. 붉은 빛이라 해도 진홍색이나 짙은 주홍색이 아니고 붉은 빛이 감도는 흙색에 가깝지만, 이 색이 날이 좋은날이면 라자스탄 사막 지역의 푸른 하늘과 어울러져 대단히 아름답다. 그래서인지 핑크시티라는 이름답게 이 도시는 인도의 다른 도시에 비해 매우 화려하다는 인상을 받게 된다. 구시가지의 북쪽 언덕으로 올라가면 자이푸르의 도시 전경이 한 눈에 들어오고, 타르 사막의 입구에 자리한 도시의 모습이 찬란하게 빛나는 듯하다. 사막의 건조한 공기 속으로 쏟아지는 강렬한 햇살과 함께 낮에는 눈을 뜨기 힘들 정도의 강한 햇빛이 내려 쬐인다.

'바람의 궁전'이라는 의미의 화와마할은 자이푸르의 대표적인 궁전이다. 창문을 앞쪽으로 달아내어 통풍을 잘되게 만든다든지 계단을 이용해서 건물과 건물 사이를 오가게 하는 등 건축적 미와 구조를 최대한 잘 살린 건물로 보였다. 그 옛날 아름답고 우아했던 핑크색의 궁전이 궁전의 건너편 바자르의 큰 거리를 오가는 수많은 자동차들과 오토 릭샤들이 내뿜는 매연으로 인해 외벽은 누렇고 검게 손상되어 가고 있었다. 어디에서나 아름다운 유적은 가꾸는 사람들의 마음가짐에 따라 소중하게 간직되는 법인데 저렇게 지독한 매연에 방치된다면, 아름다운 바람의 궁전이 언제까지나 보존되어 질 수 있을지 안타깝다.

신이 버린 도시, 캘커타

캘커타의 첫인상은 길거리의 노란색 택시로 채워진다. 영국의 영향 탓인지 거리의 택시들 조차 델리나 뭄바이의 택시와는 또 다르다. 뜨거운 태양 아래 번쩍이는 노란 택시의 행렬은 이국적인 인도의 모습을 부추긴다.

델리가 그렇듯이 캘커타도 두 얼굴을 지니고 있는 도시다. 영국의 식민치하에 있을 때 지어진 깔끔하게 정제된 건물이 있는가 하면, 조금만 뒷골목으로 들어가면 서민들의 삶의 모습이 극명하게 드러난다. 영국 식민지 시대 때만 해도 인도의 수도였던 화려함과 그 이면에는 서민들의 헐벗고 고달픈 삶의 애환과 생채기도 그대로 남아 있다. 갠지스 강의 지류인 후글리 강은 이 도시의 역사와 세월의 무게를 송두리째 짊어진 채 묵묵히 흐른다. 후글리 강은 캘커타 서민들에게 삶의 버팀목이다. 사람들은 슬플 때나 즐거울 때나 후글리 강에 나와 자신들의 삶을 위해 기도한다.

바라나시에서는 갠지스가 신성한 곳이듯이, 캘커타 주민들에게 후글리 강은 신성한 존재다. 바라나시의 강가에서와 같이 해 질녘 목욕을 하거나 성스러운 물을 마시는 행위가 강에서 펼쳐진다. 사람들은 가장 신성하고 아름다운 풍경을 후글리 강과 하우라 다리를 배경으로 연출해 낸다. 캘커타에서 속 깊은 도시의 모습은 이렇듯 외딴 강변이나 뒷골목에서 드러난다.

도시의 사람들은 삶의 고달프고 힘든 조건 속에 무방비 상태로 내던져짐으로써 삶을 움직이는 가장 원초적인 힘과 대면해야 한다.

여행이란 바로 그들의 맨몸의 모습을 확인하는 것이다. 여행은 단지 낯선 세상을 알기 위한 프리즘이 아니라 나의 상처와 그들의 상처를 동시에 이해하고 공유하기 위한 무기이기도 하다. 인종, 국가, 종교 등의 갖가지 다른 이유로 서로 갈등하고 대립하는 모든 계층의 사람들 사이를 흐르고 있는 이야기의 성질은 다르지만 본질적으로 같다.

캘커타의 뒷골목

후글리 강변과 꽃 시장 후글리 강을 따라 북쪽으로 향하면 도심의 색채가 변한다. 길은 미로처럼 복잡해지고 어수선한 서민들의 삶의 공간이 속살을 드러낸다. 사람이 직접 끄는 릭샤도 곳곳에서 눈에 띈다. 릭샤는 델리나 뭄바이와 같이 인도의 주요 도시 전역에서 어렵지 않게 볼 수 있는 교통수단이다. 인도에서는 지독한 매연을 내뿜으면서 달리는 릭샤나 작은 버스에 사람들이 매달려가는 모습은 흔히 볼 수 있는 장면이다. 자동차는 예사로이 추월을 하고 여기저기에서는 요란한 경적 소리가 들린다. 그래도 사람들은 전혀 신경 쓰지 않고 제 갈 길을 간다. 일견 너무나 무질서해 보이는 그러한 풍경 속에서도 나름대로의 질서가 있다는 곳이 흥미로울 뿐이다.

그나마 캘커타에는 위인들의 흔적을 만날 수 있어 의미가 있다. 빈민을 위해 생애를 바쳤던 마더 테레사의 집과 시인 타고르의 생가도 시내에 남아 있다. 수도가 델리로 옮겨진 이후에도 캘커타를 문화가 있는 도시라고 부르는 데는 그만한 이유가 있는 것이다.

캘커타의 뒷골목에는 여전히 어둠과 무질서가 가득하다. 캘커타의 거리는 인도의 어느 곳보다도 심한 소음과 먼지, 사람의 홍수로 번잡하기 이를 데 없다. 길거리에서는 릭샤와 자동차가 내뿜는 매연과 먼지로 호흡하기가 곤란할 정도이며, 사람들과 자동차의 소음으로 바로 옆 사람과의 대화에서도 소리를 질러야 할 정도이다. 퇴근 때가 되면 거리에는 사람과 자동차의 홍수를 이루게 되어, 자동차의 매연과 사람의 홍수 속을 릭샤는 이리저리 곡예 하듯이 빠져 나간다. 오죽하면 어느 철학자는 캘커타를 '신이 버린 도시'라고 표현했을까?

캘커타에서 만난 사람들은 모두 다 망가진듯 어두운 표정을 짓고 있었다. 시대와 세상이 인간에게 가하는 고통을 회피할 수 없었던 사람들이었다. 그러나 그 망가져 어두운 표정을 짖고 있는 사람들의 외면에도 불구하고 그들의 내면에는 끝끝내 사라지지 않은 빛과 인간다움이 온전하게 살아남아 있음을 보는 것은 고통이면서 희열이었다. 한 푼의 돈을 벌기위해 뒷골목을 뛰어다니면서도 마지막 삶에 대한 신뢰를 저버리지 않는 그들의 모습을 바라보는 일은 눈물겨웠다. 깜깜한 어둠 속에서 피어오르는 한줄기 빛을 바라보듯이 캘커타 사람들은 자신들의 거덜 난 삶에서도 마지막 희망을 버리지 않고 살아가고 있었다. 아, 이 고달프고 힘든 세상 속에서도 살아가야 할 또 다른 희망이 존재하는구나. 그런데 이 별 볼일 없는 세상은 어찌 이리 고달프고 긴 것인가.

인도에서 흘린 눈물

인도에서 그동안 수많은 사람들이 감동하여 눈물을 흘렸다. 그런데 그동안 인도를 다녀간 많은 사람들은 다시는 인도에는 오지 않겠다고 다짐하고 인도를 떠나지만 그들은 멀지 않아 인도를 그리워하거나 다시 인도를 찾는다는 공통점을 지니고 있다. 그렇다. 인도에는 경이와 신비와 천국으로 통하는 길이 있다. 델리에는 문화와 문명을 일으킨 역사가 있으며, 바라나시에는 지상의 죄를 속죄하고 윤회의 사슬을 끊고 해탈의 길로 나서는 갠지스 강이 있으며, 아그라에는 샤자한과 마마지할의 사랑과 권력이 있으며, 자이푸르와 라자스탄에는 미처 이루지 못한 미완의 역사가 있으며, 캘커타와 뭄바이에는 절망과 희망이 있다.

그러나 인도에는 지옥으로 통하는 길이 있다. 여기에는 가난과 무지와 어둠이 짙게 드리워져 있다. 12억이 넘는 인구가 뿜어내는 가난과 무지는 거의 처절하기조차 하다. 인도는 자신들의 가난을 극복하고자 하는 어떠한 의지도 없는 듯이 보이며 자신의 무지를 일깨우고 하는 노력도 없어 보였다. 그들은 길거리와 역에서 소와 돼지들과 함께 엎드려 구걸하며 죽음과 같은 삶을 이어가고 있다. 이곳이 영혼과 신비가 숨 쉬는 나라인가. 이곳이 신이 존재하는 천국인가 아니면 어둠의 지옥인가. 이곳이 천국이라면 우리들이 살고 있는 곳이 지옥인가. 아니면 이곳이 지옥이라면 우리가 살고 잇는 곳이 천국인가. 이곳이 야만의 현장이라면 우리는 문명 속에서 살고 있는가.

세계 각지의 수많은 사람들이 삶과 죽음의 의미를 찾기 위해, 이승과 저승의 의미를 찾기 위해 모여드는 인도, 이곳에서는 아무리

많은 눈물을 흘려도 아름답게만 보인다고 한다. 그래서 수많은 사람들은 인도에서 많은 눈물을 흘린다고 한다. 그러나 나는 아무리 생각해도 인도와 인도사람들의 삶의 모습에서 신비로움과 경이로움 보다는 분노와 절망감이 자꾸 앞섰다. 저들의 가난과 무지와 어둠을 어떻게 할 것인가. 열반과 해탈의 모습을 보기 위해 인도를 찾아온 나그네의 눈에서는 자꾸만 뜨거운 눈물이 흘러내렸다.

"He Ram!"(오, 신이여!), "He Ram!"(오, 신이여!),

인도를 떠난 후

인도는 여행자들의 섣부른 해석을 용납하지 않는다. 해석이 아니라 그저 보고 느끼고 생각하며 겸손하게 수용하는 것만이 여행자들의 몫인지도 모른다. 인도사람들은 가난과 무지와 어둠, 이 모든 것을 수용하면서 고단한 삶을 계속하고 있다. 그 무언가를 찾기 위해 길을 나선 한갓 떠돌이에 불과한 나로서는 "오, 신이여." 라고 되뇌는 수밖에 다른 방도가 없었다. 나는 비행기 창문 바깥에서 쏟아지는 빗줄기를 바라보다가 눈을 감았다. 내 다시는 인도를 찾지 않으리….

그러나, 이 같은 다짐은 한국으로 돌아온 지 채 일 주일도 지나지 않아 깨어졌다. 인도를 떠나 한국으로 돌아와 거의 일주일 동안 꼼짝없이 누어 열병을 앓았다. 나는 열병에 걸려 끙끙 대면서도 줄곧 인도 생각만 했다. 인도를 떠난 지 채 일주일도 안 되어서 그 옛날 첫사랑의 여인을 그리워하듯이 인도를 그리워하게 되었다. 애절한 힌두 음악에 가슴이 젖어들면 인도의 야간열차와 새벽, 그리고 사리 옷을 흩날리며 사막바람 속으로 사라지던 인도 여인의 모습은 내 가슴에 새로운 그리움으로 다가온다. 인도사람들과의 슬픈 만남들, 그리고 그들의 삶과 죽음들, 이 모든 것과 함께 억겁의 윤회 속으로 사라진다 해도, 갠지스 강의 새벽과 타지마할을 향해 밤을 새워 달리던 야간열차와 라자스탄의 사막바람과 캘커타의 어둠을 나는 언제까지 그리워하리라. 나마스떼!

시베리아 횡단열차를 타고

블라디보스토크의 애환

러시아의 극동에 자리한 블라디보스토크는 한국에서 비행기로 두 시간 남짓한 거리에 위치해 있다. 블라디보스토크는 블라디(vladi: 정복하다)+보스토크(vostok:동쪽)이라는 합성어로 말 그대로 '동쪽을 점령하다'는 의미를 지니고 있는 도시이다. '동방의 진주'라는 옛 칭호에 걸맞는 지위를 회복하기 위해 오늘도 블라디보스토크는 활발히 살아 움직이고 있었다. 1990년대 초 우리나라와 러시아의 국교가 체결되었을 당시, 우리 기업들이 제일 먼저 진출한 곳도 바로 이곳 블라디보스토크이다. 지리적으로 한반도와 가장 가까이에 위치하고 있는 러시아 땅인 까닭이다. 때문에 블라디보스토크 시내에는 우리의 자본으로 지어진 현대호텔이 당당하게 자리하고 있으며 우리 기업의 지사가 여러 곳에 눈에 띈다.

블라디보스토크는 무엇보다 우리의 근현대사와도 뗄 수 없는 관계를 지니고 있기 때문에 중요한 의미를 지니는 도시이다. 블라디보스토크에는 시내 중심에 일제 시대 때부터 한국인들이 이주해서 산 장소가 있으며 그곳을 지금은 '빼르바야 레치카'라고 부른다. 1937년 스탈린의 강제 이주정책으로 한인들은 예외 없이 중앙아시아로 떠나야 했던 아픈 역사를 지닌 곳이다. 지금 한인촌 흔적은 간데 없고 스탈린 시대 때 지어진 아파트 숲이 주위를 에워싸고 있다. 그나마 최근 한국 학자들을 주축으로 기념비가 세워져, 이곳이 한인들의 최초 정착지임을 알리고 있다. 자작나무 가득했던 이 언덕에는, 19세기 청나라 땅이었을 때부터 고려인들이 모여들어 살기 시작해 그 후 러시아가 점령한 후에는 한인들의 집거지가 된 것이다. 조국의 안위를 걱정했던 민족의 지도자들 안중근, 이상설, 신채호도 여기에 머물렀고, 그들의 혼이 묻힌 곳이다.

일제 치하에 암울한 현실에 처한 조국을 등지고 이곳 러시아 땅까지 흘러 와야 했던 한인들의 유민의 운명도 서러운 사실인데, 그에 이어 스탈린의 강제이주 정책으로 또 다시 어디론가 떠나야 했던 선조들의 삶의 현실은 또 얼마나 기구한 일인가. 1880년대에 접어들면서 러시아는 유럽계 이민을 극동지방에 적극적으로 유치하는 반면 국적이나 토지를 취득하지 못한 한인을 비롯한 소수민족들을 추방시키는 이른바 소수민족 강제이주정책을 폈다.

카레이스키의 비극

스탈린에 의해 이루어진 한인강제이주정책은 1937년 9월 21일에서 11월 15일까지 무자비하게 시행되었다. 강제이주는 지식인의 사전처형으로부터 시작되었다. 일차적으로 지식인의 사전 검거와 처형이 이루어졌다. 2천5백 명에 달하는 한인 지도자들, 교사, 작가, 기자를 비롯해서 공산당원까지 카레이스키고려인라는 이름으로 처형됐다. 아무런 이유도 없이 이 지역에 살고 있던 한인지도자들은 어느 날 갑자기 불문곡직하고 끌려가서 행방도 없이 사라지고 말았다. 캄캄한 새벽에 자신들이 어디로 가는지도 모른 채 화물차와 가축운반차를 개조한 열차에 짐짝처럼 실린 한인들은 맨몸으로 사랑하는 자식들과 아내를 부둥켜안고 정든 땅을 떠나게 된다. 총 1만3백69가구를 실은 열차 3백98대가 그렇게 우리 동포를 실어 날랐다. 아니 실어 나른 것이 아니라 열차가 달리다가 멈추는 곳 이곳저곳에 사람들을 내다 버렸다. 이렇게 한인의 러시아 이주 역사는 한으로 점철되어 있다. 블라디보스토크는 나라 잃었던 시절 우리 동포들의 수난의 삶의 역사를 바라보는 곳이었다.

코리아하우스라는 한국 식당을 나와 밖으로 나오니 비가 부슬부슬 뿌리고 있었고 어둠이 내려 있었다. 저녁 반주 삼아 마신 소주와 맥주가 지나쳤는지 몸의 균형이 조금씩 흔들리고 있었다. 어둠 속을 걸어나오는 귓가에 누군가가 구슬피 부르는 〈타향살이〉라는 노래가 들려왔다. "타향살이 몇 해 던 가, 손꼽아 헤어보니…." 끊어질듯하던 노래 가락은 다시 구슬프게 계속되었다. "고향 떠난 십 여 년에 청춘만 늙어…." 아! 우리민족의 유랑은 언제나 그칠 것인가. 갑자기 눈앞이 흐려져 왔다.

아! 시베리아횡단열차

오랜 세월동안 시베리아는 '동토凍土의 땅'이라는 별칭답게 유배와 처형의 장소로만 알려져 왔다. 코사크의 원정군에 의해 시베리아 개척이 끝난 17세기 이후에도 시베리아는 러시아의 큰 관심을 끌지 못하며 버려진 땅으로 여겨졌다. 살을 에는 지독한 혹한과 광막하고 거친 대지, 유형수들이 가슴에 맺힌 한을 품고 죽어간 곳, 유배의 땅 시베리아가 깊은 잠에서 깨어나 꿈틀대기 시작한 것은 시베리아횡단철도의 건설 때문이었다. 1891년 3월 17일 당시 황제였던 알렉산드르3세는 시베리아횡단철도의 부설을 칙령으로 공포하게 된 것이다. 유럽과 미국대륙의 철도건설의 역사에 비해 러시아 대륙의 철도건설 역사는 대단히 늦은 편이라고 할 수 있다.

최근 우리나라가 북한의 경의선이 복원되고, 시베리아횡단철도와 연결되어 러시아 대륙으로 열린 길을 달리게 될 것을 기대하며 많은 사람들이 시베리아횡단철도에 대해 관심을 갖게 되었다. 횡단열차는 외국의 여행객들에게는 낭만과 호기심의 대상으로 여겨지지만 현지인들에게는 치열한 삶의 이동수단이다. 엄청난 거리의 차이에도 불구하고 비행기를 이용할 수 없는 서민들은 며칠씩 열차로 이동할 수밖에 없는데, 그들에게 끝없는 자작나무 숲 속을 달리는 열차여행의 낭만 운운하는 것은 사치스런 이야기가 아닐 수 없다.

시베리아횡단열차가 출발하는 블라디보스토크 중앙역은 엷은 녹색의 아름다운 품격이 있는 러시아 건축양식의 석조로 된 역사驛舍이다. 1912년의 건축물로 러시아 제정시대의 영화로움을 여기서도

짐작케 한다. 시베리아 철도의 동쪽 기점인 블라디보스토크부터 모스크바까지 9,288km의 여행은 시작되고, 또 반대로 모스크바에서 출발한 열차는 여기서 끝난다. 블라디보스토크 역에는 이 여정을 상징하여 '9288'이라는 숫자를 커다랗게 새긴 기념탑이 서 있었다.

멈춘 시간 속에서

시베리아횡단열차에서는 모든 일상의 시간이 멈추어 버린다. 물리적으로는 블라디보스토크와 모스크바 사이는 7시간의 시차가 난다고 하지만, 계속되는 열차의 질주와 이어지는 차창 바깥풍경 속에서 시간이 아무런 의미가 없어진다. 그저 간혹 배가 고프면 아! 이제 끼니때가 되었구나 하는 것을 느끼게 되고, 밖으로 어둠이 깃들기 시작하면 저녁이 가까워 졌구나 하고 느낄 뿐이다. 쉼 없이 시계를 들여다보면서 무언가에 쫓기는 도시의 일상생활에 비하면, 완벽한 권태의 나락에 떨어져 배고프면 먹고, 기차의 흔들림과 함께 흔들리다 잠이 오면 잠들고 그야말로 노자老子의 '무위無爲'의 경지에 이르게 된다. 이층침대에 누어 무위의 상태에 빠져 있는 나의 귀가에 어디선가 노자의 설법이 들리는 듯 하다. "천지만물은 유에서 생겨나고, 유는 무에서 생겨난다." "도道는 하나를 낳고, 하나는 둘을 낳고, 둘은 셋을 낳고, 셋은 만물을 낳는다. 도는 허정虛靜하다."

자작나무 숲이 가득한 창밖을 망연히 바라 보다 보면 자신도 모르게 사고는 어두운 기억의 저편에서 잃어버린 상처의 조각을 찾아내고, 그 상처를 따라 과거의 시간 속으로 달려가기도 한다. 비록 몸은 달리는 열차 속에 유폐되어 있지만 사고는 불꽃같이 살아 움직인다. 연거푸 마신 보드카의 술기운이 혈관 속으로 짜르르 퍼져 가기 시작했다. 그리고 사위가 조금씩 어두워지면서 달리는 횡단열차에도 밤은 찾아오고 있었다. "40도는 술이 아니다. 영하 40°C는 추위가 아니다. 400km는 거리도 아니다." 러시아의 독한 술 보드카와 혹한의 날씨와 광대한 영토를 잘 표현해주는 말이다. 자작나무는 멀리서도 한 눈에 알 수 있을 만큼 하늘로만 수 십 미터 뻗어 올라가 있다. 은백색으로 길게 뻗은 이 나무는 러시아를 상징할 만큼 커다란 키의 잘생긴 나무였다. 지금 나는 여름의 시베리아를 달리고 있지만, 백설이 새하얗게 뒤덮인 시베리아의 대지와 자작나무는 절묘한 조화를 이루면서 러시아 특유의 자연풍경을 연출하게 된다. 시베리아횡단 열차의 차창밖에 끝없이 펼쳐지는 유장한 강, 높은 산, 바다 같은 호수가 광대한 대평원 위에 파노라마처럼 펼쳐진 것을 밤새도록 바라보면서 달리는 것은 바로 러시아 여행의 백미이다.

횡단열차에서 만난 사람들

시베리아횡단열차에서는 사고思考와 풍경만 살아 움직이는 것이 아니라 사람들도 살아 움직인다. 어딘가 먼 길을 떠나는 나그네들의 긴장과 흥분과는 달리 이곳은 러시아인들의 역동적이고 치열한 삶의 공간이다. 횡단열차 속에서 우리는 러시아사람들의 때로는 삶에 지친 표정과 또 때로는 앞날에 대한 희망을 보게 된다. 페르스트로이카 이후로 더욱 어렵고 힘겨워진 러시아사회에 대해 두 주먹을 쥐고 분개하는 세르게이, 앞날에 대한 기대에 찬 표정으로 새로운 일자리를 얻기 위해 모스크바로 가는 블라디미르, 싱가포르 조선소에서 몇 년 동안의 힘겨운 노동 끝에 적잖은 돈을 벌어 고향으로 돌아가는 알렉세이, 이제 갓 두 돌이 지난 어린 자식의 손을 잡고 남편을 찾아 가는 나타샤, 보다 나은 자식의 교육을 위해 수 십 개의 크고 작은 이사 짐을 힘겨워 하지 않는 이리나…. 러시아 사람들은 일견하면 차가울 정도로 무표정하고 냉정하게 보이지만 한번 마음을 열기 시작하면 자신의 모든 것을 다 드러내 보여준다.

보드카의 술기운과 함께 서서히 주기가 오른 세르게이는 암울한 러시아사회에 아직 희망이 있다고 목소리를 높이기 시작했다. 그는 임신 7, 8개월이나 된 듯한 거대한 배와 키가 190센티미터는 충분히 될 정도의 거구였는데, 커다란 팔로 내 어깨를 끌어안고 양쪽 뺨을 교대로 비비는 러시아식 인사법을 가르쳐 주었다. 그의 아내 나탈리아는 앞가슴에 농구공을 두 개 얹어 놓은 듯 가슴이 컸는데, 꼬레라는 작은 나라에서 온 남편의 낯선 '열차친구'를 계속해서 신기한

듯 바라보았다. 우리는 두 병째의 보드카를 마셨고 함께 어깨동무를 하고 나의 선창으로 몇 년 전 한국에서 인기 드라마 〈모래시계〉의 배경 음악으로 나왔던 러시아 민요 '백학'을 같이 불렀다.

시베리아횡단열차에는 러시아사람들의 고통과 희망 그리고 슬픔과 기쁨이 담겨 있었다. 그들도 우리와 같이 때로 모든 것을 내던져버리고 싶은 절망과 아픔이, 그리고 다시는 돌아오지 못할 것에 대한 기다림과 희망이 있었다. 지금 비록 창밖의 어둠과 같은 절망이 자신들의 앞에 드리워져 있지만, 내일이면 무언가가 달라지고 또 내일이면 기다리던 그 무언가가 우리에게 마침내 다가올 것이라는 희망이 있기 때문에 오늘을 포기할 수 없는 것이다. 아! 그랬다. 언젠가 인도대륙을 가로질러 달리던 야간열차에는 사막을 비추어주던 찬란한 별빛과 인도사람들의 검은 얼굴이 있어서 좋았듯이, 시베리아횡단열차에서는 차창 밖의 자작나무 숲과 이 아득한 시간의 정지와 러시아사람들의 무표정 속에 담긴 희망과 절망이 있어서 좋았다. 가슴저 깊은 곳을 파고드는 보드카의 술기운과 함께 시베리아횡단열차는 그렇게 흔들리며 정지된 시간 속을 달리고 있었다.

하바롭스크의 아무르 강

블라디보스토크에서 시베리아 횡단 열차를 타고 러시아 국경을 따라 흐르는 우수리강의 북쪽으로 931km를 올라가면 하바롭스크가 나온다. 아무리 강과 우수리 강이 합류하여 더욱 광대해진 강, 아무르가 관통하여 흐르는 이 도시는 극동 교통의 중심지다.

여느 시베리아의 도시처럼 이곳 또한 역사의 격동기를 맞았던 곳답게, 중국과 국경을 이루는 아무르 강가에 5만 여명에 이르는 희생자의 이름이 빼곡하게 들어찬 2차 대전 희생자 위령비가 남아 있다. 만주 벌판을 두고 중국과 일본과 러시아가 전쟁을 벌이고 일본군이 이곳까지 진격했던 역사를 다시금 되새기게 하는 흔적이다. 한때 이곳에선 중국과 러시아가 아무르 강을 사이에 두고 대포까지 쏘면서 국경분쟁을 지속했다.

그 후 하바롭스크는 시베리아 개발권을 따내거나 시베리아에 진입하려는 외국계 기업들의 각축장이 되고 있다. 여기에 한국 기업들도 뒤늦게 경쟁에 뛰어 들었다. 삼성과 LG의 현지 공장을 비롯한 많은 현지법인이 운영되고 있고, 서울과의 직항노선도 개설되어 있다. 게다가 러시아인들은 과거 시베리아 벌판에서 황무지를 개척하고 삶의 희망을 가꾸었던 고려인 카레이스키를 기억하고 있어 일본이나 중국보다는 한국에 호감을 갖고 있었다.

하바롭스크는 아무르 강을 떠나서는 상상할 수 없다. 중국어로 흑룡강黑龍江이라 불리는 아무르 강은 극동의 젖줄과 같은 강이다. 전망대에서 내려다보니 강 건너편이 아득하게 멀었다. 겨울이 되면 이 강 전체가 얼어붙는데 걸어서 횡단하여 왕복하는데 4시간이 걸린다고 한다. 강 상류로 가면 만주와 연변이 나오고 하류로 가면 사할린 북방 오호츠크 해가 나온다. 일제시대 독립운동을 하던 한인들은 이곳까지 쫓겨 왔는데 아무르 강가에서 시간을 보내며 나라 잃은 설움을 달랬을 것이다. 그러나 지금 아무르 강가에는 독립군과 조선족들의 처절한 생존의 애환은 흔적도 없이 사라져버리고 유람선만이 유유히 떠다니고 있었다. 박정대 시인은 아무르 강을 이렇게 노래한다.

그대 떠난 강가에서
나 노을처럼 한참을 저물었습니다
초저녁별들이 뜨기엔 아직 이른 시간이어서, 낮이
밤으로 몸 바꾸는 그 아득한 시간의 경계를
유목민처럼 오래 서성거렸습니다

그리움의 국경 그 허술한 말뚝을 넘어 반성도 없이
민가의 불빛들 또 함부로 일렁이며 돋아나고 발밑으로는
어둠이 조금씩 밀려와 채이고 있었습니다, 발밑의 어둠
내 머리 위의 어둠, 내 늑골에 첩첩이 쌓여 있는 어둠
내 몸에 불을 밝혀 스스로 한 그루 촛불나무로 타오르고
싶었습니다
- 박정대의 〈아무르강에서〉 일부

이르쿠츠크의 바이칼

횡단열차는 크고 작은 역에서 길게는 20분, 짧게는 5분씩 정차하곤 했다. 열차가 길게 정차하는 플랫폼 주위 공터에는 기차를 따라 기다랗게 간이 시장이 형성된다. 역 주위 동네 사람들이 나와서 여러 가지 음식을 팔기 때문이다. 일부러 음식을 만들어서 팔러 나오는 사람도 있고, 자기 집 앞뜰에서 키운 오이와 야채 등을 내다 파는 할머니도 있었다. 열차가 정차하는 동안 승객들은 마음대로 하차하여 역구내를 둘러보면서 그 지역의 특산물과 음식을 구입할 수 있다. 정차 시간 동안 반짝 시장이 형성되는 셈이다. 승객들은 빵, 떡, 통닭, 오이, 해바라기 씨앗 등을 비롯해서 처음 보는 음식을 구입하거나 구경을 한다. 열차가 멈출 때마다 마주친 순박한 표정과 때 묻지 않은 사람들의 모습은 세계 어디를 가나 시골에서는 반드시 만나게 되는 정겨운 광경이다. 간혹 정신을 팔고 구경하는 사이, 승무원의 호루라기 소리가 길게 울리고 열차가 떠나게 되는 경우도 있지만 대개는 열차가 떠날 즈음에는 서로 알려주기도 한다.

하바롭스크에서 열차가 출발한지 꼬박 이틀이 지났다. 창밖에 갑자기 바다가 나타났다. 바이칼이었다. 우주선을 타고 지구를 보면 새파랗게 보인다는 지구의 눈 바이칼, 일명 시베리아의 진주로 불리는 바이칼의 수평선이 까마득하게 펼쳐졌다. 바이칼 호수를 따라 기차가 4시간 동안 계속 달렸다. 바이칼 호수 남쪽 부분을 약간 달리는데도 4시간이 걸렸으니 한 바퀴 도는데는 엄청난 시간이 걸릴 것이다.

바이칼 호가 끝나는가 싶더니 앙가라 강이 나타나면서 시베리

아의 파리라고 불리우는 물의 도시 이르쿠츠크에 도착했다. 52시간의 여행이 끝나가는 신호였다. 정든 친구와 헤어질 때는 말없이 손을 잡고 오래 앉아 있다가 떠나보내는 것이 이곳 풍습이라고 했다. 세르게이와 나란히 앉았다. 손을 잡았으니 따스한 체온이 느껴져 왔다. 고단한 세월을 견뎌온 흔적이 그의 손을 통해 느껴져 왔다. 시간은 석별의 정을 오래 나누도록 허락치 않았다. 세르게이는 짐을 들고 플랫폼까지 내려와서 배웅해 주었다. "다 스비다니야또 만납시다"라는 정겨운 인사말을 나누었다. 아직도 칠흑같이 컴컴한 새벽이었지만 이르쿠츠크 역에는 희미한 가로등이 나그네를 맞아 주었다.

시베리아의 파리

이르쿠츠크를 흔히 '시베리아의 파리'라고 하는데, 사실 시베리아에 있는 도시들 중 이르쿠츠크만큼 아름다운 도시도 드물다. 그동안 시베리아 대부분의 도시들이 공산주의 하에서 시베리아 자원 개발 및 산업개발을 목적으로 건설되어 매우 삭막하지만, 이르쿠츠크는 산과 호수를 배경으로 생긴 자연발생적 도시이며 시베리아 도시들 중 유일하게 350여년의 긴 역사를 가지고 있다. 그래서 이르쿠츠크는 러시아에서 가장 살기 좋은 도시 중의 하나이며, 그것을 증명하는 듯 모스크바, 상트페테르부르크 다음으로 부동산 값이 비싼 곳이라고 한다. 그러나 이르쿠츠크를 있게 하는 것은 바로 바이칼 호수 때문이라 할 수 있다.

바이칼이란 명칭의 어원은 이곳 원주민들의 언어로 '풍요로운 호수'라는 의미를 가지고 있다고 한다. 호수의 길이는 640킬로미터, 폭은 가장 넓은 곳이 80킬로미터, 가장 좁은 곳이 27킬로미터다. 유람선을 타고 바이칼 호수의 극히 일부분을 다녔는데, 달려도 달려도 수평선만 보이고 끝이 보이지 않으니, 이곳은 결코 호수라고 할 수 없는 거대한 바다였다. 바이칼에서 나오는 오물이라는 물고기 훈제 요리를 호수가에서 사서 바이칼 보드카와 함께 먹었다. 오물이라는 훈제된 물고기는 그 소문대로 담백하고 쫄깃한 맛이 생선회에만 익숙한 우리들 입맛에 새로운 맛이었다. 넓디 넓은 바이칼호의 푸른 물결을 바라보다가 갑자기 사랑하는 최석을 따라 바이칼에 몸을 던져 자살한 이광수의 『유정』에 나오는 남정임이 생각났다. 춘원이 스스로 자신의 가장 대표적인 작품이라고 평가했던 『유정』에서 춘원은 시베리아를 다음과 같이 묘사하고 있다.

> 가도가도 벌판. 서리맞은 마른 풀 바다. 실개천 하나 없는 메마른 사막. 어디를 보아도 산 하나 없으니 하늘과 땅이 착 달라붙은 듯한 천지. 구름 한 점 없건만 그 태양까지도 마치 이루 다 비추지 못하여…. 지평선 호를 그린 듯한 지평선 위에는 항상 황혼이 떠도는 듯한 세계. 이 속으로 내가 몸을 담은 열차는 서쪽으로 서쪽으로 해가 가는 걸음을 따라 달리고 있소. 열차가 달리는 바퀴소리도 반향할 곳이 없어 힘없는 한숨같이 스러지고 마오.
>
> – 이광수의 『유정』에서

이르쿠츠크의 '데카브리스트'들

이르쿠츠크하면 떠오르는 것이 바이칼이지만, 바이칼과 함께 이르쿠츠크를 상징하는 또 다른 중요한 것은 '데카브리스트'들이다. 러시아 역사 최초로 1825년 개혁을 부르짖으며 혁명을 일으켰던 귀족 청년 장교들을 이른바 데카브리스트라고 한다. '데카브리'가 러시아어로는 12월이라는 말인데, 그들이 12월에 혁명을 일으켰기 때문에 데카브리스트, 즉 '12월혁명당원' 이라고 불리워지게 된 것이다. 말하자면 데카브리스트의 반란은 흡사 우리나라의 갑신정변 정도로 비유될 수 있을 것이다. 혁명에 실패한 데카브리스트들은 바로 이곳 이르쿠츠크로 유배 오게 되었다.

영하 30~50도의 살인적 추위의 유형 길을 간다는 것은 죽음을 의미했다. 그런데도 이들은 끝까지 혁명가의 길을 따른 것이다. '발꼰스키'와 '트루베츠스코이' 기념관에는 당시 그들의 힘들었던 귀양생활의 모습이 그래로 보존되어 있다. 비록 그들의 혁명은 실패로 끝나고 말았지만 데카브리스트들은 귀족의 특권과 보장된 입신출세의 길을 버리고 조국 러시아와 민중을 위해 자신의 몸을 내던졌다. 이들의 빛나는 혁명정신은 결국 100여 년 후 '러시아혁명'을 낳게 하는 근원이 되었다. 푸시킨은 그들의 정신을 이렇게 노래하고 있다.

> 시베리아 깊은 광맥 속에
> 그대들의 드높은 자존심의 인내를 보존하소서
> 그대들의 비통한 노력과 높은 정신의 지향은

사라지지 않으리니.

불행의 신실한 누이,
희망은 암흑의 지하 속에서
용기와 기쁨을 일깨우리니
그 날은 오리니.

사랑과 우정이 그대들에게 닿으리니
깜깜하게 닫힌 곳 빗장을 열고
지금 그대들의 감방 그 굴 속으로
나의 자유의 소리가 다다르듯이.
-푸시킨의 〈시베리아 깊은 광맥 속에〉 일부

모스크바 사람들

노보시비리스크를 출발한 시베리아횡단열차는 옴스크, 예까트린부르그, 그리고 우랄산맥을 넘어 3일째 되는 날, 마침내 가쁜 숨을 길게 토해내며 모스크바가 가까이 왔음을 알리기 시작했다. 정말 길고도 지루한 길을 달려온 나그네들에게 모스크바는 서서히 그 모습을 보여주기 시작했다. 차내에서는 빅토르 최의 애절한 노래와 푸가초프 음악이 흘러나오면서 시베리아 횡단 열차의 종착역인 모스크바의 남은 여정을 축복해 주는 듯 했다.

마침내 열차는 러시아의 수도인 모스크바에 도착했다. 모스크바에 도착해서 되돌아보니 블라디보스토크와 하바롭스크, 이르쿠츠크 등이 이제는 아득한 동쪽 저편, 지구 반대편에 있는 듯한 느낌이 들었다. 기차가 도착하자 사람들은 지겨운 여행에서 빨리 벗어 나가겠다는 듯이 부지런히 역사를 빠져나가고 있었다.

러시아의 문호 톨스토이는 '러시아 사람이라면 누구나 모스크바를 어머니처럼 느낀다.'라고 했다. 톨스토이가 모스크바의 이미지를 어머니와 연결시켰다는 점에서 러시아는 일견 부드러움과 따뜻함을 지닌 도시를 연상시킨다. 그러나 역사를 빠져 나오면서 그리고 지하철을 타기 위해 지하철 노선을 묻는 낯선 이방인을 대하는 러시아 사람들의 표정은 대부분 시베리아의 싸늘한 얼음장과 같은 얼굴이다.

모스크바의 명물 가운데 하나인 지하철은 후루시초프가 총 지휘하여 만든 것이라고 한다. 페테르부르크의 지하철은 주로 운하 밑을 통과해야 했기 때문에 깊이 내려가지만, 모스크바는 전쟁 시를 대비하여 지하대피용으로 수백 미터까지 파고 내려가 건설되었다고 한다. 역마다 각기 다른 색의 대리석을 사용하였고, 모자이크나 조각품으로 장식되어 있다. 특히 모스크바의 지하철 역 중에서 스몰레스카야 역, 비빌리오테카 이메니레니나 역, 키에프 역 등은 지하철역이라는 느낌이 들지 않을 정도의 찬란한 곳으로 꼽힌다.

지하철에서 흥미로운 것은 많은 승객들이 묵묵히 책을 읽고 있는 승객들의 모습이었다. 남녀노소를 가리지 않고 승객의 절반정도가 손에 책을 들고 있거나 꽃을 들고 있는 지하철의 풍경은 매우 인상적이다. 그것은 한편으로는 급속한 변화의 물결에서 낙오될 수 없다는 러시아 사람들의 몸부림이기도 하겠지만, 또 한편으로는 엄청난 역사의 격동 속에서도 묵묵히 자신의 길을 가겠다는 러시아 사람들의 고집스러움을 보는 것이기도 했다.

붉은 광장에서

러시아 경제, 정치, 사회상황은 우리에게도 익히 알려진 대로 정말 어렵고 혼란한 상황이다. 마약을 복용하는 사람은 갈수록 늘어나고 있고, 결혼한 수와 이혼한 수가 거의 비슷할 정도로 이혼율은 늘어가고, 청소년들은 가정을 버리고 각종 범죄, 마약, 매춘 등에 빠져들어 가고 있다고 한다. 외국언론에 의해 전해지는 러시아에 대한 암울한 소식들과 보도내용대로라면 러시아는 이미 망해도 벌써 망해야 옳았다. 그러나 부분적으로 러시아사회가 붕괴되고 있는 것은 사실일지 몰라도 미국과 일본, 유럽 국가들은 여전히 러시아의 잠재력을 두려워하고 있다. 오늘날 러시아의 혼란과 부진은 제대로 된 준비를 거치지 못한 채 출발한 시장경제와 구 체제 사이의 갈등에서부터 비롯되었지만, 혼란 속에서도 러시아는 모스크바와 함께 살아 있었다.

지리적으로 모스크바의 중심부는 붉은 광장과 크렘린이 된다. 모스크바는 붉은광장에서부터 큰 길이 동서남북으로 방사선형으로 퍼져 환상도로를 이루고 있다. 붉은 광장은 크렘린 성벽의 동측으로 넓게 펼쳐져 있는 러시아 최대의 광장이다. 붉은 광장의 레닌묘를 빠져나와 크렘린으로 들어서면 갑자기 영광과 오욕의 역사의 한가운데에 서있다는 느낌이 든다. 모스크바, 붉은 광장, 레닌, 크렘린, 역사를 통하여 이런 단어들보다 영욕이 교차하는 말도 없을 것이다. 그야말로 이곳은 한때 '악의 제국'이었으며 온갖 권력 투쟁의 밀실이었는가 하면 사회주의의 이념을 실현한 혁명의 장소이기도 하였다. 그러나 이러한 극단의 언어들도 20세기와 함께 역사의 뒤안으로 사라지고 말았다.

인간에게 새로운 역사의 지평을 열어 주리라고 약속했던 러시아혁명과 함께 20세기를 열었던 이곳은 이제 소련연방의 해체와 더불어 바야흐로 한 시대를 마감했다. 블라디보스토크에서 모스크바로 오는 길고도 험난했던 길, 돌이켜보면 그것은 마치 한 세기를 도강渡江하는 대장정과 같았다. 붉은 광장 한 모퉁이에 주저앉아 있는 나의 눈앞에는 혁명의 완성을 보지 못하고 어두운 지하에 누워 있는 레닌과 성벽 안쪽의 정부청사 어딘가에서 러시아의 부흥을 고민하며 앉아 있을 러시아의 대통령 푸틴의 모습이 교차되며 나타나고 있었다.

백야의 상트페테르부르크

밤11시에 '붉은 화살'이라는 모스크바를 출발한 열차는 정확하게 다음날 아침 6시50분에 페테르부르크에 도착했다. 지난밤부터 거친 소나기가 있었던 때문인지 도시는 아직 비에 젖은 채 짙은 우수에 잠겨 나그네를 맞아 주었다. '혁명의 도시', '유럽을 향한 창', '북쪽의 베니스', '백야의 도시' 등등의 많은 별칭을 지난 상트페테르부르크에 마침내 당도했다.

러시아의 제2의 도시인 상트페테르부르크는 우리에게는 소련 시대 때의 이름인 레닌그라드로 더 잘 알려져 있다. 이 도시는 혁명

때까지 제정러시아의 수도였던 만큼 지금도 러시아 문화와 예술, 역사, 관광의 중심지이다. 18세기 초반 페테르 대제에 의해 도시가 설립된 이후 러시아는 페테르부르크를 중심으로 서구문화의 개화기에 접해 각 분야에서 눈부실 정도의 발전과 근대화가 진행된다. 구소련의 붕괴 후 다시 제정러시아 때의 이름으로 불리어지고 있다.

상트페테르부르크는 어느 곳을 가나 러시아의 영욕의 역사와 문화가 고스란히 살아 숨 쉬고 있다. 페테르부르크는 페테르 대제에 의해 설립된 도시이기 때문에 어디를 가나 그의 흔적이 남아있다. 정신적 물리적인 면에서 러시아 근대사의 초석을 세웠다고 할 수 있는 페테르 대제는 머리는 아주 작으면서 손발은 매우 큰, 그러면서도 키는 2미터가 넘는 무언가 균형이 맞지 않는 거구의 사람이었다고 한다. 그는 황제이면서도 매우 정력적인 사람으로서 끊임없이 건축과 도시의 건축에 대하여 공부하였고, 심지어 자신의 신분을 속이고 핀란드의 조선소에 취직하여 배 만드는 기술을 2년 동안이나 배웠을 정도이다. 황제로서의 화려한 생활을 자제하고 오두막에 살면서 도시를 보다 훌륭하게 만들기 위해 노력했다.

페트로 파블로프스키 요새 외곽에는 다소 희화화 된 우스꽝스런 모습의 페테르 대제의 동상이 앉아있는데, 그의 손과 무릎을 만지면서 소원을 빌면 이루어진다는 말이 있어 많은 관광객들이 그 동상에서 사진을 찍고 손과 무릎을 만진다. 그래서인지 동상의 손과 무릎은 반질반질하게 닳아 있었다. 어느 나라에서든지 한 사람의 위대한 지도자는 나라를 위대하게 발전시키기도 하고 쇠퇴시키기도 한다.

핀란드역에서 만난 레닌

페테르 대제로부터 시작된 제정러시아는 레닌에 의해 니콜라이 2세 때 그 막이 내려지게 된다. 페테르 대제는 아들인 페테르 2세에 모든 황제의 권한을 물려주고 세상을 떠났지만 아들은 아버지의 영광을 계승할 인물이 되지 못하였다. 독일을 흠모하고 열정적으로 좋아했던 대제는 모자라는 아들의 공백을 메우기 위해 고심한 끝에 예카테리나라는 독일 귀족의 딸을 아들과 맺어 준다. 그러나 명석한 두뇌의 소유자인 예카테리나는 정신적 육체적으로 모자라는 페테르 2세를 결혼한 지 1년이 채 안되어 제거하고, 자신이 1741년 '예카테리나 2세'로 왕위를 차지하여 20년 동안 재위한다. 프랑스의 루브르, 영국의 대영박물관과 함께 세계 3대 박물관의 하나인 에르미따쥬는 세계 3대 미술관으로 수많은 사람들의 방문을 받고 있는데, 처음에는 예카테리나 단 한 사람만을 위해 지어진 궁전이었다.

궁전 입구의 광장에서는 지난 200년 동안의 제정 러시아에서 일어난 사건 중에서 가장 중요한 사건이 일어난 곳이다. 1905년 이곳에서 '피의 일요일' 사건이 있었고, 1917년에는 볼셰비키가 권력을 장악하게 되었다. 역사는 돌고 돈다고 한다. 영욕으로 점철된 로마노프왕조는 이렇게 그 막을 내리게 되고, 최초의 사회주의 소비에트정권이 탄생하게 된다.

레닌이 10월 혁명을 위해서 당도했던 핀란드 역에서 사람들은 저마다 어딘가로 떠나고 싶어 했다. 그들은 그곳이 어디가 되었든 기꺼이 떠났고, 많은 사람들이 영영 돌아오지 못하거나 사라져버렸다.

변해버린 사람들과 남은 것은 모두 쓸쓸하게 타다만 재가 되어 흔적만 남아 있었다. 핀란드 역 바로 건너편 30미터 정도 떨어진 광장에는 레닌의 동상이 서 있었다.

지난 91년 구소련이 해체된 지 10년이 지났다. 당시 소련의 붕괴는 모스크바 붉은 광장에서 레닌의 동상이 철거되면서 시작됐다. 흥분한 모스크바 군중들이 레닌의 동상위로 올라가 무참히 목을 부러뜨리는 충격적인 장면은 아직도 우리들의 기억에 생생히 남아있다. 이 지상에 사회주의의 숭고한 이념을 실현하고자 한 레닌! 그의 숭고한 이념은 끝내 이 지상에서 실현되지 못하고 이제 그 열망은 쓸쓸한 재가 되어 레닌 동상 근처를 흩날리고 있었다.

시베리아는 눈물을 흘리지 않는다

상트페테르부르크를 마지막으로 전체적으로 둘러보기 위해 운하 유람선을 타기로 했다. '북의 베니스'로 불리는 물의 도시인만큼 운하를 유람하는 배를 타고 도시 전체를 한 바퀴 둘러보는 것은 페테르부르크 여행에서 운치를 더하는 일이라 생각되었다. 네프스키 대로의 한 가운데쯤인 폰타카 운하에서 유람선을 승선했다. 네프스키대로에서 승선한 배는 20인승 정도의 작은 배로 운하와 운하 사이를 빠져 네바강을 거쳤다가 다시 폰타카로 돌아오는 1시간 30분 정도의 코스였는데, 페테르부르크를 한걸음 바깥에서 떨어져 다시 전체적으로 조망해 볼수 있다는 점에서 대단히 유익했다. 네프스키 대로 근처의 운하에는 많은 유람선 코스와 호객하는 현지인들이 있는데, 거의 코스는 대동소이하지만 러시아어를 알아들을 수 없다면 영어를 구사하는 안내원이 있는 배를 타는 것이 좋을 듯 하다. 내가 탄 배는 폰타카 운하-니콜라스카야-극장광장-마린스키 극장 뒤편-키스다리-청색다리-붉은다리-이삭성당-네프스키대로-녹색다리-푸시킨생가-푸시킨의 찻집-겨울운하-네바강-백조운하-여름정원-폰타카운하를 한 바퀴 도는 코스였다. 그야말로 도시의 중요한 곳 전체를 한 바퀴 둘러보았다. 며칠 동안 계속 상트페테르부르크라는 도시의 나무속에만 갇혀 있다가 배를 타고 멀리서 바라보는 숲으로서의 도시의 모습은 더욱 아름답고 찬란하게 보였다. 이제 곧 이 도시를 떠나야 한다.

저녁10시가 가까운 시간이지만 백야현상으로 아직도 해는 중

천에 걸린 듯 거리는 훤했다. 이제 곧 이 백야를 떠나야 한다. 페테르부르크 제2의 공항이라고 하는 꾸코보공항은 국제공항답지 않게 작은 시골 역을 연상시킬 정도로 협소하고 지저분했다. 정말 길고도 험난했던 시베리아 횡단열차 여행, 그리고 페테르부르크에서 보낸 백야의 밤들…. 다 스비다니아안녕! 다 스비다니아안녕!

비행기는 꾸코보 공항을 이륙하고 있었다. 비행기 아래 저 멀리서 네바 강과 어우러져 찬란한 야경을 보여주던 페테르부르크는 곧 어둠 속으로 사라지고 말았다.

실크로드 대장정

실크로드에는 비단길이 없다

실크로드는 중국 서안西安에서 터키 이스탄불까지 장장 1만2000km에 이른다. 실크로드란 이름은 1877년 독일의 지리학자인 리히트호펜F. Richthofen이 중국에서 중앙아시아를 횡단하며 유럽으로 이어지는 교역로를 그 주요 교역품이 비단인 것에 착안해서 '실크로드'라고 명명한 것에서 유래한다.

나는 서안에서 돈황, 천산북로와 천산남로, 우루무치에서 타쉬켄트, 이스탄불을 위시한 터키 땅 전체를 여러 해에 걸쳐 드나들면서 실크로드가 인간의 삶의 운명과 닮았다고 생각했다. 실크로드에는 삶과 죽음이 있고, 만남과 이별이 있고, 눈물과 기쁨이 있다. 살아있는 한 떠나야 하고, 또 떠난 길에서 돌아오지 못하는 인간의 운명과 같이, 많은 사람들은 그 길을 향해 떠났고 그들은 영영 돌아오지 못했다. 남은 사람은 떠나는 사람을 슬퍼하고, 돌아오지 않는 사람을 그리워했다.

실크로드에는 비단길이 없다. 중앙아시아의 저 깊고 아득한 곳에는 거대한 모래바다가 누워 있을 뿐이다. 대상隊商 행렬인 낙타와 사람들을 순식간에 흔적도 없이 삼켜버리곤 하는 모래바다는 천년이 넘는 세월 동안 수많은 여행자들을 괴롭히며 도도히 버티고 있다. 머나먼 서역 만 리 길은 바람과 모래로 뒤덮인 황량한 사막뿐이다. 여름의 기온은 40도를 오르내리면서 모든 것을 녹일 듯하고, 겨울의 날씨는 영하 수십 도를 오르내리며 여름 내내 뜨겁던 열사熱沙를 꽁꽁 얼어붙게 한다. 타클라마칸과 그 사막들은 사면이 모두 사막과 산맥들의 보호막으로 둘러싸여 있어 대단한 의지를 가진 사람이 아니면 이곳을 쉽게 관통할 수 없다.

북쪽으로는 장엄한 천산 산맥이 있고, 서쪽으로는 '세계의 지붕인' 파미르가 있으며, 남쪽으로는 카라코람과 곤륜산맥이 뻗어 있다. 오직 동쪽에만 산맥이 없지만 그 대신 롭 사막과 고비 사막이라는 두 개의 장애물이 놓여 있다. 실크로드를 여행한 탐험가와 지리학자들은 모두 입을 모아 타클라마칸을 위험하고 무서운 공포라 한다. 옛날부터 사람들은 혹심한 고통과 위험을 무릅쓰고 이 험악한 오지에서 목숨을 던질 각오로 실크로드를 건너고자 했다.

역사상 최초로 실크로드 여행에 나선 사람은 장건이라는 모험심 많은 중국의 젊은이였다. BC 일세기 전, 한나라 무제武帝의 명령으로 비밀임무를 띤 이 젊은이는 당시로서는 도저히 불가능한 실크로드로 여행을 감행했다. 비록 그의 목적은 실패로 끝났지만 역사상 실크로드 여행의 첫 걸음을 시작하게 되었다는 점, 그리하여 중국이 유럽을 발견하고 또 실크로드가 탄생하는 계기가 되었다는 중요한 의의를 지닌다. 장건 이후로 수많은 사람들이 사업과 종교와 탐험을 위해 '들어가면 다시는 나오지 못하리라.'는 타클라마칸 사막을 넘어 실크로드로 떠나갔다.

사막 속에 핀 초원

험준한 천산산맥을 넘어 '마음의 고향'이라는 율두스 초원에 이르면 실크로드 중에서 이른바 '초원의 길'이라 불리는 천산북로에 이르게 된다. 이 높은 초원에도 물이 흐르고 풀이 자란다. 한 여름에도 밤 기온은 영상 4도까지 내려가 겨울옷을 껴입고도 추위에 떨어야 한다. 자동차로 불과 반나절의 거리를 두고 뜨거운 사막의 열기와 초원의 싸늘한 추위는 공존한다. 사막과 초원은 상반된 극단적인 환경이지만 동전의 양면과 같이 불가분의 관계이기도 하다. 초원이 없다면 사막도 없을지 모른다. 실크로드의 사람들은 사막과 초원을 오가며 삶을 영위해 나간다. 사람들은 실크로드의 길 없는 길을 찾아 헤매다가 이따금씩 있는 길조차 잃어버린다. 그리고 휘몰아치는 강풍 속을 헤매며 군데군데에 박혀 있는 오아시스를 찾아 떠난다.

실크로드에서 생명을 부지할 수 있는 것은 군데군데에 흩어져 있는 오아시스 때문이다. 높은 산맥들의 만년설이 녹아 흘러내린 물이 만들어 내는 오아시스는 실크로드의 사람들이 잠시 쉬어가는 곳일 뿐만 아니라 그 자체가 생명의 기지이다. 많은 세월에 걸쳐 상인이나 순례자, 군인들의 처량한 행렬은 오아시스를 찾아 헤매다 길을 잃고 그들의 뼈를 사막 한가운데에 이정표로 남기곤 했다. 신기루는 실크로드를 지나는 사람들에게 가장 위험한 적이다. 애타게 찾는 오아시스가 눈앞에 보이지만, 가까이 가서 보면 오아시스는 사라지고 없다. 실크로드를 지나는 사람들에게 신기루는 생명을 앗아가는 귀신이다.

많은 사람들이 신기루에 홀려 사막의 지평선 속으로 사라졌다. 얼마나 샘이 그리웠으면, 물을 찾아 저 이글거리는 사막의 한가운데로 달려갔을까. “아무리 주위를 둘러보아도 인적은 물론 하늘을 나는 날짐승도 없는 망망한 천지가 벌어지고 있을 뿐이다. 밤에는 도깨비불들이 별처럼 휘황하고 낮에는 모래바람이 모래를 휘몰아와 소나기처럼 퍼부었다.”(『현장법사전』에서) 그 옛날 실크로드를 다녀간 현장법사의 말 그대로다. 사랑의 갈증에 목마른 연인들이 환상과 몽환에 시달리며 쓰러지는 것과 같이 사막의 신기루는 아무리 잡으려 해도 두 손에 잡히지 않는다. 저 멀리 천산산맥의 만년설은 하늘 위에 떠 있다. 사막에서는 뜨거운 지열이 뿜어져 나오고 있지만 열기의 아지랑이 사이로 아스라이 보이는 만년설은 하얀 피부를 드러낸 채 침대 위에 길게 드러누운 여인의 나신裸身과 같다. 마치 사막의 신기루처럼 인간의 손길을 거부한 채 우리 인간들을 내려다보며 그녀의 도도한 품에 안기라고 유혹하고 있다. 천산산맥의 만년설은 잡힐 듯 눈앞에서 어른거리고 있지만 오아시스와 마찬가지로 닿기 힘들다.

내일에 대한 희망이 있기 때문에 우리들이 나날의 힘겨운 삶을 하루하루 참고 살아가듯이, 실크로드를 지나가는 사람들은 죽음의 사막 속을 관통해 나아가야 한다. 그들이 끝없는 고통 속에서도 발걸음을 떼며 계속 나아갈 수 있는 것은 오아시스에 대한 희망이 있기 때문이다. 마침내 초원과 오아시스에 도착해서 목을 축이고 휴식을 할 수 있기 때문이다. 그들에게 오아시스는 희망이지만, 곧 고통이며 시련이기도 하다. 그들은 오아시스와 초원에 오랫동안 머물 수 없다. 며칠만 한 곳에 머물면 낙타와 말들은 더 이상 움직일 생각을 않고 오랫동안 주린 배를 채우기 바쁘다. 그리고 곧 그들이 뜯어먹을 풀들은 바닥난다.

실크로드에서 명멸했던 인간과 도시

실크로드의 끝없는 사막의 길을 따라 가는 동안, 나는 저 사막위에 세워졌다 사라졌을 수많은 도시를 생각하고 만나게 되었다. 그 중에는 '누란樓蘭'처럼, 이름조차 슬픈 사연을 담고 있는 사라진 도시는 어둠 속에서도 보석 같은 광채를 띠며 살아있다. 나는 때로는 며칠 동안 때로는 열 시간씩 자동차를 타고 죽음의 모래사막 속을 관통하면서 이 죽음의 사막 위에 도시를 만든 사람들은 과연 누구이고, 그 도시는 어떻게 명멸하다 사라졌을까하는 생각에 사로잡히곤 하였다. 누란같이 '슬픈 공주'의 미이라만 남기고 이제는 사막의 모래바람 속에 흔적도 없이 사라져버린 도시가 있는가 하면, 마치 죽음의 바다 위에 떠있는 환상의 섬과 같은 도시도 있고, 맑은 물과 아름다운 꽃이 지천으로 피어있는 오아시스의 아름다운 도시도 있다. 도시는 인간의 삶의 흔적이자 문명의 흔적이다.

투루판 분지에는 『서유기』에 등장하는 손오공과 우마왕의 격전지 화염산이 실제로 존재한다. 일몰 때, 낙타 위에서 화염산을 바라보면 꿈틀거리며 한 방향으로 굽이쳐가는 산등성이는 핏빛 같은 붉은 노을에 물들어 정말 지옥의 화염처럼 보인다. 풀한 포기, 나무한 그루 없는 광활한 사막 위에서 꺼져가는 붉은 불길속 산의 모습은 너무도 강렬해서 실크로드의 긴 여정에 오른 나그네들이 저절로 옷깃을 여미게 된다. 그리고 새로운 삶의 경이로움과 비애가 한꺼번에 열리고 있다는 느낌을 가지게 된다. 실크로드에 살던 사람들은 이 황홀한 삶의 경이로움과 쓰디쓴 삶의 애환과 비애를 그들의 예술에 담기

도 했다.

돈황에는 세계 최대의 예술 보고 중의 하나인 막고굴이 있다. 놀라운 것은 막고굴 안에 대량의 정교한 벽화를 누가 그렸는가 하는 사실이다. 무수한 형상의 생동적인 소상塑像을 만든 것은 그 옛날 중국의 서민들이었다. 대부분의 동굴이 수당 시대부터 파여지기 시작한 동굴인 막고굴에는 1천여 개의 동굴이 있어서 천불동이라고도 한다. 적지 않은 벽화는 수당 시대의 사회와 인간의 모습을 그대로 반영하고 있다. 귀족과 관리의 호화로운 생활, 서역 각 부족인들의 형상, 중국과 외국의 상인이 무역을 하는 모습, 농부가 밭을 가는 장면이 있다. 벽화의 색채는 눈이 부실 정도로 현란하며 형상이 생동적이다. 또한 몸에 하늘하늘한 긴 천을 두르고 하늘을 빗질러 춤을 추는 비천飛天과 비파를 연주하고 노래하며 춤을 추는 선녀도 있다. 일리어드의 트로이로부터 마야와 잉카의 도시들에 이르기까지 사라진 도시 속에서 우리는 역사 속으로 사라진 인간들과 그들의 문명을 호흡하고 공감한다. 마찬가지로 실크로드에는 사라진 인간과 도시, 그들이 만든 문명이 살아 숨 쉬고 있다.

실크로드, 이승에서 저승으로 가는 길

실크로드는 언제나 순결하고 깨끗하다. 실크로드의 길은 끝없이 이어져 있지만 때로 티끌 한 점 없이 맑고 가지런하다. 오늘 길 위에서 죽으면 내일은 늑대들이 큰 살점을 먹어치우고, 모레는 독수리나 까마귀들이 남아 있는 살점을 먹어치우고, 글피쯤엔 사막을 불태우는 인정사정없는 태양이 훌륭한 정화작용을 해서 깨끗한 백골만을 남겨두게 된다. 삶의 흔적으로 남은 백골은 다음 여행객들의 이정표가 될 뿐이다. 이 불모의 순수 앞에 인간의 생명이란 한 자락 바람, 한 톨의 모래와 같다. 그러나 그 불모의 도시 속에서도 인간은 살아남았고, 도시를 만들고 문명을 꽃피웠다.

실크로드에서 인간은 너무나 머나먼 길을 보게 되고 머나먼 길을 걷게 된다. 흔들리는 자동차에 몸을 싣고 실크로드를 달리고 있으면, 차창 밖 좌우편으로는 끝없는 사막길이 이어질 뿐이다. 사람도 그들이 사는 집도 한 점 없는 삭막하고 황량한 끝없는 들판, 지평선은 저 멀리 아득하게 물러나 있고, 지금 나와 나를 태우고 달리는 자동차만이 사막의 한가운데를 미끄러져 나아가고 있다.

이승에서 저승으로 이어지는 길, 이 지상의 삶에서 또 다른 저 영원의 삶으로 이어지는 길. 인간은 저 머나 먼 길 위에, 아무도 함께 갈 수 없는 길 위에 혼자 외로이 서 있다. 그 길은 너무나 고독하고 외로운 길이어서 그 누군가와 함께 있어도 함께 있다고 생각 할 수가 없다. 실크로드에서 '우리'는 없다. 실크로드에서는 언제나 혼자 일 뿐이다. 아! 멀고도 아득한 실크로드의 길! 실크로드의 지평에 서서

끝없는 사막과 바람 속을 헤매며 오아시스를 찾아 나는 걷고 또 걸었다. 실크로드의 길은 끝이 없었다. 실크로드에서는 낙타만이 사람의 유일한 친구다.

돌아올 수 없는 사막, 타클라마칸

쿠차에서 한 시간 정도 자동차로 달리다보면 룬타라는 작은 마을에 도착하게 된다. 타클라마칸 사막으로 들어가는 초입의 마을이다. 사막의 출발지답게 헌 타이어를 쌓아놓은 자동차 수리상, 화물창고 등이 보이고 기름옷을 입은 사람들이 자동차 근처에서 수리를 하는 모습이 눈에 띈다. 큰 도로 앞에는 '타림사막공로'라는 안내판이 아치 모양으로 커다랗게 서있다. 안내판 위에는 여러 색깔의 깃발들이 바람에 거칠게 나부끼고 있다. 어제는 돌풍이 불더니 오늘은 비가 올 듯 날씨가 잔뜩 흐리다. 오늘은 민풍까지 오백 킬로가 넘는 먼 길을 가려고 하는데 출발부터 날씨가 좋지 않아 걱정이다.

자동차는 금세 사막 길로 접어든다. 마을을 떠난 지 얼마 되지 않아 초원이 아득하게 펼쳐지고 초원 저편에 양떼들과 낙타의 모습이 보이기 시작한다. 간혹 마을이 나타나기는 하지만 사람보다는 양들과 낙타들이 더 많이 보이고, 이내 광활한 모래사막이 시작된다. 또다시 가도 가도 끝이 없는 모래사막이 이어진다.

거칠게 불어대는 사막의 바람에 잔물결 일듯 아름다운 모래무늬가 만들어진다. 고운 모래밭이 끝없이 이어진다. 나른하게 드러누운 나신의 여인 같기도 하고, 수 천 년 역사를 지닌 모래 왕국의 왕릉 같기도 하다. 아무리 바람이 불어도 그냥 지나갈 수가 없어 무장 강도처럼 마스크를 쓰고 수건으로 얼굴을 감싸고 차에서 내린다. 신발을 벗어버리고 맨발로 비단결 같은 모래밭을 걷고 또 걷는다. 그러나 사막은 낭만이 아니라 죽음의 장소이다.

타클라마칸은 신장 위구르 자치구의 서쪽, 타림분지에 형성되어 있는 세계에서 두 번째로 큰 사막이다. '타클라마칸' 이란 위구르어로 '한번 들어가면 나오지 못하는 땅'이라는 의미를 갖고 있다. 실크로드를 따라 인도에 다녀왔던 동진 시대의 법현 스님은 작열하는 타클라마칸 사막을 지나며 이런 말을 남겼다. "사막에는 원귀와 열풍이 심해 이를 만나면 모두 죽고 만다. 위로는 나는 새 한 마리 없고, 아래로는 달리는 짐승도 없다. 어디로 가야 할지 막막하여 사방을 둘러보면 언제 죽었는지 모를 해골만이 길을 가리키는 이정표가 되어준다."

달빛 속의 사막

사막의 아득한 지평선에 어느새 황혼이 다가오고 있다. 이제 둥글고 찬란한 달이 타클라마칸을 비추게 될 것이다. 달빛 가득한 사막 한 가운데로 낙타가 걸어가고 있다. 무거운 몸을 이끌고 힘겹게 사구沙丘를 올라간다. 발을 옮길 때마다 달빛에 흩어지는 모래 소리, 아득한 시간 속에 흩어지는 모래 소리가 들린다. 사막은 완벽하게 정체되어 있다. 달빛은 사막의 모래위에 아교처럼 끈끈하게 입혀진다. 달빛을 밟으며 낙타의 그림자만 느릿느릿 움직인다. 억겁의 시간이 모래언덕의 굴곡으로 드러나고, 낙타는 발밑을 내려다보며 하염없이 걸음을 옮겨 놓을 뿐이다. 돈황을 지나 왔는가, 누란을 지나 왔는가, 가도 가도 끝없는 공허 속, 서역 삼만 리의 길을 낙타는 타박타박, 제 발자국 소리로 메워간다. 이 사막에서 죽어간 사람들은 얼마이며, 모래바람과 함께 사라진 사람은 또 얼마인가. 모래 미끄러지는 소리가 나지만 낙타는 아랑곳없이 한 발자국, 한 발자국 떼어 놓는다.

사막의 밤이 아름다운 것은 어두운 하늘에 흩뿌려져 있는 별과 찬란하게 떠오르는 달 때문이다. 그것은 사막이기에 더욱 빛나고 아름다운 것 일 수 있다. 은빛으로 비추는 사막의 달은 외로운 영혼을 황홀하게 한다. 모래언덕은 기다란 그림자를 드리우고 잠들어 있다. 그 속에서 고독은 더욱 빛난다.

사막은 완벽하게 비어 있는 공간이다. 공空의 상징인 이 여백을 찾아 사람들은 사막으로 오는 것 아닌가. 황량한 여백의 공간에서 몸과 마음을 비우고 또 비워 더 충만한 영혼으로 거듭나기 위해 힘겨운 사막의 여정을 오가는 것 아닌가. 죽음으로도 메우지 못하는 이 막막한 공간을, 모래바람 속을, 사람도 낙타도 걷고 있는 것 아닌가. 이 글거리는 태양 속을 걸어갔던 대상들, 탐험가들, 구도자들의 길은 모두 고행이었다. 나는 왜 다친 다리를 절룩대며 이 사막에 왔는가. 프랑스의 시인 보들레르가 〈각자 자신의 쉐메르를〉에서 말하듯, 걸어야 한다는 어떤 필요에 의해 떠밀려 걷고 있을 뿐이다. "그들은 어디로인가 가고 있다는 것이다. 걸어야 한다는 어떤 확실한 필요에 의해 떠밀리고 있다."

낙타의 눈물

낙타의 운명은 슬프다. 낙타가 가는 길은 언제나 사막길이다. 낙타는 걷고 걸어도 저 넓고 아득한 사막의 한 귀퉁이를 지날 뿐이다. 제 등 위의 육봉을 업보로 짊어진 채 사막 길을 터벅터벅 걸어간다. 낙타는 아무리 바빠도 인간들 같이 바삐 걸을 수 없다. 그의 갈 길은 아득하고 아득하다. 달려간다면 열사의 사막을 단 하루도 갈 수가 없다. 뛰어봤자 또 다른 사막일 뿐이다. 오직 그 길을 걷고 또 걷는 것만이 고통의 시간을 벗어나는 길이고 스스로의 업보를 씻어내는 것이라 믿는다. 낙타에겐들 왜 눈물이 없겠는가. 그러나 인고의 세월을 걸으며 흘리는 낙타의 한줄기 눈물은 긴 속눈썹 속에 금세 감춰져버린다.

사막은 언제나 텅 비어 있다. 텅 비어 있는 사막에서는 모든 것이 가볍다. 사막은 육신을 벗고 영혼만 떠나는 길이다. 황량한 여백의 공간에서 몸과 마음을 비우고 또 비워서 영혼은 더 충만해진다. 그곳에서는 좋은 집, 좋은 차를 위한 경쟁도 남보다 앞서고자 하는 헛된 욕망도 없다. 사막은 모든 것을 다 받아준다. 받아준다는 것은 자신의 모든 것을 내어 준다는 말이다. 낙타는 저 텅 빈 사막을 하염없이 바라본다.

사막은 존재자들을 깊은 정적의 시간으로 내몬다. 그 속에서는 사물에 대한 이미지가 없어지고, 더 이상 존재하지 않는 시간 속에서 나와 세상은 하나가 된다. 아무것도 없는 공허한 웅성거림만 들릴 뿐이다. 거기서는 인간들의 위선적 이성과 덧없는 노동의 시간들을 결별하고, 어떠한 사유도 다다를 수 없는 경건한 현현의 시간만이 남는다. 사막은 밤의 적막 상태로 우리를 내몬다. 사막은 존재자들의 의미와 가치 그리고 생존을 위한 온갖 몸부림으로 빼곡한 낮의 시간을 무위케 한다. 사막에서 어제는 사라져간 과거의 다른 이름일 뿐, 내일의 끝은 또 어디쯤일지 알 수 없다. 억겁의 세월을 버티어온 저 모래더미들은 퇴적한 용암처럼 거기에 그냥 쌓여 있을 뿐이다.

가도 가도 사막뿐인 아득한 공간과 시간 속을 걷는 낙타에 비하면 나의 삶은 얼마나 호사로운가. 매일 지긋지긋한 세끼 밥을 먹으며 친구들과 헛된 담소를 나누고 손 안에 세상의 모든 죽은 정보와 지식을 안고 살아가면서도 항상 불만과 고뇌에 차 있다. 인간은 한평생동안 부와 명예와 권력을 쫓아 아웅다웅 살아가지만, 낙타는 별과 달과 바람만 생각하며 살아간다.

험난한 사막 길에서 그들이 운 좋게 얻어먹을 수 있는 낙타풀은 가시투성이어서 한웅큼 씹으면 입안은 온통 피투성이가 된다. 낙타는 입안이 다 헐고 피를 흘리며 낙타밥을 먹으면서도 눈물을 흘리지 않는다. 인간들이 말하는 '눈물 젖은 빵' 어쩌고 하는 이야기는 낙타에게는 정말 가당찮은 이야기다. 낙타의 눈물을 생각하면 나의 눈물이 얼마나 값싸고 부질없는 것인지 부끄러울 뿐이다. 어디선가 들려오는 낙타 목에서 흔들리는 방울소리가 나의 부끄러움을 더욱 크게 진동시킨다.

낙타를 위한 오아시스

넓고 아득한 실크로드의 한 가운데에 서있으니, 적막과 고요가 엄습한다. 사막은 비어 있는 공간이면서 또 한편 가득 차 있는 공간이기도 하다. 그리하여 삶을 생각하다 죽음을 생각하고, 순간을 생각하다 영원을 생각한다. 이 초월의 장소에서 모든 것이 죽고 사라지면 궁극에는 근원으로 되돌아간다. 모래바람에 찌든 자아는 정화되고 우주 끝 어떤 행성에 홀로 서있다는 신비스러움에 머리카락이 쭈뼛 솟는다. 내면의 수많은 속삭임과 사막이 내뿜는 침묵의 소리는 인간의 언어로 표현하기 힘들다. 필립 느와르 감독의 영화 〈사강의 요새〉에서 주인공 사강은 삶의 권태를 이기지 못하고 프랑스령 사하라로 떠나와서 서슴없이 말한다. "세계 최초로 낙타를 위한 연주를 하기 위해 사막으로 왔다." 사막이 우리에게 들려주는 소리는 바이올린의 고음이 아니라 첼로의 은근하고 깊은 심연의 세계이다.

오랜 옛날부터 수도자들은 사막에 수도원을 세웠고 은자들은 이 사막에 동굴을 파고 은둔하며 세계와 자신의 영혼을 정화시켰다. 예수도 사막에서 40일 간을 금식하며 기도하였다. 신은 사랑하는 사람에게 세상의 행복을 모두 주지 않는다. 도리어 사막과 같은 지극한 고통과 고독을 맛보게 하고 그 속에서 신과의 관계를 정립시키고 깨달음을 얻게 한다. 그렇다. 신은 인간에게 모든 것을 한꺼번에 주지는 않는다. 이 세상의 모든 행복을 한손에 다가진 사람이 존재할 수 있을까. 그리고 이 세상의 모든 고통을 다 짊어진 사람이 있을까. 행복과 고통, 그것은 동전의 양면과 같은 것이어서 우리가 모두 극복해야 할 대상이고 생각하기에 따라 양면적인 것은 아닐까.

타클라마칸의 도로를 끝없이 달려 지평선 위로 태양이 이글거리며 타들어 갈 즈음이면 오아시스가 그립게 된다. 오아시스 마을은 아주 독특한 분위기를 보여준다. 사람들을 가득 태운 경운기와 당나귀차가 보인다. 거리에 가만히 서있노라면 마치 옛날 무성영화를 보는듯한 느낌이 든다. 어린이가 자동차를 운전하기도 하고, 대여섯 살 정도의 아이가 온갖 짐들과 또래 아이들, 더 어린 아이들을 태우고 당나귀를 몰며 지나가기도 한다. 간혹 이방인에게 싱긋 미소 지으며 인사를 한다. 길게 땋은 머리끝에 댕기를 단 여자 아이들도 자세히 보면 참 예쁘다. 오아시스 마을에 도착하면 기다리던 샘이 나온다. 사막이 아름다운 건 어딘가에 샘을 숨기고 있기 때문이라고 '어린왕자'는 말했다. 그렇다. 사막이 아름다운 이유는 어딘가에 오아시스를 품고 있기 때문이다. 사막은 오아시스를 쉽게 보여주지 않는다. 힘겹게 만나게 되는 오아시스의 물은 마실수록 갈증을 더한다. 그렇지만 오아시스에 대한 희망이 있기 때문에 오늘도 낙타는 사막을 걸을 수 있다.

훈자로 간다. 인더스 강을 따라 세월과 함께 시름을 나눈다는 카라코람 길을 따라, 이 지상의 모든 서두름과 다그침이 자리를 잃어버리는 파미르 고원을 따라, 순간에서 영원으로 타오를 타림분지를 따라, 그리하여 마침내 저승에 닿을 때까지 머물고 싶다는 훈자로 간다. 길이 끝나는 곳에서도 길은 있고, 길이 끝나는 곳에서도 사람은 있다. 스스로 길이 되어 끝없이 걸어가는 사람이 있다.

세상에서 가장 높고 장엄한 길이 세계의 지붕인 파미르 고원을 넘어 중국과 파키스탄을 잇고 있다. 이 길은 중국 서역 지방의 카스에서 파키스탄의 수도 이슬라마바드까지 이어지는 약 1200km의 길로, 중국 측에서는 중파공로中巴公路, 파키스탄 측에서는 카라코람 하이웨이라 불린다. 버스를 타고 가면 일박 이일의 시간이 걸리지만 옛날에는 대상들 혹은 불법을 구하러 인도로 가던 구도자들이 낙타를 타고 몇 달씩 가던 길이었다. 오늘날 이 길을 오가는 사람들은 파키스탄과 중국을 왕래하는 장사꾼들과 여행자들뿐이다.

카스에서 승객과 비단을 잔뜩 실은 버스는 황량한 벌판을 달리다 몇 번의 중국 측 검문소를 거친 후 중국의 이민국 피랄리가 나왔다. 그곳에서 출국 수속을 밟은 후 드디어 쿤제라브 고개를 오르기 시작했다. 쿤제라브 고개는 그 지역 말로 '피의 계곡'이란 뜻이다. 산적들이 이 길을 넘던 대상과 수도승들을 상대로 약탈과 살인을 자행하여 늘 피가 계곡에 흘렀다고 해서 붙여진 이름인데, 양쪽으로 높게 치솟은 산들이 고갯길을 에워싸고 있었다. 거대한 산맥에 들어서기

직전이라는 것을 보여주듯 머리 위를 쳐다보니 바위들이 금방이라도 무너져 내릴 듯 아슬아슬했다. 중국 쪽은 평평한 고원이었지만 파키스탄 쪽으로 들어서자마자 하늘에는 기암절벽이 가득하고 발아래로는 만년설이 녹아내린 푸른 물이 콸콸 흘러내렸다. 아슬아슬한 낭떠러지 위의 길을 달리며 계곡 저 아래 건너편 산허리를 보니 그 옛날 사람들이 다녔을 길이 S자를 그리며 꾸불꾸불하게 보였다. 그 옛날 사람들은 저 아득하고 험난한 길을 걸어서 파미르고원을 넘었던 것이 아닌가.

'돌의 성'이란 뜻의 타슈쿠르간에 이르게 된다. 타슈쿠르간은 해발 3600m이지만 파미르 고원의 높은 산에 둘러싸여 있기 때문에 조그만 야산 같은 포근하고 아늑한 시골마을 같았다. 기록에 의하면 현장 스님도 인도에서 카스로 오다가 타슈쿠르간에서 20일간 머물렀고, 고구려계의 고선지 장군도 이곳을 거쳐 소발륙국현재 파키스탄의 길기트 지방을 원정했다고 한다. 아마 혜초 스님도 인도를 여행한 후 파미르 고원을 넘어 카스로 갔던 것으로 추측된다. 그는 이곳을 지나가며 느꼈던 심정을 이렇게 이야기한다.

그대는 서번西蕃·서쪽의 변방이 먼 것을 한탄하나
나는 동방으로 가는 길이 먼 것을 한탄하노라
길은 거칠고 눈은 산마루에 수북이 쌓였는데
험한 골짜기에는 도적이 들끓는구나.
새는 날다 깎아지른 산 위에서 놀라고
사람은 좁은 다리를 건너며 어려워한다.
평생에 눈물 흘린 일이 없었는데
오늘만은 천 줄이나 뿌리도다.
– 혜초의 『왕오천축국전』에서

훈자 사람들

역사적인 길이지만 지금 이곳에는 별다른 유물이 남아 있지 않고, 다만 타지크 유목민들이 야크를 기르며 평화롭게 살고 있을 뿐이다. 타슈쿠르간을 지나 훈자로 다가갈수록 카라코룸, 힌두쿠시, 히말라야 등 세계에서 가장 높고 거대한 산맥이 눈앞을 가로막아와 숨이 멎을 듯한 기분이 온 몸을 감싸온다. 오천 미터가 넘는 높은 봉우리에는 여름인데도 새하얀 만년설이 덮여 있어 자연의 위대함이 새삼스럽게 느껴진다. '흐르지 않는 물은 바다에 이르지 않는다.'는 중국의 속담처럼, 한낮의 따뜻한 햇살에 녹아내린 물은 산줄기를 타고 도도하게 흐르는 인더스 강을 만들어내고 있다. 심산유곡으로 빠져 들수록 웅대한 자연은 이방인에게 비경을 하나 둘씩 꺼내 보여 주기 시작한다.

백여 년 전까지만 해도 바깥세상에 전혀 알려지지 않은 채 카라코룸 산맥 언저리의 조용한 작은 마을이었던 훈자는 1891년 영국의 침략으로 인해 비로소 세계무대에 등장하게 되었다. 드높은 설산을 배경삼아 한 폭의 아름다운 수채화가 그려지는 훈자 마을은 봄이면 아름다운 살구꽃이 온 마을을 가득 채우고, 여름이면 짙푸른 녹색이, 가을이면 붉은 단풍이, 겨울이면 하얀 눈이 온천지를 뒤덮는다. 만년설로 뒤덮인 고산과 그 밑으로 흐르는 훈자 강 그리고 높게 자란 미루나무와 푸른 농경지는 마치 지상낙원을 연상케 한다.

예나 지금이나 훈자사람들은 물질적인 풍요로움 대신 근검하고 소박한 삶의 가치관을 두고 작은 텃밭을 일구며 살아왔다. 그럼에도 불구하고 골목 어귀나 상점에서 만난 훈자 사람은 항상 친절하고 너그러운 미소를 머금고 있다. 낯선 관광객들을 대하는 훈자사람들의 태도는 너무나 여유 있고 관대해 보인다. 항상 무언가에 쫓기며 전투하듯 다투며 살아가는 우리에게는 이들의 생활태도가 부러울 뿐이다. 내가 메고 있는 작은 배낭에 훈자사람들의 청빈하고 너그러운 삶의 태도와 그들의 소중한 삶의 지혜를 가득 담아 갈 수 있다면 얼마나 좋을까.

텅 빈 사막을 떠나와서

되돌아보면 지나온 인생길은 항상 아쉽고 힘들었듯이, 실크로드 여행길의 순간순간들은 내 삶의 번뇌처럼 겹겹이 가슴 속에 쌓여 있다. 그러나 마침내 실크로드의 끝에 당도하였다. 천신만고 끝에 성지에 도착한 순례자의 감격이 이러할까. 기나긴 실크로드의 길도 이렇게 끝나고 있었다. 사막의 모래먼지가 구름처럼 일어나는 길 끝을 향해 하염없이 응시한다.

건조하고, 허무하고, 무용한 것들로 가득 하고, 또 텅 비었으면서도 무언가로 가득차 있는 곳, 저 사막의 먼지와 바람 속을 지나며 내가 느끼는 것, 상상하는 것, 한순간 섬광처럼 보였다 사라지는 것, 뒷모습도 없이 나와 결별하고 무너져 버리는 것들, 길바닥에 허리를 꺾고 앉아 통곡하게 만드는 것…. 사막은 그런 곳이었다. 그런 사막길의 한 가운데서도 정체 모를 순정한 푸름은 찬란한 비단 깃발처럼 펄럭이며 내 얼굴에 포개어져 왔다. 그것은 오직 하나의 표적을 향해 충만하게 일어났다가 무화되는 신기루와 같은 것이었다.

사막은 우리들 삶의 모든 것과 같이 창백하고 헛된 것이고, 먼지 가득한 한웅큼의 허공과 같은 것이었다. 그러나 진실을 겹겹이 두르고 운행하는 우주 속에서 우리가 만질 수 있는 실체가 없듯이 사막에도 진실은 없었다. 삶을 놓아버리고 겹겹의 감옥을 뚫고 나와 탈주했지만, 영원 속으로 도망치지는 못했다. 아무것도 얻지 못한 채 또 하나의 여행이 끝났다. 사막은 텅 비어 있었다.

비잔티움으로의 항해

이스탄불의 하늘 아래에서

모스크바 공항을 출발한지 세 시간 정도가 지나 터키의 이스탄불 공항에 도착했다. 항공료를 절약하기 위해 서울에서 모스크바를 경유하는 러시아항공 '에어로 플롯'을 이용한 것이다. 여행자들에게 세계의 도시들 가운데서 가장 인상 깊은 도시를 꼽으라고 한다면, 많은 사람들이 이스탄불을 꼽는다고 한다. 그만큼 이스탄불은 신비스러운 도시이기 때문일 것이다. 그러나 아무리 아름다운 도시라고 하더라도 공항은 어디서나 번잡하고 시끄럽다. 공항을 급히 빠져 나와 숙소를 찾아 나섰다. 이스탄불의 관광 명소는 대부분 유럽 쪽 구시가지에 있고, 특히 술탄 아흐멧 지역에 밀집해 있었다. 그래서 시내에서 다소 거리가 멀었지만 이스탄불에서의 숙소를 구시가지 쪽에 정했다.

이스탄불은 거의 1600년에 이르는 유구한 문화와 역사를 지닌 도시이다. 이스탄불은 이 도시에 붙여진 세 번째의 이름이다. 첫 번째 이름은 비잔티움, 두 번째 이름은 콘스탄티노플이다. 비잔티움, 콘스탄티노플 그리고 현재의 지명인 이스탄불로 불리워지기까지 이곳에서는 많은 왕조가 흥망을 거듭하면 동서양의 문화를 동시에 꽃피웠다.

1453년 오스만제국의 정복왕 술탄 메멧 2세가 콘스탄티노플을 정복한 이후 이스탄불은 새로운 모습으로 변모하게 된다. 오스만투르크에 정복된 후 약 오세기 동안 오스만제국의 수도로 이스탄불이라는 새 이름 아래 이슬람문화를 혼합한 오늘날의 모습으로 단장을 바꾸게 된 것이다. 이렇듯 로마제국, 비잔틴제국, 그리고 오스만제국에 이르

는 세계 3대 제국의 수도였던 16세기 간의 역사는 이 도시 전체를 하나의 거대한 박물관으로 남겨놓았다고 해도 과언이 아니다.

이스탄불은 골든 혼 하구를 경계로 신시가지와 구시가가 나뉘어져 있다. 구시가지에는 이슬람 사원을 의미하는 모스크의 둥근 돔과 첨탑이 눈에 띄게 많이 모여 있고, 신시가에는 고급 호텔과 현대식 유락시설들이 모여 대조를 이룬다. 이스탄불에서 자동차나 버스를 타고 구시가지 쪽으로 가까이 가면 계속해서 돔과 첨탑이 나타나기 시작한다. 어떤 곳의 둥그렇고 펑퍼짐한 돔은 우리의 가마솥을 연상케 해 친근감을 주기도 한다. 구시가지에 자리하고 있는 이 세상에서 가장 아름다운 모스크를 지니고 있다고 하는 성 소피아 성당의 블루 모스크를 보는 것으로 이스탄불 여행의 출발을 삼기로 했다. 이곳은 이스탄불 관광의 중심지이며, 언제나 수많은 여행객들이 들끓고 있는 곳이다.

성 소피아 성당

지하궁전을 나와 큰길 쪽으로 잠시만 걸어 올라가면 톱카프 궁전 맞은편에 적갈색 건물의 아야소피아가 나온다. 우리가 흔히 성소피아 성당이라고 부르는 건물이 아야소피아이다. 소피아 박물관은 여러 문화가 결합된 이스탄불의 대표적인 건축물로 꼽힌다. 비잔틴제국 시대인 537년 세워져 916년간 교회로 사용되다 오스만터키가 이스탄불을 정복한 1453년 이후부터 1934년까지는 이슬람 사원으로 사용되었다. 지금은 그리스 정교와 이슬람교의 두 종교가 공존하는 박물관으로 남아 있다. 정원에 이리저리 흩어져 있는 그리스 양식의 둥근 기둥은 유스티아누스 1세가 아테네와 에페소스에서 운반해 온 것이고, 직경 31m의 거대한 돔은 로도스 섬에서 만든 속이 빈 가벼운 벽돌로 만들어졌다.

성당의 내부에는 비잔틴 문화를 상징하는 다수의 모자이크 벽화가 남아있다. 그리스도를 품에 안은 마리아 상이나 유스티아누스 대제가 화려하게 묘사된 그리스도 좌상은 특히 유명하다. 모자이크 벽화는 콘스탄티노플이 오스만 터키에 의해 함락되면서 모두 회칠로 가리어지게 되었다. 그리고 외부에 첨탑 네개를 세우고 내부 구조를 약간 바꾸어 이슬람교 사원으로 변모한 것이다. 1931년 미국의 고고학 조사단에 의해 발견된 아야소피아는 비잔틴 시대 최대 유적으로 각광을 받고 있다. 터키의 문화는 여러 역사적인 문화들이 결합된 '모자이크 문화' 라 할 수 있다. 이 건물은 바로 모자이크 문화와 이슬람교의 대표적인 건물이랄 수 있다.

기독교문화에 익숙한 서구에서 이슬람교는 전 세계 인구의 20%인 십억 이상의 신도를 가진 세계 최대 종교의 하나이다. 많은 사람들에게 이슬람의 이미지는 중동이나 북아프리카와 함께 낙타를 탄 베두윈족, 이스라엘과 대립하는 팔레스타인인들의 모습을 떠올린다. 이슬람교는 그리스도교, 불교와 함께 세계 삼대 종교의 하나이다. 그들은 전지전능의 신 알라의 가르침이 대천사大天使 가브리엘을 통하여 마호메트에게 계시된 유일신 종교임을 자처한다. 유럽에서는 창시자의 이름을 따서 마호메트교라고 하며, 중국에서는 위구르족을 통하여 전래되었으므로 회회교 또는 청진교라고 부르며, 우리나라에서는 이슬람교 또는 회교라고 불린다.

이슬람교의 유일신인 알라는 메카에서 최고신으로 숭배되어 왔는데, 마호메트는 한 걸음 더 나아가 다른 모든 신을 부정하고 오직 알라만을 유일신으로 내세웠다. 앞으로 세계문명은 기독교문화와 이슬람문화의 대립에 의해 운명 지워질 것으로 예견하고 있지만, 이슬람문화는 전 세계적으로 확대되어가고 있는 것은 분명한 사실이다.

비잔티움으로의 항해

오랜 역사와 동서양의 왕조들을 섬기며 발전해 온 이스탄불의 하늘 아래에 서 있으면, 기나긴 영욕의 세월을 견디며 살아온 할머니와 할아버지의 모습을 보는 듯하다.

'유럽과 아시아를 잇는 다리' 라는 말은 세계에서 유일하게 이스탄불에만 적용된다. 동서양 문명의 접점인 이스탄불은 보스포루스 해협에 의해 유럽 지구와 아시아 지구로 나누어지는 것을 보아도 이 말은 실감이 간다. 중국·파키스탄·이란을 거쳐 터키로 들어와 이스탄불을 경유해 그리스나 동유럽으로 여행하는 사람이라면 누구나 이 말을 더욱 실감하게 된다.

이스탄불에서는 과거와 현재, 전통과 현대문명, 그리고 늙음과 젊음이 함께 하고 있다. 이 예술도시는 영원한 영혼의 고장이지만, 이제 현대문명은 영혼의 세계의 가치를 무시하고 감각적 세계만을 중시하는 젊은이들의 세계로 변모되어가고 있다. 그래서 '비잔티움으로의 항해'를 하는 심정이 그렇게 가볍지만은 않았다. 영국시인 W.B. 예이츠가 유명한 시 〈비잔티움으로의 항해〉를 노래할 때의 심정도 이러했을까?

> 저것은 늙은 사람들의 나라가 아니다.
> 팔에 팔을 낀 젊은이들, 숲 속의 새들,
> -저 죽음의 세대들은 -저희들의 노래에 취하고,
> 연어 오르는 폭포, 고등어 우글거리는 바다

고기나 짐승이나 새들은 온 여름동안
생겨서 나서 죽는 온갖 것들을 찬양한다.
모두들 관능의 음악에 취하여
늙지않는 이지의 기념비적 의미를 모르는 구나.

늙은 사람이란 정말 보잘 것 없는 것,
막대기에 걸친 누더기 등거리이다.
육체의 옷이 갈기갈기 찢어지는 것을 영혼이

손뼉치며 노래하지 않고, 소리높여 노래하지 않는다면,
또한 영혼의 장엄한 기념비적 의미를 배우지 않는다면,
노래를 배울 곳은 아무데도 없다.
그래서 나는 바다를 건너
이곳 성지 비잔티움에 왔다.
—W.B. 예이츠의 〈비잔티움으로의 항해〉 일부

그 옛날 동로마제국의 수도였던 비잔티움은 나중에 사람들로부터 비잔틴 예술, 비잔틴 건축 등의 이름이 붙을 정도로 찬란한 문화의 꽃이 피었던 곳이다. 예이츠는 현대세계에서의 발달한 육체와 물질의 세계가 영혼과 이지의 세계를 갈수록 압도하고 있다고 생각한다. 현대의 물질의 세계는 영혼이 지배하는 영원세계를 무시한다. 그러나 늙었다고 해서 육체의 쇠퇴를 비웃고 그 속에 담긴 '영혼의 장엄함'을 모른다면 육체와 정신이 다 죽은 꼴이다. 그래서 시인은 '비잔티움'의 영혼세계를 마음에 그리며 황홀한 감정으로 그 세계를 찬미한다. 비잔티움을 '성스러운 도시'라고 부른 것은 이곳이 바로 영혼의 세계이기 때문이다.

터키의 친구들과 어울려 춤을 추고 노래를 부르면서, 그리고 터키의 전통 요리와 독한 라크를 마시면서 이스탄불의 밤은 깊어만 갔다. 이제 트로이로 떠나야 한다. 트로이의 목마는 어떤 모습으로 나를 반겨 줄까?

트로이의 목마

이스탄불의 유럽 지구에서 자동차로 일곱 시간을 달려 다스다넬스해협에 도착했다. 그곳에서 점심식사를 한 후 다시 페리를 타고 한 시간 정도 해협을 건너 차나칼레에 도착, 그곳에서 차를 타고 사람도 안보이고 집도 없는 밀밭을 삼십 분 정도 달렸다. 이윽고 트로이에 도착했다.

트로이 전쟁과 독일의 고고학자 하인리히 슐리만의 발굴로 유명해진 트로이의 현재 마을 이름은 '트루바'이다. 트로이 전쟁을 기념하는 큰 목마는 너무나도 유명하다. 하지만 트로이에 도착하면 제일 먼저 눈에 들어오는 목마는 실제로는 최근 관광객용으로 만들어진 것이라고 한다. 조그마한 올리브 나무 사이로 지중해성 기후의 강한 햇볕이 용서 없이 내리쬐었다. 시원하게 트인 푸른 하늘에 우뚝 서 있는 목마상, 비걱거리는 목마의 나무 계단마다 병사들의 침묵과 호메로스의 서사시 『일리아스』와 『오디세이』의 세계가 있는 듯했다.

신화학자들은 흔히 『일리아스』를 '분노의 책'이라고 말한다. 『일리아스』는 아킬레우스와 아가멤논의 불화에서 시작한다. 호메로스는 왜 여신에게 '아킬레우스의 분노'를 노래하게 해달라고 간청했을까? 신은 인간과 달리 솔직 담백하다. 여운을 남기지 않을 정도로 거칠고 투박하다. 인간같이 연막을 치거나 거짓말을 하지 않는다. 앞뒤를 재지 않고 분노가 생기면 그대로 표시하고 행동한다. 그래서 신화는 매력적이다.

오늘도 트로이의 입구에서 수많은 관광객들을 맞이하고 있는 목마의 사랑스러운 눈은 옛일을 응시한 채 침묵을 지키고 서 있다.

세월이 흐르면서 풍화에 의해 없어져 가는 신화를 목마는 어떻게 받아들이고 있는 것일까? 트로이의 거대했던 역사와 신화, 그리고 그 불가사의한 매력을 오늘날의 우리들에게 보여줄 수 있게 한 인간의 탐구와 집념, 트로이 목마의 눈길은 이 모든 것을 응시하며 저렇게 서 있는 것이 아닐까?

에페스의 사도바울

이즈미르를 떠나 곧장 에페스로 향했다. 이즈미르에서 남쪽으로 7km정도 가면 '인류 문화유산 중 가장 화려한 도시'인 에페스가 나온다. 에게 해 최대의 유적지로 잠자는 고대 도시 에페수스가 현재의 에페스이다. 터키 서부지역에서 결코 빠뜨릴 수 없는 명소이다. 헬레니즘 시대에 만들어진 대극장, 세계 칠대 불가사의 중에 하나인 아르테미스 신전, 이외에 코린트식과 이오니아식 건축물과 장식 등의 에페스 유적은 셀 수 없을 정도이다.

기원 후 1세기에 에페스는 그리스도인들에게 중요한 도시 중 하나가 되었다. 이곳의 대리석은 사도요한의 교회와 이스탄불의 성 소피아 성당을 짓는데 사용되었다고 한다. 지금 그 웅장한 자취는 찾아 볼 수 없고, 오직 거대한 기둥 하나가 그 옛날의 풍요와 영광을 대변해 주고 있다.

터키는 오랜 역사를 가지고 있으면서 그 중에서도 종교의 변화가 심했던 나라이다. 당연히 그에 관련된 유적이 셀 수 없이 많다. 에페스에도 종교유적, 특히 그리스도에 관한 유적이 산재해 있다. 터키는 구약과 신약에 등장하는 주요 인물들과 그들의 활동 무대였기 때문이다. 에덴동산에서 발원한 네 개의 강 중에서 두 개의 강인 유프라테스 강과 티그리스 강이 흐르고 있다. 노아의 방주가 닿아 지구상에 인류와 짐승이 재번식되었다는 아라랏트 산과 화석으로 발견된 노아의 방주, 아브라함이 살았던 하란 지방, 그리스도인이라는 말이 탄생했고 사도 바울의 전도 출발지였던 안티오키아가 모두 성지가 되었다.

특히 사도 바울의 고향 다르소와 전도 여행지, 요한 계시록의 일곱 교회, 종교회의로 유명한 니케아, 비잔틴 제국의 상징인 성 소피아성당 등 성지순례 코스로서 결코 빠트릴 수 없는 중요한 성지들이 있다. 그래서 오늘도 에페스를 비롯한 인근 지역에는 기독교 성지순례를 위해 세계 각국에서 온 순례인으로 가득하다.

성서에 등장하는 여러 인물들 중에서도 바울만큼 예수의 사랑과 믿음의 정신을 실천한 사람도 드물 것이다. 바울은 영감 받은 사도로서 명령을 내릴 권한이 있었지만, 항상 사랑에 근거하여 형제들에게 온화함과 친절로 대했다. 그는 누구에게나 부드러웠고, 부드러운 애정을 나타냈으며, 아버지처럼 사람들에게 권고하고 위로하였다. 그 결과 바울과 그를 섬긴 사람들 사이에는 형제와 같은 애정의 친밀한 유대가 존재하였다.

파묵칼레 온천

파묵칼레는 터키어로 '솜綿의 성'이라는 뜻이다. 데니즐리를 지나면 버스 차창 밖으로 한쪽에만 눈이 쌓인 고원이 보인다. 바로 파묵칼레의 기묘한 계단식 붕棚이다. 장대한 석회로 이루어진 경사가 완만한 '석회붕'이 온산을 뒤덮어 독특한 경관을 이루는 터키 제일의 온천 휴양지이다. 산화칼슘이 주성분인 온천수가 언덕 꼭대기에서 솟아남으로 수 천 년을 두고 흘러내린 온천수는 산비탈을 온통 순백의 바위로 뒤덮게 했으며, 층층이 테라스 모양의 천연 욕조를 만들어 놓아 이 세상 어느 곳에서 볼 수 없는 대 장관을 이루고 있다. 석회붕은 상부에서 뜨거운 물과 함께 흘러나온 석회 성분이 시간의 경과에 따라 엉켜 굳어서 대지 전체를 뒤덮은 것이다.

파묵칼레의 흰 대지 위로 저녁 해가 어리면 대지는 흰색에서 핑크빛이 되어 붉게 물들고, 어둠이 깔린 평온한 밤에는 달빛이 석회붕에 고인 물마다 금빛으로 반사되어 환상적인 분위기에 젖어들게 한다. 마침 해가 기울면서, 커다란 폭포를 이룬 듯한 온천수가 고인 위로 어둠의 황혼이 새어들어 온다. 어둠의 시간이 다가올수록 절묘한 흑백의 조화가 일어난다. 흑과 백, 그리고 선과 악, 미와 추의 세계는 항상 우리를 혼돈 시킨다. 이 세계에서 무엇이 아름답고 무엇이 추한지 어떻게 구분할 수 있는가. 우리들의 육체 밖에서 일어나는 일들을 어떻게 제대로 느낄 수 있는가. 세계는 우리 오감이 끝나는 곳에서 끝난다. 우리의 육체가 끝나는 곳에서 모든 것은 끝난다. 우리가 아무리 피와 눈물과 땀을 흘리지만, 이 육체를 벗어나면 우리는 아무것

도 헤아릴 수 없다. 하물며 우리가 무슨 힘으로 이 세계와 우주의 변화에 대해 함부로 이야기할 수 있을 것인가.

최근에는 온천의 보존을 위해서 일시적으로 출입을 금지시키고 있어서 온천에는 들어갈 수 없다. 주위의 호텔에서는 이 물을 끌어당겨서 수영장을 만들기도 하지만, 지나친 개발의 탓인지 현재는 온천이 말라가고 있다고 한다. 이 때문에 물이 말라 버려 갈수록 아름다운 경치를 보기가 힘들다. 세계 어디서나 지나친 개발이 자연의 순수하고 원래의 아름다운 모습은 사라져 가고 있다. 석회붕에 올라가면 페르가몬왕국과 로마 시대의 유적이 남아 있다.

기원전 2세기경에 건축된 고대 히에라 폴리스 도시의 원형극장은 이 시대의 유적으로는 가장 내륙에서 발견된 것이라고 한다. 잘 보존되어 있는 원형극장은 하드리안 황제 때 지어진 것으로 15,000명을 수용할 수 있을 정도로 대형 경기장이다. 둥근 관객석 위에서 내려다보는 파묵칼레의 전망은 감탄사가 절로 나올 정도로 황홀하다.

코니아의 메블라나 교단

수도 앙카라에서 남쪽으로 약 250km떨어진 코니아는 아나톨리아의 정치·문화·예술의 모든 분야에서 결코 빼놓을 수 없이 중요한 도시이다. 이 도시의 역사는 선사 시대까지 거슬러 올라갈 정도로 오래되었지만 대외적으로 번영하기 시작한 것은 13세기부터이다.

이때부터 코니아로 수많은 예술가와 이슬람 관계의 학자들과 종교인들이 동방에서 몰려들기 시작했고 학교도 건립되었다고 한다. 현재 남아 있는 신학교와 유적들의 대부분이 이 시기에 건립된 것들이다. 물론 메블라나 교단의 창시자도 이때의 학자 중 한 명이다. 그래서 이슬람교 신비주의의 하나인 메블라나 교단의 발상지로서 널리 알려져 있어 단체로 견학을 오는 이슬람교도들이 현재에도 끊이지 않고 있다.

코니아의 메블라나 교단은 이슬람 신비주의의 일파이다. 이슬람 신비주의는 '신으로의 사랑, 신과의 합일, 신으로의 신비적 탐구'를 목적으로 활동하고 있는 이슬람교의 일파이다. 이들은 7세기경에 창시되었고, 허름한 옷 스후를 입는다고 해서 '스휘즘'이라고 부른다. 음악과 춤을 함께 하는 단체 기도가 특징이며, 인도에서 모로코까지의 이슬람 세계 각지에서 볼 수 있다. 메블라나는 '내가 스승이다.'라는 뜻으로 창시자인 루우미를 가리킨다.

메블라나 교단은 셀주크 시대에서 오스만 시대를 걸쳐 전국으로 퍼져나갔다고 한다. 메블라나 교단의 춤의 세계는 지상의 삶과 죽음, 모든 속박으로부터의 해방을 의미하는 신비로운 세계이다. 메블

라나 교단 사람들은 춤을 통해 자신들의 얼굴을 본다. 자신들의 춤의 움직임이 만들어 내는 특유의 개성 안에서 삶을 완벽하게 재생산하고 구체화시킨다. 그들은 이러한 사실을 깨닫고 이를 자랑스럽게 여긴다.

도덕은 선을 추구하지만 종교는 그것을 넘어선 성聖의 경지에 이르려고 한다. 도덕은 현세적으로 이 세상에서 인간이 실현할 수 있는 것을 추구하지만, 종교는 도덕 너머의 피안이고 완전한 이상으로서의 내세적 삶을 이루고자 한다. 또한 도덕은 그 궁극적인 결론이 인간 스스로 만든 것임에 비해 종교는 신의 힘에 의해 주어지는 것으로 받아들이고 있다. 도덕은 인간의 힘에 의해 종교는 신의 힘에 의해 주어주는 것이지만, 이 두 가지 모두가 인간정신에 가장 중요한 작용을 하는 것임에 분명하다. 메블라나 교단 사람들의 춤추는 모습을 보면서 도덕과 종교의 힘을 동시에 보는 듯하다.

카파도키아의 지하도시

카파도키아 지역은 터키의 소아시아 반도인 아나톨리아 중앙 고원에 위치하고 있다. 이 지역의 평균 고도는 해발 1,000m로서 주변이 높은 산악지대로 둘러싸인 분지를 이루고 있다. 카파도키아는 대규모 기암지대로 자연적으로 만들어진 모양이라고는 믿을 수 없을 정도의 불가사의한 바위들이 많다. 대표적인 버섯 바위와 기암 속에 숨은 기독교의 벽화들을 감추고 있는 지하 도시 카파도키아는 각양각색의 모습을 보여준다. 실로 괴레메를 중심으로 한 지역은 여행자들을 경탄케 할 정도의 환상적인 파노라마를 담고 있다. 인간의 힘으로는 도저히 이룩할 수 없는 오직 신의 능력과 자연의 조화로만 이를 수 있는 이 카파도키아에는 세계 어느 곳에서도 찾아 볼 수 없는 장관이 연출되고 있었다.

실제로 카파도키아 일대로 들어오면 지금까지의 터키 경치와는 전혀 다른 거친 봉우리와 울퉁불퉁한 기암을 만나게 된다. 적갈색·흰색·주황색의 선명한 색상들의 지층이 겹겹이 쌓이고 쌓여 터키의 그랜드 캐넌을 이루고 있다. 미국의 그랜드 캐넌의 그것과 규모에 있어서 비교가 되지 않을 정도이지만, 미국의 그것과는 또 다른 모습을 이루고 있다. 수 백 만 년 전 카파도키아의 주변 산들은 차례로 용트림을 치며 용암을 분출시켜 주변의 지형을 완전히 뒤바꾸어 놓았다. 화산에 의해 이루어진 이 지형은 그 후 세월이 흐름에 따라 비 바람에 의한 침식 작용으로 오늘날과 같은 대 작품이 이루어진 것이다.

화산이 일어나기 전에는 이 지역이 강도가 약한 사암으로 되어

있었으나, 화산에 의해 그 위로 강도가 강한 검은 용암이 뒤덮여졌다. 세월의 풍화작용은 강도에 따라 이 지형을 깍고 다듬어 전 세계에서도 유일한 특수한 경치를 이 카파도키아에 선사한 것이다. 이러한 특수한 지형은 인간들에게 손쉽게 지을 수 있는 거주지를 제공해주었다.

카파도키아에는 셀 수 없을 정도의 크고 작은 교회가 있고, 150

여 곳에 벽화와 조각이 남아 있다. 대부분이 은신처로 사용하기 위해 바위를 뚫거나 동굴을 파내려 갔기 때문에 외부에서는 식별이 잘 안 되는 곳이 많고 지금도 계속 개발 중에 있는 곳도 많다. 내부의 통로와 환기구 울림통이 지하의 각층으로 연결되어 있고, 식당 · 침실·부엌·우물·술 저장소 등의 개인 시설에서부터, 학교와 교회 같은 공공시설에 이르기까지 다양한 흔적이 있는 것으로 보아 대규모 집단생활이 이곳에서 이루어 졌음을 짐작할 수 있다. 데린쿠유에서만도 4만 명의 사람들이 생활했다고 전해진다.

석굴 교회와 자연이 조화된 불가사의한 모습은 언제 보아도 신비한 분위기에 젖어 들게 한다. 이 어둡고 비좁은 동굴 속에서 엄숙한 신앙생활을 하면서 벽화와 조각을 만든 힘의 원천은 어디에서 온 것일까. 종교의 힘은 그렇게 위대한 것이다.

살아있는 자연박물관

많은 사람들은 터키의 수도가 이스탄불인 것으로 알고 있지만, 터키의 수도는 앙카라다. 앙카라는 높고 메마른 소아시아 고원 위에 산들에 의해 둘러싸여 있는 지역이다. 소아시아 반도의 동서와 남북을 연결하는 교차지점에 위치하고 있다. 터키 공화국의 수도이지만 이스탄불에 이은 제2의 도시이다.

역사학자 아놀드 토인비는 터키를 살아있는 자연 박물관이라 말했다. 터키는 흑해와 에게 해 그리고 지중해로 둘러싸인 아름다운 반도 국가였다. 그리고 고대 힛타이트 문명을 시발로 해서 그리스·페르시아·알렉산더 대왕의 마케도니아·로마·비잔틴 그리고 오스만 투르크 제국의 문명이 명멸했던 문명발달의 현장이다.

제국의 명멸과 함께 흘러가는 보스포루스 해협과 이스탄불, 신화 속의 영웅들이 명멸했던 트로이, 기원전 후에 걸쳐 로마의 소아시아 속주로서 주요 무역항으로 클레오파트라가 쇼핑을 위해 다녀갈 정도로 융성했던 고대도시 에페스와 버가모, 지하도시와 암굴교회의 카파도키아, 그리고 그림같이 아름다운 지중해 연안에 위치한 고대 도시들…. 노아의 방주가 닿아 지구상에 인류와 짐승이 재 번식되었다는 아라랏트산에서 인간이 살아온 이래로 일찍이 이 땅을 찾아온 각 지역 사람들이 전파한 다양한 문화는 오늘날의 터키를 이 지구상에서 가장 중요한 문명과 역사의 상속자로 만들었다. 저 유장하게 흘러가고 있는 보스포루스 해협과 함께….

그리스에서 신들과 보낸 시간

아크로폴리스 광장에서

아테네는 신들이 만든 도시라 해도 과언이 아니다. 신화 속에서나 만나던 신과 여신들을 조우하기 위해 아테네에 왔다. 그리스 신화에 의하면 지혜의 여신 아테네와 바다의 신 포세이돈이 이 도시의 수호신 자리를 놓고 경쟁을 벌였으며, 아테네라는 도시 이름은 여신 아테네의 승리를 기념해서 붙여진 이름이다. 도시가 형성된 것은 아주 오래전이지만 오늘날까지도 로마와 함께 서양 문명의 발상지로 널리 알려져 있다.

아테네를 처음 찾는 많은 사람들은 모두 고대 문화를 동경하여 위대한 아크로폴리스와의 대면을 위해 가슴 부푼 기대를 안고 달려온다. 그러나 실제로 아테네 땅을 밟고 보면 신과 여신의 숨결이 잔득 배여 있는 고대의 아테네보다는 현대의 입김이 더 강하게 느껴지는 것에 실망하게 된다. 시내의 중심가에서는 부르릉거리며 달리는 노란 색의 트롤리 버스를 끊임없이 보게 되고 그 옆을 택시나 승용차가 맹속력으로 아슬아슬하게 스쳐 지나가 보는 사람을 조마조마하게 한다. 자동차들은 쉼 없이 시커먼 매연을 뿜어내어 건물들은 검게 변해 있는 곳이 많다. 끊임없이 이어지는 이런 차량의 행렬 앞에서 보행자는 보행자대로 차량의 흐름이 잠시 뜸하다 싶으면 신호와 상관없이 재빨리 길을 건넌다. 한편으로 고대의 다른 한편으로 현대적인 아테네의 숨김없는 모습이 아닐 수 없다.

고대 아테네를 대표할 만한 것이 아크로폴리스의 파르테논 신전이라면, 현대 아테네의 상징은 신타그마 광장이다. 신타그마 광장을 중심으로 아크로폴리스 아래 있는 구시가 플라카 지구, 현대 아테네의 세련된 멋을 엿볼 수 있는 리카비토스 언덕 기슭의 콜로나키 지구, 서민들의 활력이 넘치고 있는 오모니아 광장 주변, 이들 모두가 고대 그리스의 로맨틱한 분위기와 어울리는 현대적인 매력이 물씬 풍기는 곳이다.

현대로부터 2,500년 이상 이전의 고대로, 그 고대에서 현대로 수시로 옮겨 다닐 수 있는 신비한 도시가 바로 아테네이다. 아테네의 아크로폴리스는 그리스 고대 유적의 하이라이트이며 인류 문명의 가장 위대한 유산이다. 아크로폴리스란 '높은 언덕 위의 도시'라는 뜻으로, 고대에는 신전이 세워져 있는 성역으로 혹은 도시국가폴리스의 방위 요새로서의 두 가지 역할을 했다. 아크로폴리스의 에레크테이온 신전은 파르테논 신전의 바로 옆에 있으며, 여신들이 기둥 역할을 하고 있다. 150m 정도의 언덕 위에 세워진 아크로폴리스는 여러 신전이 있는 고대 도시국가의 중심지 역할을 했다.

파르테논 신전의 배흘림 기둥에 서서

아크로폴리스의 압권은 무엇보다 파르테논 신전이다. 파르테논 신전은 아테네의 아크로폴리스 언덕에 있는 아테나 여신의 주 신전이다. 파르테논 신전은 전체가 조각상이나 부조 등으로 장식된 장대한 예술 작품이다. 릴리프부조가 신화나 고대의 역사적 장면을 테마로 하여 기둥머리나 건물의 윗부분에 새겨져 있는데, 건물 둘레 160m에 걸쳐 90매 이상의 릴리프가 새겨져 있다. 그리고 박공이라 불리는 지붕의 삼각 부분에는 정면과 측면에 커다란 조각상이 장식되어 있다. 릴리프나 박공에 장식되었던 조각상의 일부는 박물관이나 대영박물관에 보존되어 있으며, 현재 박공에 남아있는 것은 모조품이다.

이 조각품들을 영국으로부터 반환 받기 위해 여러 차례 시도한 바 있으나 영국이 온갖 핑계를 대며 반환을 늦추고 있다고 한다. 한 나라의 정신과 같은 신전의 조각품을 탈취해 자신들의 박물관에 버젓이 전시해 둔 영국의 제국주의의 심보를 어떻게 이해해야 할까. 파르테논 신전의 아름다움과 우아함의 비밀은 건축 설계에 있다. 멀리서 보면 이 신전은 직선과 평면이 어우러지게 지어진 정육면체로 보이지만, 실제로는 곡선과 곡면을 조화시켜 지은 것이다.

아테네국립박물관은 여느 국립박물관과 마찬가지로 엄청난 유물들이 전시되어 있다. 고대 문명의 옛 유물들 하나하나는 신비하다 못해 로맨틱한 느낌을 갖게 하며, 서구문명의 원류인 그리스 문명을 아는데 박물관보다 좋은 장소는 없을 듯하다. 박물관에서 볼 수 있는 여러 신들의 모습은 신화 속에서의 역할이 어떠했는가를 잘 보여준

다. 신화란 단순히 신들의 이야기에 그치는 것이 아니다. 그것은 살아있는 사람들에 의해서 세계의 존재방식과 인간의 삶의 방식에 대해서 절대적인 진실을 계시하는 신성한 이야기로서 전승된다는 의미에서 진정한 뜻이 있다.

신타그마 광장

아크로폴리스와 함께 아테네의 다른 구심점은 도심 한가운데에 있는 신타그마 광장이다. 1834년 이곳에서 최초로 헌법이 선포된 이후 신타그마 광장, 즉 헌법 광장이라고 불리게 되었다. 광장 한복판에 분수가 있고, 그 주위를 삼나무와 월계수들이 둘러싸고 있다. 광장의 가장자리 쪽으로는 차량의 행렬이 끊임없이 이어지고 있고, 현대적인 건물이 우뚝우뚝 솟아있는 것이 가히 아테네 신도시의 중심이라 할 만하다.

신타그마 광장이 아테네의 구심점이라 불리어지며 여행자의 출발점이 되고 있는 것은 물론 이곳이 아테네의 중심에 위치해 있다는 이유이다. 하지만 무엇보다 지도에 실려 있는 아테네에서 그리스 각지로의 거리가 모두 이 신타그마 광장에서부터 측량된다는 사실 때문이라 한다. 그리고 이 광장 주변에는 여행자에게 필요한 모든 정보를 수집할 수 있는 시설들이 집중돼 있을 뿐 아니라 다른 지역으로 이동할 수 있는 편리한 교통편도 이용할 수 있다. 공항 터미널이나 피레우스 항구로 가는 버스가 이곳에서 출발하고 있고, 국철 역으로도 이곳에서 1번 트롤리 버스를 타고 바로 갈 수 있다. 신타그마는 항상 사람과 자동차의 왕래로 번잡하고 활기찬 우리나라 서울의 명동과 같은 곳이다.

신타그마 광장에서 빠져나와 최단 거리로 플라카 지구로 들어서면 값싼 여관이나 민박집이 많이 있다. 오모니아 지구에서 삼일을 보낸 후 이곳으로 숙소를 옮겼다. 스스로 아폴로라고 부르는 민박집

주인인 칠십세의 할아버지는 정말 아폴로를 연상시킬 정도의 장대한 풍채를 지닌 나이에 어울리지 않는 그리스 조각과 같이 잘 생긴 노인이었다. 아들이 홍콩에서 태권도 코치를 한다고 하는데, 한국에서 온 나에게 대단한 친근감을 표시하고 영어도 유창하게 구사하고 있어서 아테네에 있을 동안 이 할아버지 덕분에 여러 가지로 편안하게 지낼 수 있었다.

플라카 지구의 만화경

아크로폴리스의 언덕 기슭 아래로 북쪽에서 동쪽에 걸쳐 넓게 자리 잡고 있는 것이 플라카 지구이다. 흡사 만화경 속 같은 플라카 지구 주변의 복잡하게 얽힌 골목길은 고대로부터 현재까지의 아테네의 역사를 관광객들에게 잘 보여주는 듯하다. 플라카 지구 일대는 19세기 무렵에 지어진 집들이 아직도 그대로 보존되고 있으며 좁은 길은 이리저리 미로와 같이 얽혀있다.

풀리지 않을 것 같은 퍼즐과 같이 얽혀 있는 좁은 길을 이곳저곳으로 따라 돌아다니노라면 어느 사이엔가 전체의 윤곽이 떠오르게 된다. 발걸음 닿는 대로 좁은 길을 따라 가다 보면 갑자기 경사가 심한 계단과 마주 친다. 그 계단을 오르면 거기에는 타베르나전통식당나 민예품점·선물 가게들이 빽빽이 들어차 있는가 하면, 또 어떤 때는 보기에도 예쁜 장난감 같은 카페가 나타난다. 다시 급경사의 골목길을 따라 올라가면 아크로폴리스로 이어지는 길과 만난다. 플라카 지구에는 밤낮 각국 관광객의 모습이 끊일 새가 없다. 아테네 시민들은 밤이 이슥하도록 이 부근의 타베르나에서 식사를 즐긴다. 플라카에는 늘 사람들이 많으며 상점도 아침 일찍부터 밤늦게까지 열고 있으며, 거리에서는 나이에 관계없이 사랑을 나누는 남녀들이 보인다.

그리스 신화 속에서도 사랑의 덫에 빠져 어려움을 겪었던 신들이 많다. 아리아드네·메데이아·스킬레는 바로 이런 수수께끼 같은 사랑이 파놓은 그물에 단단히 걸려든 인물들이다. 조국과 가족을 배반하고 적과 사랑에 빠졌지만 그들을 쉽게 단죄하거나 비난할 수 있는 사람은 없다. 사랑은 한번 타오르면 불길처럼 타올라 쉽게 제어할 수가 없다. 사랑은 논리나 상식이 아니고 감정이고 직관인지 모른다. 사랑이란 바로 끈끈이주걱 같이 한번 빠지면 좀처럼 헤어날 수 없는 것이다. 플라카 지구 구석구석에서 사랑을 나누는 청춘 남녀들은 바로 그 옛날의 신과 여신들이 환생한 것인가.

아고라 광장의 철학자들

플라카에서 아고라에 섰다. 그 옛날 철학자들이 설전을 벌였던 고대 아고라가 나타난다. 세계사의 첫 페이지를 장식했던 고대 그리스가 이곳에서 탄생했다. '아고라'라는 말은 오늘날의 그리스에서도 '시장'을 가리키는 말로 사용되고 있지만, 고대에는 좀더 폭넓게 정치·종교·문화적인 제반 시설이 모여 있던 곳을 의미했다. 고대 그리스의 남성들은 이곳에서 종종 장을 보았을 뿐 아니라 서로의 의견이나 정보를 교환하기도 하고 정치를 논하거나 웅변가들이 자신의 정치적·철학적 소신을 펼치기도 한 곳이다.

아마도 이곳에서 그 유명한 소크라테스, 플라톤과 아리스토텔레스가 자신들의 철학과 정치를 역설했던 곳이다. 이 고대아고라의 발굴은 1931년부터 시작되었다고 한다. 그 당시 이곳에는 300여 채의 민가가 있었으나 모두 이전시켜 이곳을 복구했다고 한다. 아테네라고 하면 보통은 아크로폴리스가 가장 중요한 유적으로 여기고 있지만, 이 고대 아고라도 그만큼 가치 있는 곳이라 할 것이다.

흔히 철학을 논리적인 사변으로 세계와 인간, 신에 대한 진리를 밝히고, 또한 인간으로서 지향할 윤리적·도덕적 잣대를 정하는 학문이라고 한다. 그렇지만 이를 더 요약하면, 인간이 세계를 인식하는 과정에 대해 다루는 학문이라 할 것이다. 이를테면 우리 눈 밖의 세계와 눈 안의 세계는 어느 것이 참된 것인가. 혹은 우리가 대상을 인식하는 과정은 무엇이며 어떻게 이루어지는가에 대해 인간은 끊임없이 호기심을 가져 왔고, 그를 다루는 학문이 바로 철학이다. 그런 의미에서 철학은 다분히 세계보다는 인간과 관련된 학문이라 할 수 있다.

철학자인 소크라테스는 길거리에서 사람들과 대화를 나누는 것을 취미로 삼았다. 이것을 소크라테스의 '문답법'이라고 하는데, 이는 대화를 통하여 스스로 무지를 깨닫게 해서 사람들의 반감을 사기도 했다. 결국 그는 신에 대해마저 불경하다는 죄목으로 고발되어 재판에서 사형 선고를 받는다. 이를 안타깝게 여긴 제자들이 사형 전날 소크라테스의 탈출을 시도했으나, 그는 "악법도 법이다."라는 명언을 남기고 순순히 독약을 마셨다는 이야기는 유명하다. 철학적 삶과 생활태도를 몸소 보여준 소크라테스의 모습은 그리하여 오늘날까지 사람들에게 회자되고 있는 것이다.

어디에선가 고대 그리스 민중들의 떠들썩한 소리, 그리고 인간과 세상의 진리를 밝히기 위해 아고라에서 토론하는 철학자들의 열띤 목소리가 들려오는 듯하다.

수니온 곶의 포세이돈 신전

수니온 곶을 방문하기로 했다. 시내를 벗어난 버스는 한 시간 이상을 건조한 그리스 대지를 달리는가 싶더니 건조한 대지 저편으로 갑자기 고대의 시인 호메로스가 '포도주 색의 바다'로 표현한 에게 해가 눈에 들어온다. 아테네에서 남동쪽으로 약 69km 지점, 아티카 반도 제일 끝에 수니온 곶이 있다. 수니온 곶의 튀어나온 끄트머리 언덕 위에는 기원전 400년대에 건축된 포세이돈 신전이 남아있는데 현재는 15개의 도리아식 기둥만이 남아있다. 아테네의 파르테논 신전보다 몇 년 늦게 만들어진 것이라 한다. 포세이든 신은 주로 바다를 지배하는 신으로서 제우스 다음가는 유력한 신이다.

유럽을 여행하다 보면 샘과 분수가 있는 곳에는 흔히 포세이돈의 조각이 새겨져 있는 것을 보게 된다. 바다의 신, 물의 신답게 포세이든은 언제나 물의 이미지와 함께 있다. 포세이돈은 대개의 경우 삼지창을 들고 서 있거나, 해마海馬가 끄는 수레를 타고 있다. 해마가 끄는 수레는 바다가 일으키는 거역할 수 없는 파도의 힘을 상징하는 것 이다. 포세이돈의 표정은 매우 험상궂다. 그래서인지 포세이돈은 그리스인들로부터 크게 사랑을 받는 신은 아닌 듯 하다. 포세이돈 옆에는 뿔 고둥을 들고 있는 트리톤이 서 있다. 헤르메스가 아버지 제우스의 전령이듯이, 트리톤은 아버지 포세이돈의 전령이다. 트리톤은 뿔 고둥 소리로 아버지 포세이돈의 출범을 신호한다.

아래로 푸른 바다와 위로 감청색 하늘을 향해 뻗어 올라간 하얀 대리석 기둥들은 그 균형 잡힌 아름다움으로 가슴이 설렐 정도이다.

바다의 신인 포세이돈 신전을 뒤로하고 바다로 향해 서서 일몰을 바라보는 느낌은 어떠한 필설로도 형언할 수 없는 것이다. 신전 너머로 보이는 에게 해는 원래 '아이게우스의 바다'라는 뜻이다. 아이게우스는 테세우스의 아버지 아이게우스를 말한다. 아들 테세우스가 미노타우로스를 죽이러 크레타로 떠날 때 아버지 아이게우스는, 성공하면 흰 돛으로 바꿔 달고 돌아오되 실패하면 검은 돛 그대로 돌아오라고 했다. 테세우스는 성공하고 돌아왔지만 겨를이 없어 돛을 바꿔 달지 못했다. 절망한 아이게우스는 바로 이 수니온 곶의 바위 위에서 천 길 낭떠러지 아래로 몸을 던진 것으로 전해진다. 그래서 이 바다는 아직까지도 '아이게우스의 바다'라고 불린다. 특히 신전과 바다는 해질 무렵이 되면 석양의 아름다움과 함께 어우러져 가히 환상적인 자태를 나타낸다.

멀리 에게 해의 수평선 너머로 떨어지는 황홀한 일몰, 그를 배경으로 노을빛과 어우러져 흰색에서 자주빛으로 변해 가는 석양 속의 신전의 모습은 일대 장관을 이루며 오랜 세월을 저렇게 서 있는 것이다. 노을의 붉은 빛이 하늘 가득히 퍼져 갈 때 에게 해의 짙푸른 바다 빛은 반짝이는 '포도주 빛'으로 변해가고, 그와 함께 포세이돈 신전의 하얀 대리석도 붉게 물들어 가고 있다.

『그리스인 조르바』를 쓴 니코스 카잔차키스라는 그리스의 작가는 조국 그리스의 에게 해를 이렇게 표현했다. '목숨이 다하기 전에 에게 해를 보는 사람들에게 축복 있으라!' 에게 해를 그토록 예찬한 니코스 카잔차키스는 말 그대로 자유인의 초상이었다. 실제 삶에서

나 문학에서나 그는 자유의 극한영역을 추구하고 탐구했다. 크레타 섬에 있는 그의 묘비명에는 이렇게 적혀 있다. “나는 아무것도 바라지 않는다. 아무 것도 두렵지 않다. 나는 자유롭기 때문이다.”

포세이든 신전의 바이런

포세이든 신전과 에게 해를 찾은 사람은 한 둘이 아니다. 포세이돈 신전의 기둥에는 18세기 이후 이곳을 방문했던 사람들의 흔적이 새겨져 있다. 신전 기둥에는 영국시인 바이런이 스스로 새긴 이름도 남아 있었다. 19세기 영국의 낭만주의 시인 바이런은 젊은 시절 그리스를 포함한 유럽 여러 나라를 여행한 적이 있었다. 그때의 경험을 토대로 쓴 시가 바로 유명한 〈차일드 헤럴드의 편력〉이고, 이 시로 인하여 바이런은 "어느 날 아침 눈을 떠보니 유명해져 있었다." 는 유명한 일화를 남기는 계기가 되었다.

바이런은 그리스를 포함한 유럽여행을 시로 표현하여 유명해졌지만, 아이러니컬하게도 그가 그토록 찬미하던 그리스로 인해 생애를 마치게 된다. 일생동안 거의 광기에 가까운 천재성과 당대 사회에 대한 비판적 정신으로 시집 『차일드 해럴드의 편력』, 『돈주안』, 『만프렛』 등을 남기며 19세기 낭만주의의 위대한 장을 연 바이런! 그의 시 한편이 떠오른다.

이제는 더이상
헤매지 말자.
이토록 늦은 한밤중에
지금도 가슴속엔
사랑이 깃들고
지금도 달빛은 훤하지만

칼을 쓰면
칼집이 해어지고
영혼이 괴로우면
가슴이 허하니,
심장도 숨 쉬려면
쉬어야 하고
사랑에도
휴식이 있어야 하느니라.

밤은 사랑을 위해 있고,
낮은 너무나도 순식간에
돌아오지만,
이제는 더이상
헤매지 말자
아련히 흐르는 달빛 사이를….
—바이런의 〈이제는 더 이상 헤매지 말자〉 전문

수니온 곶에서는 태양과 신전과 에게 해 외에 아무것도 없다. 수니온 곶의 아름다운 석양과 포세이돈 신전을 보기 위해 많은 사람이 모여들지만, 이곳은 태양이 지고 신전이 어둠 속으로 사라지고 나면 이곳의 생활도 하루의 막을 내린다. 자연과 인간, 그리고 인간이 만든 건축물들에 대해 무상함, 그리고 변함없는 자연의 섭리와 인간

건축물의 쇠락이 돋보이는 곳이다. 신전이 있는 곳은 그리스의 건조한 뙤약볕이 내리쬐고 있지만 호텔 앞은 시원하게 펼쳐진 에게의 바다다. 수영복을 미리 준비해 갔기 때문에 그 바다에 몸을 담근 일이 또 다른 추억거리로 남아 있다.

포세이든이 지켜보고 있는 신화의 바다 속에 몸을 담구다니 이 얼마나 신비로운 일인가. 백사장은 완만하고 길어서 안심하고 수영할 수 있었고, 간혹 현지인들과 관광객들이 한가롭게 수영을 즐기거나 해변 가에 누워 살갗을 태우고 있었다. 수니온을 떠난 후에도 눈앞에는 포세이돈 신전을 배경으로 한 에게 해의 찬란하던 일몰이 눈앞에서 계속 어른대고 있었다. 살아가는 동안 언제 행운이 닿아 이곳에 다시 올 수 있을까.

올림포스의 신들

그리스 본토를 척추처럼 남북으로 이어 주는 핀도스 산맥. 핀도스 산맥의 동쪽이 중부 그리스이고, 아르타에서부터 알바니아 남쪽에 인접해 있는 일대가 북서부 그리스이다. 핀도스 산맥은 동·서의 분수령을 이루고 있으며, 이곳에서 흘러내리는 피니오스 강은 하류의 대지를 촉촉이 적셔주고 있다. 트리칼라·카르디차·라리사 등지는 이 풍부한 물 덕택에 그리스에서도 유수의 농업 지대를 이루고 있다. 북서의 이오아니나를 비롯하여 이 지역의 도시들은 모두 숲과 호수에 둘러싸여 이제까지의 그리스 세계와는 또 다른 기름진 전원풍경이 전개된다. 그런데 그리스의 북부지역을 가장 중요하게 만들어 주는 것은 그곳에 바로 신들의 땅인 올림포스가 있기 때문이다. 그리스의 북부 테살리에 있는 그리스의 최고봉인 올림포스 산은 매우 높아서 그 꼭대기는 항상 구름에 덮여 있다. 고대 그리스인들은 이 영봉에 신들이 살고 있다고 생각해 왔다.

여러 신들 중에서 절대 권력을 장악한 제우스는 번갯불로 싸움에 이기고 우주를 지배하였다. 제우스의 지배하에 있는 올림포스의 주요 신은 모두 12명으로 이루어져 있다. 신들의 생활은 외관상 인간의 생활과 비슷하지만, 영원히 죽지 않는다는 점에서 죽어야 하는 운명인 인간과는 달랐다. 또한 신들은 형체를 마음대로 바꾸어 동물이 될 수도 있고 생명 없는 물체로도 될 수 있는 특권이 있었다. 신들은 인간과 마찬가지로 사랑과 미움을 비롯한 희노애락의 감정을 가지고 있어서 신들에게 존경을 보이는 인간에게는 호의를 드러내고 적

대를 나타내는 인간에게는 엄청난 증오를 가하기도 했다.

기원 수세기 전부터 그리스인들이 풍부한 상상력으로 체계화해 놓음으로써 이 신들의 이야기는 '신화'라는 이름으로 오늘날까지 전해져 오고 있다. 그리스 신화는 지금까지 문학이나 미술 등 문화의 각 분야에서 생명을 유지하고 또한 인간심성에 깊이 자리하고 있다. 이렇게 신화가 지난 2,500여 년 동안 인류의 상상력을 자극하는 하나의 위대한 문화유산과 정신유산이 되고 있는 것은 그 속에 담겨져 있는 이야기가 단순히 재미있다는 이유에서 뿐만이 아니라, 시대와 인종을 초월한 인간 정신의 원형을 지니고 있기 때문일 것이다.

에피다브로스 극장의 〈오이디푸스왕〉

세계의 많은 관광객들은 주로 여름에 그리스를 찾는다. 여러 유적들을 둘러보면서 아득한 고대 그리스의 지나간 역사를 상상하고 그리워하며 그 유적들이 지금도 우리와 함께 있다는 것을 실감하게 된다.

유적들과 함께 살아서 꿈틀대는 곳이 바로 그리스의 고대 극장이다. 고대 극장에서는 지금도 여름이 되면 그 옛날 희랍의 비극과 희극이 매일 공연되고 있다. 매년 유월 중순에서 구월 중순에 걸쳐 삼개월 간 이곳에서는 고대 그리스연극이 상연된다. 공연이 있는 기간이 되면 잠자고 있던 고대 유적과 함께 고대 극장도 살아 꿈틀대며 숨을 쉬게 되고, 이곳을 방문하는 수많은 관광객들과 같이 호흡하게 된다.

아테네에서 153km, 버스로 세시간을 달려서 에피다브로스 고대 원형극장에 당도했다. 입장권을 산후 숲 속을 십여분 정도 걸어서 마침내 극장에 도착하게 되었는데, 극장의 크기와 웅장함에 압도되어 저절로 발걸음을 멈추었다. 오랫동안 고요에 쌓여 있던 원형극장은 현대를 살아가는 수많은 사람들과 함께 진짜로 살아 숨쉬는 밤을 맞이하게 된다. 에피다브로스 극장은 오랜 역사를 지니고 있지만 보존 상태가 가장 양호하다고 한다. 에피다브로스 극장에서는 여름이 되면, 고대 희랍의 위대한 삼대 극작가인 소포클레스, 아이스킬로스, 에우리피데스의 작품들이 연이어 공연되고 있다. 내가 방문한 날은 이들 중에서도 그리스사람들에게 가장 존경받는 소포클레스의 『오이디푸스 왕』이 공연되고 있었다.

고대 희랍 최대 최고의 비극으로 알려진 『오이디푸스 왕』은 그리스의 신화에 바탕하고 있다. 시인 소포클레스는 이 전설을 비극 3부곡 『오이디푸스 왕』에서 다루었는데 이 이야기가 소포클레스의 비극으로 정착되기까지는 오랜 세월이 흘렀다. 신화학자들의 설명에 따르면 오이디푸스는 해의 신이고 이오카스테는 땅의 신이다. 해의 신은 해마다 땅의 아들로 태어나 묵은 해인 아버지를 배척하고 어머니를 갈고 일구는 지아비가 된다. 또 프로이드를 비롯한 정신분석학자에 따르면, 이것은 유아의 어머니에 대한 독점애의 공상적 실현, 즉 아버지에게 반항하여 그를 배척하고 어머니를 자기 것으로 삼으려는 욕망인 이른바 오이디푸스 콤플렉스에서 비롯된 이야기라고 말한다.

연극은 거의 밤 아홉시에 시작된다. 무려 14,000명 이상이 수용되는 공연장은 개막 시간이 가까워 오면서 관객이 속속 정숙하게 입장한다. 안내원과 경찰이 수십 명씩 동원되고, 좌석이 서서히 메워지게 된다. 아홉시가 거의 가까워지면 일 년 전 부터 미리 예약된 가운데의 붉은 색 석회석으로 만들어 놓은 특별 좌석에 유럽의 저명인사들이 모습을 나타낸다. 유명한 정치가들, 고위관리들, 연극계의 대원로와 유명한 남녀 배우들이 손을 흔들며 나타나면 그때마다 극장은 박수와 환성으로 일렁인다.

이윽고 개막 예정 시간이 지나고 관객들의 재촉을 알리는 박수소리가 몇 차례 지나고 나면 개막을 알리는 징소리가 울려 퍼진다. 극장의 불이란 불은 모두 꺼지고, 등장인물들이 무대 위로 서서히 올라오는 것이 어렴풋이 보인다. 무대 저편으로는 산과 나무의 그림자

가 보이고 컴컴한 하늘을 보면 별들도 숨을 죽이고 무대를 내려다보고 있다. 무대 조명이 일제히 켜지고 어둡던 주변이 갑자기 밝아 오면 놀란 풀벌레 들이 소리를 질러대기 시작한다.

무대 위에서는 고대의 찬란한 복장을 한 등장인물들이 나타나 관객들을 향해 대사를 하기 시작하고 어두운 하늘엔 아름다운 별과 달이 찬란하게 걸려 있다. 겨울 내내 삭풍 속에서 잠들어 있던 에피다브로스 극장은 한여름 밤 자연의 아름다움과 배우들의 열띤 목소리와 함께 생동하고 있었고, 그 속에서 오이디푸스의 비극은 깊어가고 있었다.

펠로폰니소스 반도의 고대문명

고대 문명의 고향이자 그리스의 위대한 지방 펠로폰니소스 반도로 향했다. 아테네에서 서쪽으로 약 80km되는 코린토스 운하를 경계로 하는 반도이다. 펠로폰니소스 반도에는 한때 빛나는 과거를 누렸던 장소들이 산재해 있다. 이 명소들이 이 반도에는 화려한 과거가 있었다는 것을 말해 준다. 반도 입구에 위치해 있는 고대문명의 발상인 코린토스, 미케네 문명이 생겨나고 트로이 전쟁의 영웅 아가멤논이 잠들어 있는 미케네, 올림픽 탄생의 땅 올림피아, 아테네와 쌍벽을 이룬 도시 국가 스파르타, 의술의 신인 아스클레피오스를 숭배했던 에피다브로스, 중세의 모습을 지금까지 그대로 간직하고 있는 미스트라 등등 헤아릴 수 없는 위대한 유적들이 존재하는 반도인 것이다. 펠로폰니소스 반도에 정착한 아카이아인은 기원 전 16세기경이 되면서 크레타 문명과 교류하여 독자적인 미케네 문명을 만들어내기 시작했다.

신화 속의 인물들은 언제나 위대했다. 힘없는 인간의 신분으로는 최초로 신의 아들 에로스와 결혼한 소녀 프시케처럼. 신화 속 인물들은 맨주먹으로 어떤 도움도 없이 혼자의 힘으로 온갖 장애물을 헤쳐 나왔다. 그리하여 그들은 영광과 권력을 누렸다.

고대에 영화를 누렸던 도시 코린토스는 오늘날 구舊코린토스라 불리며, 현재의 코린토스 시에서 내륙으로 8km 정도 들어간 곳에 있다. 현재의 코린토스는 옛 코린토스의 영광과는 무관하게 1858년과 1928년의 대지진 후에 세워진 작고 조용한 시가지이다. 코린토스는

천혜의 지리적인 조건을 갖추고 있었다. 서쪽에는 이오니아 해와 이탈리아로 향하는 레카이온 항구를 품고 있었고, 동쪽으로는 아테네를 바라보면서 에게 해로 나갈 수 있는 겐그레아 항구를 품고 있었다.

미케네 문명이 붕괴되자, 기원 전 12세에서 기원 전 800년 사이에 그리스 문화의 암흑 시대가 도래하게 되며, 그리스의 각 왕국들도 같은 운명을 맞는다. 고대 그리스에 암흑 시대가 닥친 것이다. 이렇게 해서 얼마간 그리스 문화는 그 빛을 잃는다. 기원 전 9세기에 접어들면서 그리스 전역을 휩쓸었던 이민족의 습격과 약탈의 회오리는 마침내 잠잠해지고 다시 문명의 빛이 비치기 시작한다. 이 무렵에 여러 지역에서 도시 국가인 코린토스·아테네·테베·아르고스·스파르타 등과 같은 '폴리스'가 형성 된다. 이런 과정을 통해 사회생활이나 종교 등이 정비되면서 그리스인의 민족의식이 싹트게 된다. 올림픽 경기도 바로 이 무렵에 생겨났다.

숙소로 돌아가는 길에 가게에서 약간의 과일과 와인을 한 병 사 들고 들어갔다. 플라카 지구의 어두운 뒷골목을 따라 숙소를 찾아 터덜터덜 걸어가고 있으니 가로등에 비친 내 그림자가 몹시 피곤하고 지쳐 보였다. 이 머나먼 곳까지 와서 왜 이 고생을 하고 있는가 생각하니 한편 서글픈 생각도 들었다. 그동안 그리스의 신들과 너무 진지하게 교제한 탓인가.

에게 해의 섬들

그리스 여행도 막바지에 이르렀다. 원래 크레타 섬을 여행하기로 했으나 이태리로 돌아 가는 비행기 일정 때문에 도저히 크레타 섬으로 갈 수 없는 것이 안타까웠다. 대신에 사로니크 만의 주요 섬들인 에기나, 포로스, 이드라를 둘러보는 관광 크루즈를 하기로 했다. 사로니크 만은 아테네가 있는 아티카 반도와 펠로폰니소스 반도에 둘러싸여 있고, 피레우스에서 수니온 곶까지의 해안선은 모두 사로니크 만에 면해 있다.

펠로폰니소스 반도의 동북부인 사로니크 만을 둘러싸고 있는 지방을 아르골리스 지방이라 부른다. 시간 여유는 없으나 에게 해 크루즈만은 꼭 해보고 싶은 사람은 '1일 크루즈'가 많이 추천되었다. 이 크루즈는 이곳 만 내에 떠있는 에기나, 포로스, 이드라를 순회하는 코스이다. 배에 타니 세계 각국에서 온 관광객들로 붐벼 인종 전시회장을 방불케 했다. 일본인·희랍인·독일인·영국인·이태리인 등등 세계 각지에서 온 사람들이 삼삼오오 모여 앉아 그리스에서 가장 흔히 볼 수 있는 열매인 피스타치오를 까먹으며 이야기를 나누고 있었다.

섬들 중에서도 이드라 섬은 가장 아름답고 에게 해의 진면목을 볼 수 있을 정도로 맑은 물을 가진 섬이다. 배가 이드라 항으로 진입할 즈음이면 이곳의 아름다운 경관이 한눈에 들어온다. 집의 벽들은 모두 파스텔 색조로 칠해져 있어서 마치 예쁜 그림엽서를 대하는 듯하다. 항구가 있는 이드라 시 전체가 이렇게 아름다운 분위기인데, 사실은 이곳에는 옛날부터 세계 각지에서 젊은 예술가들이 모여들

어 '예술가의 섬'으로 불리었다고 한다. 예술가들이 직접 그린 작품을 위시해서 은이나 구리의 금속 세공 액세서리, 칠보 그림 접시, 그리스 항아리 등의 장식품과 공예품들이 즐비하게 가게에 전시되어 있다. 유명한 영국의 낭만주의 시인 존 키이츠가 쓴 〈그리스 항아리 송頌〉을 생각하며 작은 그리스 항아리를 하나 샀다.

그리스를 떠나며

이제 내일이면 그리스를 떠나야 한다. 보름 여 동안 밤낮으로 발이 붓도록 그리스에서 한 가지라도 더 보려고 뛰어 다녔지만, 가장 중요한 두 군데는 결국 보지 못하고 떠나야 한다. 미노아 문명의 중심지인 크레타 섬과 그리스사람들이 '대지의 배꼽'으로서 세계의 중심이라고 생각했던 델포이 유적은 결국 다음 일정 때문에 갈 수 없었었던 것이 못내 아쉽다.

여행은 끊임없이 우리들의 영혼으로부터 새로운 사색의 담금질을 하는 것이며, 사고의 실천 과정이다. 아크로폴리스를 오르내리고 파르테논 신전을 드나들면서, 에게 해의 섬들을 항해하면서 내가 본 것은 고대 그리스 문명의 유적이 아니었다. 고대 그리스 문명과 신화를 통하여 진정한 인간의 기원과 영혼을 보고자 했다. 그러나 그리스 문명의 유적은 신화를 통하여 구원을 얻으려 하는 인간의 영혼 앞에 어떤 깨달음도 베풀어 주지 않았다. 도저히 인간의 힘으로는 이길 수 없는 인간과 자연을 어루만지며 소통하는 것, 서로 경쟁하고 반목하는 것보다는 못 이기는 척 사랑하고 화합하는 것이 결국 이기는 길임을 신화는 일깨워 준다.

그리스 유적의 배후에 도사린 의미 속으로 파고들어 그 의미와 하나가 되고자 했지만, 그리스의 신과 신화는 어떤 의미도 쉽게 던져주지 않았다. 이것은 그리스 소설가 카잔차키스가 자신의 조국 그리스를 구석구석 순례한 이후에 내린 결론이기도 했다.

수니온까지 갔다. 여름이어서 소나무 둥치의 갈라진 틈에서는 송진이 흘러내리고 있었다. 대기에서 송진 냄새가 났다. 메뚜기 한 마리가 내 어깨 위에 앉았다. 그 순간 나는 소나무가 되었다…. 나는 젊은 여인의 얼굴그리스라는 국가에서 노파의 얼굴신화을 읽으려는 나의 태도가 잘못되었다는 것을 깨달았다. 나는 그리스라는 이름의 노파 얼굴에서, 이제는 사라져 버린 소녀의 생기와 젊음을 다시 창조해야 한다는 것을 깨달았다.

-카잔차키스의 『그리스인 조르바』에서

그리고 다시 카잔차키스는 말한다. "삶이 아름다운 이유는 지중해와 여자와 포도주와 시가 있기 때문이다."

이탈리아 여행기

로마의 휴일

옛 교황 그레고리오 14세는 삼주일을 채우지 못한 채 이탈리아를 떠나는 여행자와 헤어질 때는 "그러면 안녕히 가십시오."라고 했고, 이탈리아에 몇 개월 머무른 체재자에게는 "로마에서 다시 만납시다." 라고 인사했다고 한다. 이 훌륭하고 유서 깊은 도시를 제대로 알려면 잠깐 머무는 것만으로는 안 되며, 최소한 몇 개월동안 이곳에 머물러야만 진면목을 할 수 있다는 이야기일 것이다.

로마를 여행하는 사람들은 트레비 분수에 갔을 때 로마를 다시 방문할 수 있도록 해달라고 빌며 분수에 동전을 던진다고 하는데, 나는 트레비 분수에 동전을 던지지도 않았지만 세번째로 로마를 방문하는 행운을 안게 되었다. 언제나 어느 곳을 방문해도 여행자를 매료시키는 도시가 로마이다. 2,500년이라는 유장한 역사로 인해 길거리 전체가 각양각색의 유적과 기념물이라는 말이 결코 과장이 아닐 정도로 여행자들을 감탄시킨다.

로마에 관련된 명언들은 정말 많다. '로마는 하루아침에 이루어지지 않았다.', '모든 길은 로마로 통한다.'라는 등등의 명언들이 로마의 유구한 역사와 지구상에서의 로마의 위상을 잘 말해주는 말들이다. 어느 작가의 이야기대로 "지성에서는 그리스인보다 못하고, 체력에서는 켈트족이나 게르만족보다 못하고, 기술력에서는 에트루리아인보다 못하고, 경제력에서는 카르타고인보다 뒤떨어진 로마인들" 이었음에도, 왜 그들은 그렇게 번영하고, 지중해와 세계의 패자霸者가 될 수 있었을까.

로마가 이 땅에 세워진 것은 기원전 753년, 아득히 먼 과거의 일이다. 로마에 서서 동양인들이 로마의 거리를 바라보면 마치 신화나 전설 속을 걷는 듯한 느낌을 가지게 된다. 그러나 로마는 엄연히 존재한 역사적 현실이었고, 그 현실은 천년 세월에 걸쳐 지구의 한쪽 세계를 지배했다. 로마에 가면 가장 먼저 접하게 되는 것이 바로 '길'이다. 그리고 로마를 이야기 할 때 빼놓을 수 없는 길 이야기는 로마를 이해하는데 가장 중요한 요소의 하나가 되기도 한다. '모든 길은 로마로 통한다.'라는 말은 로마에 도착하면 피부로 쉽게 느낄 수 있는 말이다.

테르미니역의 이별

다빈치 공항에서 숙소를 찾아 가기 전에 먼저 나폴리 행 열차표를 예매하기 위해서 테르미니 역으로 갔다. 역과 그 주변은 로마 여행의 중심이라 할 수 있는 곳이다. 테르미니역, 즉 '종착역'은 1942년 무솔리니의 지시에 의해 착공되어 중간에 전쟁으로 잠시 중단되었다가 1950년에 완공되었다. 비토리오 데 시카 감독의 영화 〈종착역〉의 무대로 더욱 유명해졌다. 늦가을 땅거미가 지기 시작하는 테르미니 역 구내에서 미국 부인 메리가 로마에서 알게 된 조반니와 열렬히 사랑하다가 이별을 하는 불과 몇 시간 동안의 간단한 줄거리의 이 영화는

중년들의 가슴을 얼마나 설레게 했던가. 테르미니 역 내부에는 관광 안내소·환전소·은행·우체국·식당·전화국 등 여행에 필요한 대부분의 시설을 갖추고 있어 국제 관광도시의 중앙역으로서의 면모를 갖추고 있다.

이탈리아의 역은 어느 역이든지 승객이 역사 안으로 들어서면, 열차들이 일렬로 가지런히 도열해 있어서 쉽게 행선지에 따라 열차를 탈 수 있는 장점을 지니고 있다. 역 정면에는 오렌지색 시내버스가 발착하는 버스 터미널이 위치한 친쿠에첸토 광장이 있다. 많은 사람들의 휴식처로 이용되고 있는 곳이지만 원래 이디오피아 전쟁에서 죽은 병사들을 기념하여 만든 곳이라 한다. 이 광장을 중심으로 휴일이면 노점상과 장사치들이 늘어서기도 하고, 때로 거리의 히피들이 노래를 하거나 악기 연주를 해서 사람들은 그 주위에 몰려 구경을 하며 시간을 보낸다.

로마 여행은 '광장'을 중심으로 이뤄진다. 광장 가운데도 출발점이 되고 있는 곳은 바로 베네치아 광장이며, 이곳을 중심으로 그 주위에 로마인들의 휴식처 나보나 광장, 계단에 앉아 사랑을 속삭이는 젊은이들의 스페인 광장, 트레비 분수 곁에 있는 콜로나 광장, 판테온에 있는 런던 광장 등이 사방에 널려 있어 이 광장들을 다 순례하면 로마 구경이 끝난다고 해도 과언이 아니다.

콜로세움의 환호

로마인들의 환호와 열광은 콜로세움의 유적을 내려다보면서도 충분히 짐작 할 수 있다. 영화 〈벤허〉에서 대경기장에서의 전차 경주에서 시민들이 열광하는 장면이 나온다. 이곳은 바로 로마 제국주의의 살육과 로마민중들의 의식을 호도하는 우민愚民의 광장이기도 하다.

로마유적은 고대 로마제국의 황제와 귀족들과 연관되지 않은 곳이 없을 정도이다. 그러나 이따금씩 로마시민 생활을 윤택하게 한다는 이름으로 공중목욕탕이나 원형극장 등의 공공건물을 새로 지어서 시민들에게 생색내거나 이곳에 시민들을 모아 자신들의 지배이데올로기를 전파하는 광장을 만들었다. 콜로세움도 바로 로마의 민중들을 모아 놓고 황제와 귀족들이 자신들의 정치이념을 전파하여 열광케 하고 우민화시킨 광장이었다. 어쨌든 로마가 로마인의 노력으로 지탱할 수 있는 한계를 넘어섰을 때 그 때부터 로마는 붕괴되기 시작했다. 콜로세움은 이 모든 것을 가장 극적으로 보여주는 상징적인 건물이다. 콜로세움은 고대 로마시대의 전쟁과 지배를 통하여 현대의 자본과 정복의 논리를 연상케 해주는 곳이기 때문이다.

인간이 인간답기 위해서는, 성공의 역사는 물론 실패의 역사까지도 기억하는 것이 필요하다. 그것이야말로 진정한 문화가 성숙되는 길이다. 그 시간을 기다리지 않고 망각을 요구하는 것은 인간에게 동물이 되라는 거와 다를 바 없다. 기다림의 시간은 결국 문화가 되고 역사가 된다. 영웅의 역사는 기억되고 민중의 역사는 망각되어 버린다는 것은 너무 슬픈 일이다. 제국의 역사에는 언제나 영웅들만 남

아 있고 그 속에서 살아가던 헐벗고 고달팠던 민중들의 모습은 사라지고 없다. 폭력과 정복의 논리로 존재했던 제국의 역사는 그래서 언제나 우리에게 씁쓸하게 남는다. 저 콜로세움에서 억울하게 핍박받고 죽어간 사람들이 얼마나 많을까. 콜로세움의 역사는 인간이 모든 것을 너무 쉽게 버리고 망각해 버린다는 사실을 일깨워준다.

바티칸 시국과 시스티나 예배당

바티칸은 세계에서 가장 작은 영토를 가진 나라이다. 바티칸은 로마시 북서부 테베레 강 오른쪽 강가의 바위 위에 세워진 조그만 나라다. 바티칸의 넓이는 대략 44만 평방미터, 그 안에 천여 명의 인구가 살고 있다. 그러기에 세계에서 가장 작은 나라라는 말이 전해진다. 하지만 가톨릭 교회의 최고 성직자인 교황이 바로 이곳에 거주하며, 그러한 상징성은 바티칸을 세계에서 가장 큰 종교국가라고 부르게 한다.

바티칸에서는 웅대한 모습의 베드로성당을 비롯해서 역대 교황들의 주거지로 사용돼온 바티칸궁전이 있고, 궁전에는 스물네개의 크고 작은 미술관과 박물관이 있다. 그리고 교황을 선출할 때 이용하는 작은 예배당이 속해 있으며 그 외에도 천 사백여 개나 되는 무수한 방들이 있다. 교황권과 로마 황제권의 타협으로 만들어진 바티칸 시국은, 역사의 수레바퀴 속에서 많은 부침을 거듭했다. 그러다가 19세기 이탈리아가 근대 통일국가로 바뀌면서 교황청 직속의 교황령을 상실하게 되자, 1929년 라테란 협정을 통해 이탈리아로부터 교황청 주변지역에 대한 주권을 이양받아 안도라와 산마리노와 함께 세계 최소의 독립국이 되었다. 로마는 이탈리아의 수도지만, 바티칸 성벽과 산 피에트로 광장에 그어져 있는 하얀 줄은 로마와 바티칸의 경계 구역을 나타낸다. 그 하얀 줄을 경계로 바티칸과 이탈리아는 서로 다른 별개의 국가로서 존재하는 것이다.

바티칸 궁전의 가장 뒤에 있는 시스티나 예배당은 언제나 발 디

딜 틈이 없을 정도로 사람들로 붐빈다. 시스티나 예배당은 웅장한 규모를 자랑하는 바티칸 궁전에 부속된 교황의 전용 예배당이다. 교황 식스투스 4세가 15세기에 세웠고 르네상스 양식의 프러스코로 유명하며 추기경회의가 열리는 장소로 쓰이기도 한다.

이곳이 더욱 유명한 이유는 회화사상 최대의 걸작이라는 평가를 받고 있는 미켈란젤로의 〈최후의 심판〉이 있기 때문이다. 미켈란젤로가 천장 그림을 그리기 위해 무리한 자세를 취했기 때문에 무릎을 상하게 되고 등이 고양이처럼 굽었다는 이야기는 유명하다. 위대한 예술품의 탄생의 배경에는 언제나 개인의 희생이 놓여있다. 그래서인지 이 위대한 작품을 보고 있노라면 이를 완성시킨 예술혼의 위대함에 머리가 절로 숙여 진다.

나폴리를 보고 죽자

'나폴리를 보고 죽자' 라는 명언은 나폴리를 보지 않고는 인생도 예술도 사랑도 논하지 말라는 말이다. 로마에서 철도편으로 약 두시간 정도 달린 후 남이탈리아 제일 도시 나폴리에 도착했다.

나폴리는 그리스어로 '새 도시'라는 말이라 한다. B. C. 7세기경에 그리스인들이 처음 이곳에 왔을 때 붙인 이름이다. 나폴리는 작은 언덕에 둘러싸여 있는 고개의 도시로 남쪽에는 티레니아 해가, 동쪽에는 웅대한 베수비오 화산이 있다. 고대 로마의 황제를 비롯한 수많은 예술가들을 매료시켰던 땅 나폴리는 감청색의 바다, 구름 한 점 없는 푸른 하늘, 웅대한 베수비오 산의 풍경이 지금도 여행객들을 매료시키고 있다. 그러나 정작 나폴리 시내에 도착하면 먼저 실망부터 하게 된다. 호텔이나 값싼 여관으로 안내하겠다는 뚱뚱한 시뇨라아주머니의 투박한 제스처, 경박한 미소를 지으며 친절을 베풀려고 다가오는 택시기사, 내리쬐는 태양의 주택가에 어지럽게 널려 펄럭이는 옷가지들, 나태한 표정을 짓고 입에 담배를 문 채 관광객을 노려보는 거리의 부랑아들, 오래된 자동차에서 내뿜는 매연이 넘쳐나는 곳이 나폴리다.

나폴리에 도착하면 이것이 세계 삼대미항의 하나인가 하는 실망부터 먼저 하게 된다. 때로는 극히 다혈질이고, 또 때로는 경박해 보이고 지나칠 정도로 친절하고 유머가 넘치는 나폴리 사람들의 기질은 고대 그리스에서 이탈리아 통일까지의 오랜 세월 동안의 외세 지배를 받아온 나폴리의 역사와 무관치 아닌 것으로 보인다. 연이어

계속되는 지배자들 속에서 살아남으려는 지혜 속에서 나폴리인의 처세술이 생겼다고 한다. 아무튼 역구내와 식당에서 잠시 만난 나폴리 사람들을 통해서도 로마에서와는 또 다른 나폴리 사람들의 기질을 느끼게 한다.

잘 알려져 있는 〈오 솔레 미오〉는 밝은 햇살이 쏟아지는 나폴리 풍경을 노래하면서 동시에 사랑하는 여인을 찬미하는 나폴리의 민요이다. 이곡에서 연상할 수 있듯이, 나폴리는 '신의 선물' 이라고 할 만한 아름다운 풍경과 화창한 날씨, 풍부한 문화유산으로 유명한 곳이다. 그럼에도 불구하고 지난 수십 년 동안, 혼란·부패·마약·절도·실업 등의 부정적인 이미지를 연상시키는 도시로 전락하고 말았다. 그래서 나폴리는 관광객들이 기피하는 위험한 곳으로 낙인찍혀, '죽고 싶거든 나폴리를 보라.'는 역설적인 말이 나올 정도가 됐다. 〈오 솔레 미오〉와 〈산타루치아〉를 부르던 나폴리사람들의 멋과 여유는 이제 옛이야기가 되고 만 것이다.

폼페이 최후의 날

고대 폼페이는 서기 79년 베수비오 화산 폭발로 일순간에 죽음의 재로 덮혀 지구상에서 사라진 후 18세기 중엽에 발굴 작업과 함께 다시 모습을 드러내었다. 지금도 발굴 작업은 계속되고 있으며 아직까지도 과거 폼페이의 1/3이 화산재 속에 묻혀 있다고 한다. 지진은 로마의 티투스 황제가 집권한지 한 달이 지난 어느 날 아침에 시작되었다. 지진은 베수비오 산 정상에서부터 시작되어 나폴리 만으로 확대되어 내려오면서 푸른 산과 들에 검은 연기를 뿜기 시작했다. 처음에는 드문드문하던 진동들이 시간이 가면 갈수록 잦아졌으며 나중에는 계속된 진동으로 산꼭대기에서는 불꽃을 튀기면서 뿜어나왔다.

고고학자 피오넬리 교수가 발견한 문서에는 폼페이 최후의 날이 이렇게 기록되어 있다. "베수비오 화산에 전대미문의 대분화가 일어났다. 거대한 불기둥과 연기가 하늘로 치솟아 산의 상반 부분은 날아가고 부글부글 끓어오르는 용암이 화구에서 흘러내려서 산록의 폼페이와 에르콜나노는 순식간에 멸망했다. 살아남은 주민은 거의 없었다." 화산은 인구 삼만 여명이나 살고 있던 한 도시를 송두리째 파묻어 생매장시키면서 폼페이를 '저주와 심판의 도시'로 만들어 버렸다.

피오넬리 교수는 이탈리아 정부의 원조를 얻어 폼페이 발굴을 본격적으로 하기 시작했다. 거대한 대경기장의 일부, 로마의 귀족과 부자들이 휴가를 즐기던 별장의 유적을 비롯하여 사원·저택의 문·목욕탕·극장·장터 그리고 공회당 등등의 건물 유적들은 거의 옛날

모습 그대로 남아 있었다. 길에는 물을 운반했던 연통과 돌로 포장된 길에 마차가 다닌 수레바퀴 자국과 도로표지 등이 당시의 모습 그대로 남아 있어 생동감을 더해준다.

화산을 뒤집어쓰고 석고상이 된 사람들의 표정은 하나같이 괴롭고 고통에 빠져 있는 모습이다. 그것은 돌덩이처럼 굳은 사람의 모습이었는데 폼페이가 용암에 뒤 덥힐 때 그들이 느낀 공포와 놀라움 등을 고스란히 그 표정에 간직한 채 누워 있었다. 그 엄청난 화산폭발로 인한 용암이 그를 뒤덮었을 때 너무 순간적인 나머지 몸이 타거나 녹지 않고 오히려 용암을 뒤집어 쓴 채 굳어 화석이 되어버린 것이다. 저 괴로움과 고통은 바로 쾌락의 끝에서 나온 것이다. 폼페이의 유적들에는 귀족들의 퇴폐적이고 환락적인 삶의 모습이 곳곳에 남아 있다.

폼페이는 고대인들이 놀라운 기능과 설비로서 건설한 아름다운 도시였지만, 화산의 폭발이라는 자연의 대 재앙 앞에서는 무기력하게 붕괴되고 말았다. 폼페이 최후를 심판과 저주라는 용어로 수식하는 것은 당시 인간들의 모습을 그대로 반영하고 있는 것인지도 모른다. 귀족들의 음란과 쾌락적 성문란이 이 도시 문화를 주도하고 있었기 때문이다. 그야말로 폼페이는 하나님의 진노에 의하여 소돔과 고모라와 같은 비극적 운명을 맞이한 것이라 해도 지나친 말이 아니다.

'물의 도시' 베네치아

'물의 도시' 혹은 '일생에 한 번이라도 반드시 가보고 싶은 도시'라는 아름다운 찬사를 받고 있는 베네치아의 기원은 로마 제국이 무너지고 비잔틴 제국이 이곳 해역을 지배할 무렵이다. 그들은 바다 밑 이 미터 정도에서 진흙층을 발견하고, 그 위에 송판과 기둥, 자갈과 화산재 가루를 채워 도시를 만들었다. 177개의 운하와 110개의 섬을 400여 개의 다리로 지탱하고 있는 '물의 도시'가 탄생한 것이다. 그것이 수세기 동안 지탱해 왔는데, 지금은 해마다 조금씩 물에 잠겨가고 있어 언젠가는 베네치아가 완전히 물에 잠길 것이라고 한다.

베네치아는 대운하를 따라서 산타루치아 역과 산마르코 광장 사이의 시내를 두 군데로 나누며 역 S자로 이루어진 도시이다. 흔히 대운하를 따라 바포레토를 타고 베네치아를 관광하지만, 미로 같은 베네치아 뒷골목을 걸어서 산마르코 광장에 이르면 과거의 베네치아의 영광을 훨씬 잘 호흡할 수 있다. 뒷골목 속엔 그 옛날 부강했던 베네치아 공국의 영화가 살아 있고, 또 지금 살고 있는 이곳 사람들의 삶이 배어있다.

여행이 우리에게 주는 교훈은 인간을 진정으로 인간답게 해주는 힘이다. 인간은 달리고 다툼으로써 강해지지만, 멈추고 나눔으로써 완성된다. 서로 싸우고 더 많이 차지하려 하지 말고, 때로는 싸움을 멈추고, 무엇인가를 함께 나눌 수 있는지를 고민하는 것, 그럼으로써 더욱 위대하게 되고 완성된다. 베네치아 공국의 영광은 한때의 영광을 뒤로 하고 모든 것을 내려놓은 강자의 모습을 곳곳에 간직하고 있다.

완벽하게 잘 보존되었다고 말할 수 있는 것은 아니지만, 수상 도시의 여건상 변화가 적었던 탓에 중세 당시의 원형대로 살아있어 아득한 세월을 거슬러 올라가 과거와 현재의 베네치아를 함께 호흡할 수 있게 한다. 골목골목에서 만나는 작은 광장과 주변건물에서는 엣 베네치아 사람들과 함께 어울려 다니는 상상을 자아내게 한다. 그러나 그들의 옛 영화와 모습이 자꾸 사라져 가는 듯해서 아쉽다.

산 마르코 광장의 축제

베네치아 관광은 산 마르코 광장이 중심이다. 그 광장을 찾아가는 미로 같은 골목길을 헤메고 다니는 것은 진정한 이곳 관광의 재미일 것이다. 곳곳에 산 마르코 광장의 위치를 가르쳐 주는 표지판이 있지만, 중세적 분위기의 미로 같은 골목에서 자칫 길을 잃을 수도 있다. 길을 잃는다고 해도 금방 길을 찾을 수 있는 또 다른 표지판이 보일 것이기 때문에 걱정할 필요도 없다. 골목 곳곳에서 특이한 가면이나 옷과 물품들을 판매하는 상점들을 보게 된다.

베네치아의 가장 유명한 쇼핑품목은 유리제품과 가면이다. 유럽의 많은 궁성에서 베네치아 유리 공예품들이 얼마나 사치스러운 장식품으로 대접받아 왔는지 실감할 수 있다. 베네치아의 축제는 세계적으로 유명해서 일부러 축제의 시기에 이곳을 찾는 사람들도 많다. 베네치아를 대표하는 축제에는 두 가지가 있다. 하나는 '카르네발레'로 매년 초봄 산마르코 광장은 가면을 쓰고 기발한 복장을 한 사람들이 몰려든다. 음악에 맞추어 미친 듯 춤을 추는 사람들 속에 있으면 이탈리아인의 정열을 절로 느낄 수 있다.

다른 하나의 축제는 관광객으로 붐볐던 여름의 끝을 마무리 지으면서 9월의 첫째 일요일에 벌어지는 곤돌라와 배의 축제 '레가타 스토리카'이다. 대운하에서 펼쳐지는 이 화려한 축제는 그 옛날 '아드리아 해의 여왕'으로 이름을 떨쳤던 베네치아의 영광을 재현하는 것이다. 화려한 의상을 차려입은 선남선녀들이 중세를 흉내 낸 배의 퍼레이드를 벌이면서 막이 오른다. 거리에는 음악이 울려퍼지고 운

하의 주위에는 사람들로 넘친다.

곤돌라와 보트가 생활수단인 이곳 사람들의 운하와 곤돌라와 배에 대한 감사와 외경심은 대단하다. 낮에는 다소 지저분해 보이는 운하의 물결 위를 밤에는 곤돌라를 타고 헤쳐 나가면서, 물결에 반사되어 비치는 고색창연한 건물을 바라보면 베네치아의 여정을 새롭게 맛볼 수 있게 된다. 세계에서 가장 독특한 도시 베네치아에서는 뭔가 새로운 삶과 사랑이 일어날 것 같은 예감을 일으킨다.

베로나의 황홀한 밤

베네치아를 출발한 열차는 한 시간 반 정도 걸려서 점심나절에 베로나의 포르타 누오바 역에 도착했다. 숙소 예약도 없이 오로지 오페라 축제를 보고 싶다는 마음으로 베네치아에서 불문곡직하고 베로나로 달려왔으나 숙소와 오페라 입장권 등을 어떻게 구할지 걱정이 되었다. 베로나 역에 도착하자 말자 택시를 집어타고 먼저 오페라 축제가 열리는 브라광장의 아레나로 갔다. 아레나는 브라 광장 앞에 서 있는데 로마 시대의 원형경기장으로 베로나의 얼굴과 같은 곳이다.

광장 한쪽에 있는 시청은 18세기의 신고전주의 양식으로 당당한 모습을 보이고 있다. 예상대로 오페라 〈아이다〉의 관람권 구입을 구하는 것이 쉽지 않았다. 이 오페라 축제는 2년마다 한번 씩 열리기 때문에 벌써 일 년 여 전 부터 사람들이 이 축제를 위해서 숙소는 물론 관람권을 예매하는 등 축제가 열리는 이개월 동안은 베로나가 완전히 축제의 도시가 된다. 이 기간동안 유럽의 왠 만큼 음악에 관심 있는 사람들은 이곳에 모여 오페라를 관람하고 이탈리아의 여러 유적지를 관람한다. 궁하면 통한다고 간신히 극장의 맨 위쪽 삼등석의 암표 좌석을 하나 구할 수 있었다. 오페라는 밤 아홉시에 시작한다고 했으나 아레나의 광장 입구에는 수많은 사람들이 운집해서 와인을 마시면서 흥겹게 오페라 이야기를 나누며 입장을 기다리고 있었다. 아직 시간이 많이 남아 있어서 숙소를 알아볼 겸 누오보 다리, 에르베 광장, 시뇨리 광장, 로미오와 줄리엣의 집을 둘러보았다.

베로나를 유명하게 만들어 준 것은 무엇보다 로미오와 줄리엣의 비극적인 사랑 이야기가 있기 때문이다. 셰익스피어의 명작 『로미오와 줄리엣』이 사실이 아니기 때문에 베로나의 줄리엣과 로미오의 집도 사실이 아니라고 말할지 모르지만, 아무튼 문학작품 속의 배경으로 직접 들어가 보는 것은 색다른 경험임에 틀림이 없다. 세익스피어의 『로미오와 줄리엣』은 이렇게 시작한다.

> 아름다운 도시 베로나를 무대로 하여 똑같이 가문을 자랑하는 두 집안이 해묵은 원한을 불씨로 서로 싸우나니, 시민의 피 묻은 손이 시민의 손을 더럽힌다. 두 원수 집안의 숙명적인 허리에서 불운한 두 연인들이 한 쌍 태어나니 이들의 불행한 사랑은 애틋한 죽음으로 두 집안의 갈등을 메우고 있다.
> – 세익스피어의 『로미오와 줄리엣』에서

캐풀릿가의 무도회에 간 몬터규가의 아들 로미오는 뜻밖에 캐풀렛가의 딸 줄리엣을 사랑하게 된다. 그러나 두 사람의 사랑은 중세 정치의 소용돌이 속에서 벌어진 가문의 대립과 반목으로 인해 비련으로 끝나고 만다. 이 작품은 셰익스피어 극 중에서도 가장 강렬한 운명적 연애비극으로서, 청년작가 셰익스피어의 명성을 일시에 떨치게 한 대표작이다. 이후 『로미오와 줄리엣』을 주제로 한 영화와 음악은 수없이 제작되었다.

아레나에서 본 〈아이다〉

저녁 아홉시가 가까워 숙소는 결국 구하지도 못하고 원형극장 아레나로 급히 돌아왔다. 아레나 앞의 광장은 참으로 여유롭다. 옛 로마 시대의 성벽이 구시가를 감싸고 있고, 그 성벽의 문을 통과하면 아레나와 앞의 작은 광장이 한눈에 들어온다. 이곳에 베로나의 상징인 원형극장이 자리잡고 있다. 베로나의 원형극장은 로마의 콜로세움에 이어 두 번째로 큰 야외극장이다. 로마의 것보다 더 오래된 이 극장은 1세기의 건축물로서는 거의 완전한 형태로 남아 있어 귀중한 역사적 자료이다.

유명한 〈아이다〉 공연이 시작되자, 관중들은 때로는 쥐 죽은 듯이 조용히 숨죽여 있다가도 갑자기 웅장한 오케스트라의 연주와 함께 어울려 지고, 거대한 파도가 밀려왔다가 밀려가는듯 했다. 와인을 병째로 마시며 약간은 술에 취한 채 〈개선행진곡〉을 따라 부르던 이탈리아의 노인 한분은 연신 '비바! 비바!'하고 외쳐댔다. 정말 이날 밤의 오페라 관람만으로도 이번 이탈리아의 여행은 충분한 값을 다 했다는 생각이 들었다. 그러나 이 황홀한 밤의 축제는 공연이 끝남과 동시에 그 여운이 채 가시기도 전에 고통으로 바뀌었다.

공연은 새벽 한시가 지나서 끝이 났다. 공연이 끝나자 사람들은 일제히 원형극장에서 밀려 나와 어둠 속으로 흩어지거나 삼삼오오 모여 레스토랑으로 선술집으로 몰려갔다. 그러나 나는 갈 곳이 없었다. 그나마 실오라기 같은 희망을 걸고 근처의 몇몇 호텔이나 여관으로 가보았으나 별 이상한 친구 다보겠다는 표정이다. 벌써 오육개월

전에 이곳의 모든 숙소는 예약이 다 끝났다는 것이다. 어쩔 수 없었다. 근처 술집에서 맥주를 몇 병마시고 역으로 갔다.

역에 도착하니 벌써 역 광장에는 자리를 깔고 누운 사람들로 가득했다. 집시들이 많았지만 대부분 숙소를 못 구해 이곳에 누어있는 여행자들이었다. 어디 적당한 자리를 물색했으나 그나마 좋은자리(?)는 전부 다 차지하고 있었다. 어쩔 수 없이 화장실 근처의 좁은 곳에 자리를 차지해 쭈그리고 앉아 밤을 새기로 했다. 이 무슨 신세인가. 그러나 이 고통을 대가로 〈아이다〉를 본 것이 결코 후회되지 않았다. 피렌체로 가는 열차는 아침 8시가 되어야 온다고 했다. 여름이었지만 새벽 한기가 만만찮았다. 아! 황홀한 밤이여….

르네상스의 발상지 피렌체

르네상스는 학문 또는 예술의 재생과 부활이라는 의미를 가지고 있다. 고대의 그리스 · 로마 문화를 이상으로 하여 이들을 부흥시킴으로써 새 문화를 창출해내려는 운동으로, 그 범위는 사상·문학·미술·건축 등 다방면에 걸친 것이었다. 5세기 로마 제국의 몰락과 함께 암흑의 중세가 시작되었다고 한다면, 르네상스는 그때부터 고대의 부흥을 통하여 이 암흑의 시대를 극복하려는 것을 특징으로 한다. 이 운동은 14세기 후반부터 15세기 전반에 걸쳐 이탈리아에서 시작되었다는 것이 통설인데, 프랑스·독일·영국 등 유럽 지역에 전파되어 각각 특색 있는 문화를 형성하여 근대 유럽문화 태동의 기반이 되었다.

르네상스 이념의 주요 특징으로 꼽을 수 있는 것은 무엇보다도 권위에 대한 도전을 들 수 있다. 르네상스시기에 나타나기 시작한 인간 해방의 정신은 특히 그동안 서구사회를 지배해온 종교의 영역에 대한 의문을 제기하기 시작하면서부터 였다. 종교와 도덕의 기초에 대한 본질적인 의문제기는 물론 인간 삶의 법칙에 대한 근원적인 문제 제기로 발전해 나간 것이다.

피렌체를 영광스럽게 만들어 주는 아름다운 두오모는 강렬한 여름 태양 아래에서 더욱 찬연하게 빛나고 있다. 아르노 강의 석양은 황금색으로 빛나고 고색찬연한 거리와 르네상스의 유물은 인류를 새로운 길로 이끈 르네상스라는 위대한 꿈과 영광으로 남아 있게 한다. 피렌체에서 가장 오래된 다리라고 하는 아르노 강에 걸린 베키오 다리는 오늘도 무심한 세월을 건너게 하고 있다.

르네상스의 의의와 근대적 인간 삶의 태동을 명상하면서 수없이 거닐었던 피렌체의 뒷골목에서 영화 〈냉정과 열정 사이〉가 생각났다. 〈냉정과 열정 사이〉는 피렌체의 뒷골목의 도시적 배경을 중심으로 하여 이루어지는 남녀 간의 사랑을 보여 주는 영화이다. 뜨거운 첫사랑을 잃어버린 청춘 남녀가 서로의 상처를 치유하고 다시 새로운 사랑의 온도를 회복하는 매우 흥미로운 일본판 로망스 영화이다. 이 영화의 특이함은 원작 소설이 취한 이분법적 이야기 방식을 비판적으로 극복하면서 남녀 두 주인공이 만들어 가는 로맨틱한 사랑의 변증법이 피렌체와 밀라노의 도시적 특성을 중심으로 재탄생하였다는 점에 있다.

메디치가家 사람들

르네상스의 발상지답게 피렌체에는 아직도 그 옛날 르네상스 시대의 영광에 빛나는 예술과 건축이 그대로 남아 있다. 피렌체의 거리 곳곳에서는 그동안 수많은 예술가들이 나타나 위대한 예술품을 남기고 사라졌다. 오늘날의 피렌체를 가능하게 한 것은 바로 이 위대한 인물들 덕분이라 할 수 있다. 그런데 이 위대한 예술가들을 후원하고 도와주면서 피렌체에서의 르네상스를 가능케 한 더욱 위대한 인물이 메디치 가문 사람들이다. 거리를 걷다보면 백합꽃과 환약을 본뜬 메디치가의 문장紋章이 자주 눈에 들어온다. 원래 약장사 출신이었다는 메디치가문에 의해 이 도시는 엄청난 예술적 발전을 이루었다고 해도 과언이 아니다.

1430년대부터 메디치가는 막강한 경제력과 정치력을 바탕으로 피렌체를 장악할 수 있었다. 피렌체 시민의 자유에 대한 정열을 교묘하게 이용해 가면서 메디치가의 부와 대중들의 인기를 이용하여 피렌체를 지배한 것이다. 그런데 이들은 예술과 학문의 발전에도 돈을 아끼지 않아 외국에서 유명한 석학들을 초빙하는가 하면 예술가들에게도 전폭적인 지원을 아끼지 않았다. 13세의 미켈란젤로에게서 그의 천재성을 발견하고 그에게 조각공부를 시킨 것도, 라파엘로를 지원해 그 예술을 개화시킨 것도 메디치가 사람들이었으며, 피렌체를 대표하는 꽃의 성보 교회 두오모에 쿠포라를 완성시킨 사람도 메디치가의 사람들이었다. 레오나르도 다 빈치·미켈란젤로·라파엘로 같은 대 천재가 모두 메디치가의 보호 아래에서 피렌체에서 활약했다.

르네상스는 하나의 종합적인 인간부활의 운동이라고 할 수 있다. 중세 이후로 지속되어온 유럽과 아시아에 새롭고 풍요로운 인간 삶을 나타나게 했다. 지난 천년동안의 죽음과 부패 이후에 인간정신의 부활과 재탄생을 가져 온 것이다. 르네상스는 중세세계가 근대문명의 구조를 형성하는 데 전혀 공헌하지 못해온 인간 지성과 이성의 새로운 탄생을 가능케 한 운동인 것이다.

이탈리아를 방문했던 괴테는 "마음의 눈으로 르네상스를 보라."고 권한다. 계속해서 그는 "허심탄회하게, 편견없이 르네상스 천재들의 작품을 대하고, 그들의 목소리에 귀를 기울이고, 그렇게 얻은 생각을 자신의 말로 표현하라. 그러면 르네상스 정신을 이해할 수 있다."고 충고한다.

토스카나의 고도 순례와 피사의 사탑

피렌체에 머무는 동안 나는 가능하면 피렌체에서 시간은 보내되 숙소는 교외에서 구했다. 교통 좋은 피렌체에서 한 두시간만 교외로 나가면 훨씬 더 값싸고 운치 있는 고성古城가까이서 숙소를 잡을 수 있었다. 루카·아레초·코르토나, 볼테라 등 토스카나 지역의 고색창연하면서도 아름다운 마을이 즐비하다. 조금 더 멀리 나가면 지중해 리비에라 연안의 소도시인 비아레조도 만날 수 있다.

작은 시골의 마을들은 어디에서나 고대 이탈리아의 역사를 가지고 있다. 토스카나의 수백곳에 이르는 모든 도시와 마을을 찾아본다는 것은 불가능하더라도 이탈리아 시골의 진짜 사람 사는 모습을 만나려면 관광객이 드문 이런 한적한 곳을 찾아 그들과 이야기도 나누어 보고 집에서 함께 자보는 것은 정말 유익하다. 특히 내가 머문 루카는 정말 아름답고 고요한 이탈리아의 시골 마을이었다. 이곳은 바로 유명한 음악가 푸치니의 고향이기도 하다. 고대의 분위기가 가득한 루카는 넓은 성벽으로 둘러싸인 중세의 도시다. 약 4km 가까운 이 성벽을 따라 걸으면 구석구석에 서린 고대의 풍부한 정취와 아름다운 자연을 느끼며 시내로 들어갈 수 있다.

거리에서 만나는 사람들이 비록 행색은 남루했지만 표정과 눈빛은 시골사람들답게 더할 나위 없이 순박했다. 이탈리아 여행에서 흥미로운 것은 어디를 가나 그 곳 나름대로의 개성과 특징을 지나며 살아가고 있다는 사실이다. 대도시는 대도시대로 작은 마을은 그대로의 삶의 특성을 지니고 있다. 이탈리아는 하나의 민족이라기보다

는 이탈리아 여러 지방 사람들의 집합체로 보는 것이 정확하다. 그래서인지 그들은 자신을 소개할 때 로마 사람, 밀라노 사람, 시칠리아 사람, 피렌체 사람이라고 소개하지 이탈리아인으로 소개하지 않는다. 루카라는 작은 시골사람들도 나름대로의 자존심과 개성을 간직하면서 살아가고 있었다.

루카에 비해 비아레조는 리비에라의 해안도시 답게 많은 관광객들이 다니고 있었고, 역에서 내려 역구내를 빠져 나오자마자 숙소를 안내하겠다는 사람이 다가올 정도였다. 아마도 지중해에서 휴가를 보내는 이탈리아 현지인들과 관광객들이 휴가철이면 많이 이용하는 작은 도시인 듯 했다.

피사는 옛날부터 지중해의 항구도시로 번영을 누렸으며 에트루리아 시대부터 그 이름이 등장한다. 피사는 피렌체 서쪽 80킬로미터 지점에 위치해 있으며, 세계 칠대 불가사의 중의 하나인 '피사의 사탑'으로 널리 알려진 곳이지만, 갈릴레오 갈릴레이가 태어난 곳으로 더욱 유명하다.

녹색 잔디 위에는 피곤에 지친 여행자들이 앉아 사탑을 바라보며 시계의 세시 방향쯤으로 기울어진 세계적인 유산인 사탑이 무너지지 않기를 바라고 있다. 흔히들 이탈리아 사람들은 피사에 와서 하는 말이 있다고 한다. "피사의 사탑만 보고 나와라!" 그랬다. 피사에서는 사탑 이외에 다른 볼 것은 크게 없었다. 피곤한 몸을 이끌고 로마로 가는 열차에 몸을 실었다.

이탈리아를 나오며

한 달이 넘는 긴 여행을 마치고 서울로 향하는 비행기에 몸을 실었을 때 코에서 단김이 날 정도로 엄청난 피로가 비로소 밀려 왔다. 율리우스 카이사르가 폼페이우스 군을 무찌르고 원로원에서 보고할 때, 그는 "왔노라Vieni, 보았노라Vedi, 이겼노라Vinci"는 유명한 이야기를 했다. 이탈리아는 정말 그곳에 가서 직접 보고 만져야 조각 하나하나 그림 하나하나의 진정한 의미를 알 수 있다. 어디서나 마찬가지이지만 특히 이탈리아 여행은 그냥 보는 것이 아니고 많은 것을 생각하고 느껴야 하는 것이라는 생각이 들었다.

고대·중세·비잔틴·르네상스 등 근대에 이르기까지 이탈리아는 항상 역사의 주인공으로 존재해 왔다. '로마는 하루아침에 이루어지지 않았다.'고 했지만, 지중해를 호수로 삼으며 인류 역사에 커다란 장을 장식한 이탈리아의 역사가 아직도 세계인의 관심을 끄는 이유도 바로 여기에 있는 것이 아닐까? 역사를 흔히 수레바퀴에 비유하곤 한다. 돌고 도는 역사, 하지만 끊임없이 앞으로 나아가는 역사, 그리고 언제나 그 지나온 길에 자신의 자취를 남기는 것이 역사이기 때문에 수레바퀴에 비유되는 것이다. 지금 이 시대에 우리가 이탈리아에서 보아야 할 것은 역사라는 수레바퀴가 남긴 자취이다.

트레비 분수에 동전을 던지면 다시 로마를 찾아올 수 있다고 하는 속설 때문인지, 분수 주위에는 수많은 여행자가 둘러서서 동전을 던지고 있다. 로마를 반드시 다시 오고 싶다는 여행자들의 소망은 그들이 그만큼 로마에 매료되었다는 뜻일 것이다. 로마Roma를 거꾸로

하면 아모르amor가 된다. 아모르는 라틴어로 '사랑'을 뜻한다. 사랑스러운 도시 로마는 한 번 방문한 사람을 다시 잡아끄는 묘한 매력을 지니고 있기 때문에 한 번 다녀간 사람들에게 다시 이곳을 찾게 하는 향수를 낳는다.

이집트 문명을 찾아서

이집트 문명의 발상, 카이로

인류의 4대문명은 이집트 문명, 메소포타미아 문명, 인더스 문명, 황하 문명이 있고, 그 밖에도 마야 문명, 잉카 문명이 있다. 이 중에서 이집트 문명과 잉카 문명은 미이라를 만들고 피라미드를 건축했다는 점에서 더 큰 흥미를 끈다.

위대한 문명이 발전한 근처에는 반드시 거대한 강이 존재하듯이, 이집트 문명은 나일 강과 분리해서 생각할 수 없다. 나일 강 하류의 비옥한 토지에서 농경산업을 바탕으로 이집트 문명은 발전하기 시작했다. 해마다 겪는 나일 강의 범람은 상류의 비옥한 퇴적물을 운반하여 나일 강변은 풍요로운 땅이었다. 이런 홍수는 규칙적으로 일어났기 때문에 그에 대비해서 농사의 시기를 조절할 수가 있었고 나일 강의 범람으로 인해 태양력·기하학·건축술·천문학이 발달하였다.

이집트의 수도인 카이로는 로제타강과 다미에타강의 두 지류로 갈라지는 지점의 남쪽에 위치하며, 시가지의 대부분은 두 강을 중심으로 조성되어 있다. 1,000년 이상의 역사를 간직한 이 대도시는 옛것과 새것, 동양과 서양의 조화를 느끼게 한다. 카이로는 동양, 서양, 아프리카 3개 문화의 교차 지점이기도 하다. '카히라'라고도 불리는데, 아라비아어로 '승리자'란 뜻을 가지고 있는 오랜 역사를 지닌 도시이다.

카이로의 도심 중앙을 뚫고 지나가는 나일 강은 이집트의 젖줄이면서 세계에서 가장 긴 강이다. 카이로는 나일 강 삼각주 남단에 위치해있는데, 북쪽의 지중해 기후와 남쪽의 사막 기후 중간에 해당

되는 반 건조 기후로 강수량이 적은 도시이다. 카이로는 바로 물을 찾아 내려온 사람들이 살기 적당한 도시라 할만하다. 그야말로 이집트문명은 나일 강이 만든 선물이라는 역사학자들의 말은 결코 지나치지 않다.

이집트의 역사는 고왕국 시대(B.C 3150~2060), 중왕국 시대(B.C 2060~1670), 신왕국 시대(B.C 1570~525)로 나뉘어 진다. 고왕국시대에는 최초의 파라오가 상 하 이집트를 통일하여 멤피스에 수도를 두고 계단식 피라미드가 만들어지기 시작했고, 중왕국 시대 때 수도는 테베였으며 이 시대에 이집트의 문화가 꽃을 피워 발달한다. 신왕국 시대의 수도는 아마르나였고, 페르시아의 의해 멸망하였다.

유장한 이집트의 역사를 통해서 알 수 있듯이, 이집트 문명에 비하면 인류문명을 이룬 다른 문명은 정말 작은 단편에 불과하다고 할 수 있다. 이집트 곳곳을 다니다 보면 그 옛날에 어떻게 저런 웅대한 건축물을 만들 수 있었던가 하는 감탄이 절로 나온다. 파라오왕는 권위에 걸맞은 높고 거대한 피라미드를 지었으며, 죽어서도 저승의 신이 되어 이집트 백성을 보살펴 준다고 믿었다. 사람 머리에 사자의 몸을 가져와 태양신의 상징으로 생각하면서 스핑크스라는 석상을 만들어 피라미드 근처에 세워 두기도 했다. 이 같은 모습들은 모두 웅대하고 기나긴 이집트의 역사를 잘 말해주는 것이다. 기원전 4000년부터 현재까지 이어지는 이집트의 역사는 기실 인류의 역사라고 해도 과언이 아니다.

기자의 피라미드

이집트라 하면 가장 먼저 웅장한 피라미드를 떠올리게 된다. 카이로에서 서쪽으로 13km 떨어진 '기자'라는 곳에 세계칠대 불가사의로 꼽히는 삼대 피라미드가 웅장한 자태를 뽐내고 있다. 이집트의 수도 카이로와 알렉산드리아에 이어 세 번째로 큰 도시이고, 피라미드와 스핑크스로 인해 항상 많은 관광객들이 몰리는 유명한 관광지이다. 사막과의 경계에 있는 반 사막 지역으로 여름에는 굉장한 무더위와 싸워야 한다. 피라미드는 서로 가까운 곳에 있는 것 같이 보이지만 그 사이의 거리는 최소 세시간 이상이 소요되는 거리이다.

고대 이집트의 왕들은 무덤을 영생의 거처로 생각하여 피라미드와 같은 대형 무덤의 건축이 발달하였다. 이집트의 왕인 파라오는 살아있는 신으로서 전지전능한 힘을 갖는 절대적인 존재였다. 파라오는 단순한 왕이라기보다는 태양신의 아들로서 인간 세상과 신의 세상을 연결해, 몸은 죽어도 그의 영혼은 신적인 것으로 항상 새롭게 재탄생할 수 있다고 믿었다. 그는 지상에서의 생명이 다하면 하늘나라로 가서 '영원한 생명'을 얻게 된다. 피라미드는 파라오가 하늘로 올라가기 위해 준비된 계단이라는 의미를 띠고 있었다. 말하자면 오직 한 사람의 인간이 사후의 '낙원'에 도달하기 위해 무수한 사람들의 지혜와 땀이 쌓인 것이다.

그러나 이집트는 피라미드 밖에 있었다. 피라미드는 사람들의 손쉬운 도굴의 대상이었다. 그리하여 나중에는 왕들의 계곡이라고 불리는 험한 돌산으로 된 깊은 계곡의 침범할 수 없는 장소에 무덤을

만들었다. 그러나 이 장소도 도굴꾼의 손을 피하지는 못하여 모두 도굴되고 훼손당하였다. 이집트의 모든 파라오들 중에서 단지 투탕카멘 왕의 무덤만이 삼천년 동안 보존되었다가 1922년 발굴되었다. 모든 인간은 결코 죽지 않고 불멸하고자 하는 마음을 지니고 있으며, 절대 권력을 누리고 있던 왕들은 더욱 그러한 마음을 지니고 있었다. 진시황도 그랬고 이집트의 파라오들도 그랬다. 특히 이집트인들은 영혼 불멸의 정신을 지니고 있다 보니 자신들이 죽어서도 영생할 수 있다는 마음으로 시신을 미라로 만들었다.

영혼불멸의 이집트인

이집트인들은 죽은 뒤 다른 세상에서 영원히 다시 산다고 믿었다. 그래서 죽음을 정복하여 오시리스 왕이 다스리는 영생의 왕국으로 들어가고자 했다. 사람이 죽으면 오시리스 신의 심판을 받아 내세로 들어 갈 수 있는지의 여부가 결정된다고 믿었던 것이다. 이집트인들은 사람이 죽으면 영혼이 몸에서 분리되어 이 세상으로 돌아와 자신의 몸에 다시 찾아온다고 생각했다. 그래서 죽은 후에도 영혼이 다시 돌아올 수 있도록 몸을 썩지 않게 보존하고자 시체를 미라로 만들었다. 몸은 천연 방부 소금으로 썩지 않도록 처리한 후 붕대를 감아 보존하였으며, 영혼이 되돌아왔을 때 자기 몸을 못 알아볼까 봐 얼굴의 모습을 담은 마스크를 미라 머리에 씌워 놓았다. 왕이나 귀족은 물론 이집트의 평민들도 죽으면 우선 저 세상으로 가는 여행을 하는 배에 시체를 태워 무덤 곁으로 옮긴 후 미라 만드는 작업을 시작했다. 그것은 내세로 가기 위한 한 절차였다.

그들은 자신의 육신을 미라로 만들었고, 오시리스가 통치하는 저 세상에서 또 다른 재회를 준비하고 있었다. 한 번의 죽음이 영원한 종말은 아니라고 생각했던 것이다. 오시리스가 통치하는 저 세상은 살아 있는 파라오가 통치하는 이 세상과의 사이에 건널 수 없는 심연이 아니었다. 정말 저 세상은 기쁨과 풍요가 넘치는 또 다른 낙원이 존재하고 있는 곳인가.

카이로의 국립박물관에 전시된 미라를 바라보니 아직도 살아 있는 듯이 선명한 모습을 하고 있었다. 나이를 짐작할 수는 없었지

만, 살아 있는 미라라고 할 만큼 얼굴은 생명력을 지니고 있었다. 맑은 눈빛은 산사람을 보는듯 하다. 죽어서 미라가 된 그들의 모습은 평화롭고 행복하게 보였고, 살아서 그들을 바라보는 나의 모습은 불행하게 보였다. 내가 미라가 되어 내세의 세상을 바라볼 수 있다면 어떤 모습을 하고 있을까.

알렉산드리아의 도서관

BC 332년 알렉산드로스 대왕이 이 도시를 건설한 후 수도로 삼았으며, 고대에는 헬레니즘 학문과 과학의 중심지이기도 했다. 지중해 연안 나일 강 삼각주의 서쪽 끝에 위치한 이 도시는 지금의 수도인 카이로에서 북서쪽으로 183km 떨어져 있다. 알렉산드리아는 모든 것을 다 태워버리겠다는 듯이 태양이 타올랐다.

알렉산드리아의 도시 중심부에는 부르키움그리스, 라코티스이집트, 레기오 유다이오룸유다 왕국, 파로스 등의 고대 유적지가 자리잡고 있다. 파로스의 동쪽 끝에는 한때 '세계 칠대 불가사의' 중의 하나로 일컬어지는 거대한 등대파로스의 등대가 세워져 있었다. 현재는 고대도시의 유적은 거의 남아 있지 않지만 폼페이의 기둥과 카움앗슈카파의 히드리아누스 지하묘지는 아직 그 구조물이 그대로 남아 있다.

세상의 모든 책이 모여 있다는 전설적인 도서관인 알렉산드리아 도서관은 오늘날에는 그 흔적이 전혀 남아 있지 않아 오히려 더 많은 호기심과 경탄을 불러일으키는 곳이다. 수천 년 전에 붕괴된 세계적으로 가장 유명하고 중요한 고대유산으로 알려진 곳이 바로 이 알렉산드리아 도서관이다. 헬레니즘시대는 고대 과학의 연구 활동이 조직화되면서 사회의 지지를 받는 일종의 새로운 방식이 발전한 시대였다. 헬레니즘의 뚜렷한 특징은 바로 순수과학과 자연철학의 제도화이며, 이 특징이 집대성 된 곳이 알렉산드리아 박물관과 도서관이다. 덕분에 알렉산드리아 도서관에서는 역사상 가장 뛰어난 학자들이 쏟아져 나왔다. 특히 천재 수학자 아르키메데스와 유클리드,

지구 둘레를 잰 에라토스테네스, 최초로 지동설을 주장한 아리스타르코스, 인체를 해부한 헤로필로스 등 알렉산드리아 도서관에서 이루어진 자연 과학의 발전은 이후 2,000년 동안 필적할 만한 예를 찾을 수가 없을 정도이다.

알렉산드리아라는 오래된 도시를 걸으면서 나는 이 도시에 살던 사람들의 영혼이 보고 싶었다. 도시의 시간은 인간의 시간이므로 그들이 없었다면 이 도시는 없었을 것이다. 그들의 영혼이 그들이 남긴 글들과 겹쳐질 때 오래된 도시가 낯설지만은 않았다. 대부분의 글들은 이미 이 세계에 존재하지 않는 사람들이 쓴 것이었다. 그들이 도서관에서 남긴 문자를 바라보면서 나는 그들의 영혼과 동반하고 걸은 셈이었다.

세상의 모든 사물은 그 만큼의 자리와 그늘을 거느리고 있다. 인간도 마찬가지고 역사도 마찬가지다. 자기가 거느리고 있는 자리와 그늘이 바로 그의 존재영역이다. 역사가 제 둘레만큼의 인간과 세상을 담고 있고, 그 역사라는 우물물에 담가놓은 모든 사물은 그만큼의 자리와 그늘을 거느리며 이 지상에 존재하고 있다. 알렉산드리아 박물관과 도서관은 세상의 그 어느 곳보다도 인간정신의 깊이와 넓이를 지니고 있다.

클레오파트라의 코

알렉산드리아하면 흔히 여왕 클레오파트라를 상기한다. 대부분의 방문객들과 마찬가지로 클레오파트라 덕분에 알렉산드리아는 신비와 매력을 더한다.

클레오파트라는 마케도니아인의 후손이지만 이집트인의 피는 전혀 섞이지 않은 여성이었다. 정치적 이유로 그녀는 태양신 '레'의 딸로 불렸다. 그림에 나타난 그녀의 모습은 미인이라기보다 이목구비가 뚜렷한 여인일 뿐이다. 그녀는 육감적인 입과 단호한 턱, 부드러운 눈매, 넓은 이마, 높은 코를 가졌으며, 목소리는 그리스의 전기작가 플루타르크에 따르면 '줄이 많이 달린 현악기'가 울리는 음색이었다고 한다.

바다 속에 가라앉은, 머리는 사람이고 몸통은 사자인 클레오파트라의 동상은 이집트에서 흔히 볼 수 있는 모습이다. 피라미드와 더불어 클레오파트라는 많은 사람의 관심을 받아왔다. 단지 그녀가 아름다운 얼굴과 비너스 같은 몸매의 소유자이기 때문만은 아니다. 그녀의 파란만장한 일생과 베일에 가려진 죽음은 지금까지도 비밀에 묻혀 사람들의 호기심을 자아낸다.

카이사르와 안토니우스를 굴복시킨 클레오파트라 시기는 바야흐로 기원전 50년경이다. 클레오파트라가 카이사르와 안토니우스와 맺은 관계는 절대 권력에 대한 인간의 욕망을 단적으로 보여준다. 그녀의 야망이 조금만 더 작았더라면 그녀는 로마 속왕이 되어 일생을 보냈을 것이다. 그러나 지나친 야심을 부리고 그로인한 정치적 실패

덕분에 안토니우스와 그녀의 사랑은 더욱 유명해졌고 세익스피어는 이를 주제로 작품을 썼다.

로마의 역사가 디오 카시우스는 클레오파트라에 대해 이렇게 말했다. "그녀는 당대에 가장 위대했던 로마인 두 사람, 카이사르와 안토니우스를 사로잡았지만 세번째 사람 옥타비아누스 때문에 파멸하고 말았다." 클레오파트라의 코가 조금만 더 낮았더라면 세계의 역사는 달라졌을 것이라는 말은 클레오파트라의 아름다움을 상징하는 파스칼의 유명한 말이다. 이집트인에게 클레오파트라는 아름다움과 지혜를 겸비한 세기의 미인으로 자리하고 있다. 그녀는 정말 아름다운 여인이었고, 미모에 못지않은 출중한 지혜를 갖춘 여장부이기도 했다.

분열의 시대를 평정하고 천하를 차지한 중국의 여장부 측천무후, 미모와 지혜를 동원하여 이집트와 로마의 혼란스런 정치적 상황을 사로잡은 클레오파트라, 그리고 치열한 권력투쟁 끝에 천하를 차지한 러시아의 예카테리나는 모두 역사상 가장 위대한 여걸들의 모습이다.

문학과 예술에서 여성의 아름다움과 섹스는 항상 단골 주제다. 클레오파트라만큼 이 세상에서 회자되었던 인물도 흔치 않을 것이다. 그녀는 여성으로서의 아름다움과 성적인 매력, 정치가로서의 카리스마에 지적인 매력까지도 풍부하게 가지고 있었기 때문에 작가들이 탐내는 영원한 신비의 주인공이 되었다. 그러나 생전의 클레오파트라의 위세와 미모와는 달리 죽은 그녀는 사람들의 입에서만 회자하는 신비로운 여인으로 그치고 있다.

룩소르의 달빛 아래에서

카이로에서 남쪽으로 거슬러 올라가는 나일 강이 크게 휘어진 지점에 룩소르가 있다. 고대 이집트에서는 '테베'라 불리며 멤피스에 이어 수도가 된 도시이다. 테베라는 이름은 그리스 인들이 붙인 것인데 '신의 대도시'라는 뜻이다. 신 왕국 시대의 이집트 역사는 이 도시에서 시작된다. 그리스의 시인 호메로스는 서사시 『일리아드』에서 고대 테베를 '100문門의 도시'라고 읊었다.

테베는 고대 이집트에서 영광이 극에 달한 도시이다. 카이로 교외의 이집트 최초의 도시인 멤피스가 위광을 잃자, 지방 호족들이 대두하는 혼란기에서 빠져나온 테베 11왕조 멘투호테프 2세가 이집트를 재통일하면서 그 지방 신이었던 아멘이 왕권의 수호신이 되어 아멘 신앙의 성지가 되었다. 이후 이백년간 테베 역대 왕들은 경쟁적으로 자신의 권력의 상징을 이곳에 남겼다. 그러나 그 후, 외적의 침입을 막기 위해 군비를 델타 지역으로 옮긴 테베는 쇠퇴의 길을 걷기 시작했고, 후왕국 시대의 테베는 아멘 신앙의 중심지로서 겨우 명맥을 유지했다.

룩소르는 아라비아어로 '수많은 궁전'이라는 뜻을 가지고 있는데, 그 명성만큼이나 나일 강을 중심으로 많은 유물들이 흩어져 있다. 태양이 떠오르는 동쪽 연안은 예부터 '살아 있는 자의 도시'라 불리며 카르나크 신전, 룩소르 신전 등이 세워졌다. 반면 태양이 저무는 서쪽 연안은 '죽은 자의 도시'로, 파라오들의 사후의 안식처로 많은 왕들이 잠들어 있는 왕가의 계곡을 비롯해 하트셉수트 여왕 신전,

투탕카멘왕의 무덤, 멤논의 거상 등이 집중해 있어 이집트에서 가장 매력적인 곳이라 불린다.

룩소르는 카이로와 나란히 이집트 관광의 백미이지만, 도시는 의외로 단순하다. 룩소르 역에서 메인스트리트를 빠져나와 나일 강 연안에 이르는 약 오백미터 사이가 번화가이다. 이 주변에 관광객을 위한 호텔, 레스토랑, 토산품 점, 그리고 재래시장 등이 모여 있다. 나일 강을 동서로 건널 때에는 페리를 타거나, 시가지에서 약 십삼킬로미터 남쪽에 있는 룩소르 다리를 건너면 된다.

룩소르 거리는 왠지 황량한 느낌이 든다. 룩소르에서는 오래되면서도 외롭고, 그래서 홀로인 듯 거리를 걷게 된다. 외롭고 쓸쓸히 그 누구와도 함께 하지 않은 길을 홀로 멀리 떠나와 있다고 생각하게 된다. 일상과 거리를 두고, 세속의 일도 줄이고, 그렇게 하다보면 아득한 시간의 미로 속에서 진짜 나의 내면을 잘 들여다볼 수 있는 시간속으로 빠져든다. 룩소르에서는 영원으로 이어지는 공간 속에서 자신을 제대로 되돌아볼 수 있는 시간을 가질 수 있게 된다.

달빛 아래에서 룩소르 다리를 걷다보면 고대 이집트의 영욕의 역사가 한눈에 들어온다. 룩소르 신전에서 석상들과 대화를 나누다보면 어느덧 나도 파라호가 되어 고대의 이집트의 한가운데에 서 있는 듯한 느낌을 가지게 된다. 헤로도토스는 흔히 '역사의 아버지'로 불리는 사람이다. 그렇지만 이집트의 오래되고 신비로운 문명에 비하면, 그는 까마득한 시절의 한 옛 사람에 불과하다. 현대를 살아가고 있는 나 같은 사람도 룩소르의 거리를 걷다보면 아득한 시대의 옛 사람이 되어간다.

헤로도토스의 역사

헤로도토스를 역사의 아버지라고 부르는 것은 무엇보다 그가 역사학의 개념 자체를 바꿨기 때문이라 할 수 있다. 이전의 '역사'란 단순히 일어난 사건을 시간의 순서대로 나열하는 수준에 불과했지만, 헤로도토스가 『역사』를 서술하면서 역사학을 단순한 기록이 아닌 해석과 성찰의 차원으로 끌어올렸기 때문이다.

『역사』는 기원 전 5세기에 페르시아 제국과 그리스 도시국가 간의 전쟁이었던 페르시아 전쟁을 중심으로 하여 각지의 풍속이나 전설 등이 동시에 기록되고 있다. 헤로도토스는 고대 세계를 샅샅이 여행하며 보고 들은 여러 이야기를 수집하고 기록했다고 한다. 10세기 후반 동로마 제국에서 편찬된 백과사전에 따르면, 헤로도토스는 한때 정치에 참여했다 실패하여 할리카르나소스에서 추방되었다고 하는데, 그의 여행은 이 때 이루어진 것으로 추정된다. 역사에 대한 헤로도토스의 평가는 다양하고 파격적으로 이루어져 주목을 받고 있다.

그리스와 페르시아 전쟁의 원인으로 헤로도토스는 절대 권력을 가진 페르시아 왕과 민주주의를 표방하는 그리스 이데올로기의 충돌이 원인이라고 언급한다. 말하자면 당시 서방문명권에서 자신이 알고 있는 거의 모든 지역을 직접 다니며 체험한 내용을 쓴 책이라는 점에서 『역사』는 커다란 의의를 가진다.

역사학자 E. H. 카의 말대로 역사란 '단지 그것이 실제로 어떠했는가를 보여주는 것'에 그치는 것은 아닐 것이다. 역사적 사실들이 어떠했는가를 감히 누가 단정적으로 평가할 수 있을 것인가. 역사의 사실들은 역사가들이 '선택한' 것일 뿐인지 모른다. 수백만 명의 군사가 루비콘 강을 건넜지만, 역사가들은 오직 카이사르가 건넌 사실만을 중요한 것이라고 말한다. 모든 역사적 사실들은 그 시대의 규준에 영향을 받은 역사가들의 해석상의 선택의 결과로 묘사되거나 기술되고 있는 것이다. 역사기술은 절대적 객관성보다는 인간과 삶에 대한 생동하는 기록이어야 하지 않을까. 이집트의 역사는 사실에 대한 기록과 해석보다는 실제의 유물과 유적으로 그 모습을 보여준다.

투탕카멘의 무덤

투탕카멘은 이집트 제18왕조 제12대 왕이다. 열여덟 살에 요절하여 그에 대하여는 역사적 기록으로 알려진 것이 거의 없다. 다만 '왕가의 계곡'에 있는 룩소르 왕들의 계곡의 무덤 군에서 투탕카멘왕의 황금마스크 등의 유물이 발굴되면서 유명해졌다.

왕은 처음에는 아텐 신앙을 나타내는 투트 앙크 아텐으로 불리었으나, 즉위 사년째 아멘 신앙을 나타내는 투트 앙크 아멘으로 개칭하고 수도를 아마르나에서 테베로 옮겼다. 연소한 투탕카멘이 당시의 난국을 극복할 수 있었던 것은 중신 아이와 노장 할렘헤브의 보좌에 힘입은 것으로 알려지고 있다. 왕비는 안케세나멘이며, 10대 왕 아크나톤의 동생 또는 조카라고도 하는데 그의 출생에 관해서는 확실하지 않다. 투탕카멘의 죽음에 대한 의혹은 풀리지 않고 있으며, 업적에 관한 기록도 남겨지지 않아 거의 알려진 것이 없다. 그러나 젊은 나이에 갑작스레 맞은 죽음과 은폐되다시피 한 그의 존재는 왕위를 노린 누군가에게 살해된 것으로 추측되어, 미라의 저주나 투탕카멘의 저주라는 소문에 힘을 실어 주기도 했다.

일반적으로 이집트의 왕 파라오들의 미라가 안치된 곳은 피라미드였으나, 보물을 노린 도굴범들이 성행하자 파라오들은 '왕가의 계곡'이라는 곳에 무덤을 숨기기 시작했다. 그러나 이곳 역시 도굴을 피할 순 없었고, 세월이 지나자 도굴되지 않은 무덤이 없을 지경이 되었다. 1922년 11월, 20세기 고고학계의 행운아라 불리는 영국인 하워드 카터는 사람들에게서 잊어진 소년왕 투탕카멘의 무덤을

발굴해낸다. 투탕카멘의 무덤은 몇 겹으로 쌓인 관과 미라가 있는 묘실, 보물로 가득한 대기실, 보물 창고, 곁방으로 구성되어 있었다. 하워드 카터는 이 발굴로 인해 세계적으로 유명한 사람이 되기도 했지만 남은 평생을 투탕카멘의 그늘에서 살아야 했다.

붕대로 감은 미라의 얼굴에는 파라오 얼굴이 원래의 모양대로 남아 있었다. 얼굴 위에는 상단부와 하단부에 각각 이집트의 수호신인 대머리수리와 코브라가 이마 위에 조각되어 있다. 많은 사람들이 오늘도 이집트를 계속 찾는 것은, 이곳에서 퍼내고 퍼내도 끝이 없는 역사의 흔적이 존재하고 있기 때문이다. 인류문명의 원류 속에서 이루어진 수천 년의 총체적 역사와 문화의 흔적이 가득 차 있어서 언제나 새로운 모습을 보여주고 있는 것이다.

나일 강의 아스완

카이로에서 남쪽으로 900킬로미터, 룩소르에서 200km 떨어져 있는 나일 강변의 아스완 시는 일년 내내 태양이 빛나는 혜택 받은 도시이다. 게다가 세계에서 가장 아름다운 겨울 휴양지이기도 하다. 카이로와 같은 북부 지방과는 달리, 나일 강 상류에서 수단 국경에 인접한 누비아 지방은 아프리카의 분위기가 물씬 풍긴다. 1970년에 완공된 아스완 하이 댐의 건설로, 많은 유적들이 수몰 위기에 처했는데 유네스코의 도움으로 유적들을 상류로 옮겨 오늘날에도 볼 수 있게 되었다.

고대의 기념물이 잘 보존되어 있기 때문에 아스완은 관광지로서 더욱 각광받는 곳이다. 1960년대에 나세르 호의 수위가 높아져 물에 잠길 위기에 처한 이집트의 신전들이 국제학술기관의 대대적인 보존사업에 의해 고지대로 옮겨졌는데, 가장 힘들고 복잡한 공사가 이루어진 곳이 아부심벨과 필라에였다.

아스완은 고대 상 이집트 때부터 교역, 정치, 군사상의 중심지였다. 따라서 과거의 번영을 상징하는 유적들이 가장 많이 흩어져 있다. 미완성 오벨리스크, 엘레판티네 섬의 나일로미터, 필레 신전이라고도 부르는 아길키아 섬의 이시스 신전, 그리고 유명한 람세스 2세의 아부심벨 신전 등 웅장한 건축물들이 많다. 아스완은 이집트에서도 가장 더운 지방으로, 여름에는 기온이 섭씨 오십도를 넘는 경우가 많으므로 여름에는 정말 여행하기 힘든 곳이다. 그렇지만 한여름에 펠루카라는 범선을 타고 나일 강을 한가로이 떠다니는 것이야말로 아스완 여행의 백미라고 할 수 있다.

배를 타고 멤피스나 테베를 향해 천천히 나아가면 키 작은 이집트 농부들이 부지런히 일하는 모습이 보인다. 함족이 이곳에 처음 정착했을 때도 농부들은 지금과 같은 방식으로 일하면서 살아왔다. 함족은 옛 터전을 떠나 나일강 유역의 더 나은 환경에서 새 삶을 시작하러 온 부족이었다. 저지대에 살던 멤피스의 지배자들이 고 왕국을 세웠을 때도 그들은 수천 년 동안 변함없이 이곳에서 살아왔다. 피라미드를 지으며, 천 년 뒤 아브라함이 식솔들을 거느리고 우르의 땅에서 지중해 연안으로 이주하려 왔을 때도 그들은 그렇게 밭을 갈며 살아온 것이다. 그것이 이집트 민중들의 삶의 모습이었다. 그들 덕분에 왕과 귀족들이 존재할 수 있었다.

이집트의 역사상 가장 강력한 파라오는 람세스 2세였다. 그는 기원전 1279년 스물넷의 나이로 왕위에 올라 66년간 통치하면서 가장 강대한 이집트왕국을 건설했다. 통치기간 중 람세스 2세는 모두 구십여명의 자녀를 두었고 자신의 위대함을 기리는 거대한 동상을 세웠다. 신으로 대접받길 원해 북쪽의 나일 강 삼각주의 타니스에서 남쪽 누비아 지방의 아부심벨에 이르기까지 방대한 도시와 신전들을 건설하였다. 그는 모세가 이스라엘 민족을 출애굽 시킬 때 파라오로 열가지 재앙과 홍해가 갈라지는 경험을 한 사람이기도 하다. 하지만 그의 힘과 영광도 영원하지 못해서 아시라아의 침입으로 이집트는 역사 속으로 사라져버리고 말았다. 그렇지만 이집트 문명은 사라지지 않고 지중해를 건너 그리스와 로마 문명이 탄생하는데 큰 영향을 주었다.

아부심벨의 람세스 2세

람세스 2세 같은 위대한 영웅이 있었기에 이집트의 유장한 역사가 존재할 수 있었을 것이다. 이집트 곳곳을 다니면서 람세스 2세가 만든 유적들을 살피면 그 역사의 깊이와 무게를 이해하고도 남음이 있다. 그 대표적인 곳이 바로 아부심벨 신전이다.

아부심벨 신전은 이집트 신 왕국 시대의 황금기를 구축한 람세스 2세의 명으로 건설되었다. 신전 입구에 있는 높이 20m의 거대한 람세스 2세 상은 지금도 보는 사람들을 압도한다. 네개의 좌상은 정면 왼쪽에서부터 20대에서 50대까지 네 가지 왕의 모습을 표현했다고 하는데, 30대 상의 상부는 지진으로 떨어져 발밑에 놓여 있다. 암굴로서는 세계 최대급인 이 신전은 아스완 하이 댐 건설 때 수몰 위기에 처했는데, 1968년 유네스코가 오년 동안 현재의 장소로 이전했다. 원래는 하나의 돌이었던 것을 20t 정도의 블록으로 잘라 61m 위쪽으로 옮겼다. 총 경비만도 4000만 달러가 들었다고 한다. 대신전 내부에는 오시리스 신의 모습을 한 여덟개의 람세스 2세 상이 있고, 전차에 탄 람세스 2세, 히타이트 인을 공격하는 람세스 2세 등 람세스 2세만의 공간이다.

신전으로서 그렇게 넓진 않지만, 암굴로서는 상당히 넓은 편이다. 채색 벽화도 선명하게 잘 보존되어 있다. 대신전의 가장 깊숙한 곳에 있는 지성소에는 라호라크티, 아몬레, 프타하, 람세스, 네개의 상이 있다. 이 방 안으로 일년에 두 번 아침 햇빛이 들어오는데, 세개의 상만을 비추고 어둠의 신 프타하는 비춰지지 않는다. 이전되기 전

에는 2월 21일람세스 2세 탄생일과 10월 21일람세스 2세 즉위일에 비춰졌다고 한다.

대 신전에서 북쪽으로 50m 지점에 위치하는 소신전은 람세스 2세가 사랑하는 제1 왕비인 네페러타리를 위한 신전이다. 정면에는 네 개의 파라오 상과 두개의 왕비 상이 서 있는데, 네페러타리와 람세스 2세가 나란히 있다. 내부에는 열주실과 하트홀 여신상이 있는 지성소가 있다. 지성소에 이르는 전실 여기저기에 채색 부조가 많이 있다.

결코 쉽게 설명될 수 없는 논리와 이성이 존재하고, 또한 아득하게 흘러간 세월과 한번쯤 강렬한 사랑을 꿈꾸고 싶은 곳이 이집트이다. 그런 이집트의 매력에는 낯설기 때문에 오히려 더욱 빠져들게 된다. 때로 그 역사와 삶의 흔적을 바라보면서 기쁨과 슬픔, 그리고 희망과 절망의 신비롭고도 당황스런 감정이 일어난다. 지루한 일상적인 삶에서 어떤 우연으로 마주치게 되는 운명 같은 힘을 만나고 싶다면 바로 이집트로 달려가야 할 것이다. 거기에서는 거대한 역사의 힘과 깊이가 존재하고 있기 때문이다. 아부심벨의 신전 앞에서 인간의 힘과 문명의 힘이 얼마나 위대한 것인가를 경탄하고 또 경탄하면서 나는 그런 느낌을 가졌다.

영문학과 함께 한 영국기행

왜 영문학인가?

영문학의 전통과 역사는 유장하다. 세계문학을 하나의 거대한 산맥이라고 비유한다면, 영문학은 그 산맥 속에서 가장 높이 솟아 있는 거봉이라고 할 만하다. 그동안 국내에서도 다른 서구 문학에 비해 영문학이 특히 많은 학자들과 일반인들의 관심의 대상이 되면서 연구되고 논의되어온 이유도 그 때문이다. 그래서 영문학은 그 자체로서 철학이나 역사와 같은 하나의 큰 학문 영역으로 취급되기까지 했다.

한 나라와 민족의 문학이 성립되기 위해서는 크게 두 가지 요건이 선행되어야 한다. 하나는 언어의 동일성이고, 다른 하나는 문화 전통의 동질성이다. 따라서 한 나라의 문학의 개념과 흐름을 명료하게 정리한다는 것은 언어적·문화적·사회적인 관점에서 그리 용이한 일이 아니다. 특히 영문학과 같이 복잡한 전통과 역사를 가졌을 경우에는 더욱 그렇다.

기본적으로 영문학은 영어로 창작된 문학작품과 그것을 연구하는 학문이다. 영문학을 이루는 영어변천의 역사는 그 바탕에서부터 뿌리가 깊다. 영어는 원래 인도유럽어족에 속하고 고대영어는 독일의 서부와 덴마크 남부에서 온 침략자들이 5세기경부터 영국에 거주하면서 발달하기 시작했다. 그 후 중세영어는 노르만디의 정복자 윌리엄공이 1066년에 영국을 정복한 후 발전하게 되었다. 고대와 중세시대를 거친 후, 본격적인 영문학의 출발은 14세기 G. 초서 때부터라고 기록되고 있다. 초서 시대의 영어가 반드시 현대 영어와 일치하는 것은 아니지만, 그는 '영문학의 시조'의 역할을 하면서 그가 세운 영문학의 전통은 현대까지 면면하게 이어져 왔다.

영문학의 역사

초서 이후로 다른 유럽 국가들과 마찬가지로 15-6세기 사이에 영국에도 르네상스운동이 일어나게 된다. 문예 부흥기에 라틴어와 그리스어로 쓰인 고전에 대한 관심과 인문학에 대한 인식이 일어나기 시작했고, 그 결과로 문학은 본격적으로 발전하게 되었다. 영문학 최대의 작가라고 불리는 윌리엄 셰익스피어가 나타난 것도 이 시기이다. 그 후 18세기와 19세기에 이르면서, 이성과 과학정신의 요구, 산업혁명의 발생, 대영제국의 팽창 등이 이루어지면서 신고전주의, 낭만주의, 사실주의와 같은 문예운동이 일어나게 되고 그 결과 영문학은 활짝 꽃피게 되었다.

영국은 20세기 초반 북아일랜드가 편입되면서 "United Kingdom of Great Britain and Northern Ireland(UK)"라는 공식 명칭을 갖게 된다. 알려진 대로 영국은 잉글랜드, 스코틀랜드, 웨일즈와 북아일랜드가 하나의 나라로 통합되었지만, 그들은 지역마다 독특한 지리적·문화적 성격을 지니고 있었다. 이런 다양성과 특수성은 오랜 역사를 두고 자체적인 진화를 거듭하면서 '영문학'이라는 하나의 커다란 전통으로 수립된다.

이런 과정을 거치면서 영문학은 발전을 거듭해 왔고 수많은 위대한 작가들이 배출되었다. 그러나 영문학이 단순히 세계의 어떤 나라보다 언어와 문학의 역사가 유장하다는 사실만으로 중요한 것은 아니다. 영문학은 흔히 사회와 국가의 정신적 역할을 하는 중요한 이데올로기로 작용해 왔다는 사실은 무엇보다 주목되어야 할 것이다.

특히 위대한 문학평론가인 매슈 아널드가 지적했듯이, 19세기말에는 영문학이 영국사회를 문명화하고 '교양과 무질서'를 위해서 가장 중요한 역할을 하는 학문분야가 되었다. 영문학 교육은 국민과 사회를 계도하면서 긍정적이고 건전한 가치관을 심어주는 역할을 해 온 것이다. 영문학은 단순히 언어를 바탕으로 이루어진 예술의 한 분야로써의 지위에서 벗어나 한 사회의 지적 분위기와 전통을 만들어가는 중요한 기능을 하면서 자국은 물론 세계문학의 중심에 서게 된 것이다.

세계문학 속의 영문학

우리가 영문학에 관심과 연구를 거듭하는 이유도 단순히 그 역사와 전통이 길다는 사실 때문만은 아니다. 그동안 영문학이 세계문학의 중심에서 성취한 문학의 역할과 문화적 기능을 새롭게 인식함으로써 그것을 우리문학의 자양으로 삼고자 함이다. 영문학은 토착적인 전통과 대륙적인 전통이 융합되면서 발전을 이루어 왔다. 섬나라의 영국이 육지의 선진 문화 전통을 수용하는 과정에서 주체성을 잃지 않고 자신들의 전통을 풍부하게 살찌워 나감으로써 수준 높은 문학을 이룩하는데 성공하였다. 이것은 우리문학이 세계문학의 수준으로 발돋움하는 데에도 대단히 중요한 시사를 제공하는 것이라 할 수 있다.

특히 오늘날과 같이 문학과 문화의 세계화와 지구화가 강조되어지는 시대일수록 세계문학 속에서 우리문학의 바로서기라는 이른바 주체적인 문학연구의 태도는 갈수록 중요한 과제가 아닐 수 없다. 따라서 이제는 단순히 오랜 역사와 전통을 가진 영문학 읽기의 중요성만 강조할 것이 아니라, 보다 주체적으로 영문학을 이해하고 연구해서 그 성과를 우리문학에 접목하고자 하는 태도가 중요하다. 영문학을 올바르게 이해하고 연구함으로써 그를 바탕으로 우리문학의 현재와 미래를 새롭게 수립하는데 지침을 얻을 수 있을 것이기 때문이다. 서구문학에서 이른바 '고전'으로 평가되는 작품들에 대한 수용적 혹은 비판적 관점에서의 올바른 읽기야말로 우리문학에 대한 주체적 관점에서의 읽기가 가능할 수 있을 것이며, 더 나아가 '전 지구적인 관점'에서 문학작품을 읽고 쓰는 일이 가능할 수 있을 것은 분명하다.

흐르는 템스 강, 명멸하는 인간과 역사

오랜 세월동안 세계를 이끌어 가는 나라로 군림 하던 대영제국이 이제는 흘러간 세월의 흔적을 붙잡고 그 옛날의 영광을 반추하고 있는 듯하다. 런던 시내를 걷거나 혹은 템스 강가에서 빅벤의 종소리를 듣고 있으면 그들의 위대했던 선조들은 모두 어디로 가고 이제 유럽의 초라한 한 국가로 남아있는가하는 감회에 젖게 된다. 런던은 바로 그 옛날의 영광이 가득했던 현장이다. 오랜 왕조의 전통을 이어가면서 영국은 근대에 이르러 다른 국가보다 먼저 명예혁명으로 민주주의를 실현하고 산업혁명을 일으켜 세계 최초로 자본주의를 시행했다. 그리하여 그들은 한때 세계를 이끌어 가는 '해가 지지 않는 제국'으로 존재했지만, 이제는 다른 유럽 국가들과 함께 평범한 한 나라로 존재할 뿐이다.

강변에 서 있는 빅벤과 국회 의사당은 명성 그대로 세계 최초의 의회정치와 민주주의를 탄생시킨 위엄으로 가득하다. 그 옆에는 웨스트민스터 사원이 서 있다. 그 옛날 로마의 제국주의자들로부터 현대의 식민주의자들에 이르기까지 많은 사람들이 오고 간 템스 강은 오늘도 말없이 흐르고 있다. 템스 강의 물결은 때로 가정의 휴식처로 혹은 바다의 전투지로 인간과 배들을 실려 보낸 수많은 추억을 지닌 채 지금도 흘러가고 있다.

폴란드 출신의 영국 작가 조셉 콘라드가 소설 『어둠의 핵심』에서 오랜 세월동안 "황금을 얻고자 하는 자들," "이름을 날리고자 하는 자들," "칼이나 횃불을 세우고 나라의 힘을 전하고자 하는 자들"

이 템스 강을 스쳐 지나갔다고 묘사하고 하고 있듯이, 템스 강에는 광명을 가져온다는 목적으로 영국에 침입했던 옛 로마의 정복자들로부터 영국의 제국주의자들이 부와 영예를 위해 수없이 드나들었던 역사를 담고 있는 강이다. 지금 템스 강 물결에는 국회의사당이 비치고, 근처의 세인트 제임스 파크에서는 장미꽃이 영국을 찬양하듯이 찬란하게 피어올라 있다.

빅벤과 버지니아 울프

런던의 상징물은 템스 강변에 위치한 빅벤이다. 런던사람들은 이 시계소리들 들으며 일상적인 시간을 가늠하기도 하지만, 시계 소리와 함께 시간과 세월의 흐름을 인식한다. 빅벤의 소리는 하늘 저 너머로 번져 나가는 듯 울려 퍼지고, 석양이 되면 조명을 받아서 시계는 템스 강 위에서 떠있는 듯 넘실댄다. 20세기 영국의 여류소설가 버지니아 울프의 『댈러웨이 부인』에서 댈러웨이부인을 비롯한 런던 사람들은 빅벤소리를 들으면서 시간의 흐름과 삶의 의미를 되새긴다.

> 그녀 주위에 찾아 들었다. 한 뜸 한 뜸마다 실크 실을 부드럽게 잡아당기며 바늘로 초록색 접합 부분들을 함께 모아 벨트에 가볍게 매달 때 평온과 만족스러움이 그녀 주위를 맴돌았다. 그렇게 한여름 날에 물결의 파도들이 모아져, 균형을 잃고 이내 부서져 내린다. 모아졌다 부서져 내린다. 온 세상이 "그게 전부야"라고 말하는 것 같고, 그 소리는 더욱 육중하게 울려 퍼진다. 해변가의 태양 아래 누워 있는 인간의 심장마저도 "그게 전부야" 하고 외칠 때까지…. "더 이상 두려워 말라", 심장은 외친다. 무거운 짐을 바다에 맡겨 버리고 더 이상 두려워 말라고 심장은 외친다. 세상의 모든 슬픔을 한꺼번에 탄식하는 바다에게, 새롭게 시작하여 다시 모으고 떨어뜨리는 바다.
>
> – 버지니아 울프의 『댈러웨이 부인』에서

댈러웨이 부인은 육중하게 울려 퍼지는 빅벤소리를 들으며 바느질에 몰두한다. 바느질이 한뜸 한뜸 자신의 생과 같고, 자신의 생을 다시 짜는 순간과 같다고 생각한다. 그리고 바늘의 움직이는 모습을 통해 파도의 율동을 연상한다. 거침없이 밀려왔다 사라지는 바다의 물결, 가까이서 멀리로 울려 퍼지는 빅벤소리의 자유로움, 거기에는 세상의 짐과 인생의 불가사의로부터 벗어난 완전한 자유와 자연스러움이 조화된 생의 흐름이 있다. 바다의 밀물과 썰물 같이 인생은 왔다 가는 것, 마찬가지로 기나긴 세월동안 템스 강은 흐르고 빅벤 소리는 울려 퍼진다.

템스 강가에는 웨스트민스터사원이 있다. 웨스트민스터사원이란 말 그대로 '서쪽의 대 사원'이란 의미로, 도시의 서쪽에 있기 때문에 이 이름이 붙여졌다. 8세기부터 이곳에 교회가 있었다고 하는데, 에드워드 참회왕이 사원을 완성하였다고 전해진다. 이 사원에는 수많은 왕들의 무덤과 유적이 자리하고 있고, 사원의 북쪽 입구까지는 대영 제국을 건설했던 대재상들과 뉴턴 같은 과학자들의 기념비가 몰려 있다.

그러나 무엇보다 우리의 눈길을 끄는 것은 제단 남쪽 입구 일대에 있는 '시인의 코너'이다. 여기에는 영문학을 빛낸 작가들을 비롯하여 예술가들이 망라되어 있다. 영문학의 원조인 초오서의 묘비를 비롯하여 셰익스피어, 워즈워스, 롱펠로우, 블레이크, 드라이든, 바이런, 밀턴 등의 묘비와 기념비가 있는가 하면 헨델과 같은 음악가의 이름도 보인다. 웨스터민스터 사원은 가히 영국의 넋이 잠들고 있고 정신이 살아 있는 엄숙한 성역과 같은 곳이며, 이곳은 바로 영국인들에게는 스스로의 전통과 역사 속에서 옛 영광을 되찾고자 하는 신전이라고 할 수 있을 것이다.

런던 브리지의 이별

인간과 역사를 간직하고 있는 것이 웨스터민스터 사원뿐이던가. 영국이라는 거대한 역사의 수레바퀴가 굴러 가는 가운데에서 희생된 많은 사람들의 원한이 잠들어 있는 런던탑이 있고, 그 옆에는 동화의 나라에서 흘러나온 듯한 타워 브리지가 오랜 세월과 함께 묵묵히 흘러가는 템스 강의 수면위로 한 많고 슬픈 사연을 담은 채 우울한 그림자를 드리우고 있다.

런던에서 템스 강을 이어주는 다리는 타워 브리지 이외에도 현존하는 다리 중 가장 오래된 약 120년 된 다리로서 유일하게 가스등이 설치되어 있는 웨스트민스터 다리가 있다. 또한 육십년대 비비안리와 로버트 테일러가 열연했던 영화 '애수(원제목: Waterloo Bridge)'를 촬영했던 워털루 브리지가 있다. 워털루 브리지는 그 당시 너무 낡아서 그 자리에 지금의 다리가 세워졌다. '애수'는 안개 자욱한 워털루 다리에서 로이 대령이 주머니에서 마스코트를 꺼내보면서 시작한다. 이루어질 수 없었던 아쉬운 두 사람의 사랑을 그리며 사람들은 이 다리 위를 얼마나 서성이며 오갔을까. 다리 외벽에는 아주 오랜 기억저편의 옛사랑을 그리워하듯 'Waterloo Bridge'라고 희미하게 새겨져 있다. 워털루 다리 외에도 빅토리아 여왕의 남편 알버트 공의 이름을 따서 만든 야경이 가장 아름다운 앨버트 브리지가 있다. 이 다리들은 우리들이 미처 알지 못하는 애절한 사랑과 숨겨진 역사를 수없이 간직한 채 오늘도 무심히 흐르고 있는 템스 강을 내려다보고 있다.

영국의 유명한 거리들은 수백 년의 역사를 간직하면서 아직도

고색창연하게 그 모습을 간직하고 있다. 가장 오랜 역사를 간직한 거리의 하나는 옥스퍼드 거리의 교차점에서 북쪽으로 이어진 토템햄 거리이고, 그 동쪽지역은 블룸즈버리 지구라고 불리는 곳이다. 이 인근이 바로 대영 박물관을 비롯하여 런던대학 등이 위치하여 학문과 예술, 그리고 현대 영국의 문화와 가장 많은 관련이 있는 지역이다.

세계 최대의 인류문화사 자료를 수집해 놓은 대영박물관은 인류문화의 보고이자 문명의 유산을 간직하고 있는 세계최초의 공공박물관이었다. 18세기 영국의 학자이자 의사였던 한스 슬로언 경의 정신으로 출발되었다고 한다. 그러나 일 년에 이곳을 찾는 수백만 명의 관람객들이 이집트의 람세스2세의 석상, 그리스의 파르테논 신전, 앗시리아의 성문, 심지어 우리나라의 자랑인 '직지심경'을 바라보면서 찬탄하지만, 이것이 바로 폭력과 침탈로 얼룩진 제국주의의 역사임을 사람들은 얼마나 헤아릴까.

디킨즈가 본 '어려운 시절'

대영박물관에서 멀지 않은 곳에 '디킨즈 하우스'가 있다. 19세기 최대의 소설가인 찰스 디킨즈는 『올리버 트위스트』, 『크리스마스 캐롤』 등의 작품으로 우리나라에서도 잘 알려져 있는 작가이다. 19세기 후반기 영국사회의 부와 빈곤, 생존의 경쟁, 번영과 파멸이 교차되는 '어려운 시절'에 디킨즈는 당대의 억압받는 도시빈민들의 생활과 사라져 가는 인간 존엄성의 회복을 위한 노력을 여러 소설에서 보여 주고 있다. 디킨즈는 당시 런던의 모습을 이렇게 묘사한다.

> 그것은 붉은 벽돌의 도시, (…) 야만인의 물감 칠한 얼굴같이 자연스럽지 못한 붉고 검은 도시였다. 그것은 기계와 커다란 굴뚝의 도시였는데, 그곳에서는 지루하게 끝없는 연기가 뱀처럼 한없이 긴 꼬리를 끌며 결코 사라지지 않았다. 도시 속에는 검은 운하가 하나 있고 지독한 악취를 풍기는 염색 물감으로 인해 자주색이 되어 흐르는 강이 하나 있었다. (…) 서로 닮은 여러 개의 커다란 길이 있었고, 또 다른 여러 개의 작은 길들도 있었다. 그 거리에는 서로 닮은 사람들이 함께 살면서 같은 시간에 같은 거리에서 같은 소리를 내며, 같은 일을 하기 위해 오가고 있었다.
>
> –찰스 디킨즈의 『어려운 시절』에서

디킨즈가 걱정했던 런던과 그 속에서 살아가던 사람들은 19세기를 지나 이제는 거의 '광란'의 단계를 향해 치닫아 가는 듯하다. 대영박물관 도서관에서 『자본론』 집필에 몰두하던 K. 마르크스가 '수렵의 시대'가 지나고 '자본의 시대'가 도래하는 순간, 인간은 파국을 향해 나아가게 될 것이라던 예언은 얼마나 기막힌 것인가.

피카딜리 서커스 주변에는 언제나 사람과 차량으로 넘쳐난다. 피카딜리 서커스는 원래 광장 이름이다. 중심에는 유명한 에로스 동상이 서있고, 그 둘레에는 극장이 늘어서 있는 샤프트베리 가와 쇼핑의 천국인 리젼시 가, 피카딜리 서커스 북쪽에 있는 넓은 런던의 환락가 소호지구, 평일 밤에도 런던 시민들로 붐비는 곳 커벤트리 가 등이 운집해 있어 피카딜리 서커스를 '런던의 중심' 이라고 부르기도 한다. '런던에 싫증났을 때 그 사람은 인생에 싫증난 것이다.' 18세기 영국의 평론가 사무엘 존슨의 말이다. 고대 로마 이래의 오랜 전통을 지닌 도시 런던은 가는 곳마다 깊은 역사의 흔적과 새로운 문화의 모습으로 여행자들을 놀라게 한다.

세상에 영원한 것은 아무것도 없다. 제국주의의 역사도, 거대한 역사의 흐름 속에서 부대끼며 살아가던 인간도, 워털루브리지의 애끓던 사랑도 모두 명멸하며 사라졌다. 흘러가버리면서 모든 것은 변화한다. 변화 한다는 것은 사물도 세상도 새로운 눈으로 보아야 한다는 것을 의미한다. 런던 시내와 템스 강변을 걸을 때마다 모든 것은 흐르는 강물처럼 자꾸 변화되어가고 있다는 것을 느낀다. 그러나 문학은 변함없이 영원히 살아있다. 18세기의 제인 오스틴도 19세기의 디킨즈도 20세기의 울프도 영원히 우리의 가슴 속에서 살아남아 있다.

옥스퍼드 대학의 등불

옥스퍼드 대학과 케임브리지 대학은 학문에 뜻을 둔 사람이나 대학을 선망하고 동경하는 모든 사람들에게는 꿈의 대상이다. 세계 최고의 수재들이 모여 공부하는 이 양대 대학은 유구한 전통을 가진 채 오늘도 세계의 인재 양성을 위해 연구실과 강의실 마다 밤새 불이 밝혀져 있다.

영국의 많은 대학들은 그 수준을 세계적으로 인정받고 있다. 옥스퍼드와 케임브리지 대학교는 12세기에 설립된 대학으로 유럽에서 가장 오래된 대학들 중에 하나이며, 스코틀랜드에 있는 1411년 설립된 세인트 앤드류스 대학교, 1451년 설립된 글라스고 대학교 등도 전통을 자랑하는 대학들이다.

세계 최고의 학문의 도시 옥스퍼드에는 이곳에서 상주하는 교수나 학생들 이외에도 관광객이 끊이지 않고 찾아들어 약간 번잡한 느낌을 준다. 템스 강과 차웰 강이 합류하는 온화한 구릉지에 색슨의 왕녀 프라이즈 와이드가 서기 칠백년경에 수도원을 세웠다는 이야기가 전해지고 있는데, 이 전설이 옥스퍼드의 기원이라고 한다. 13세기에 수도사들이 이곳에 모이게 되었고, 그와 함께 칼리지들이 형성되기 시작했다. 이 칼리지들은 백년도 지나지 않아 옥스퍼드대학이라는 유명한 이름으로 유럽 전역에 그 명성을 떨치게 되었다.

옥스퍼드에는 고색창연한 칼리지를 포함하여 여러 건물들이 각각의 역사를 간직한 채 도열하고 있다. 도시의 중심은 라틴어로 '십자로'라는 의미의 카팩스이다. 역에서 걸어서 십분정도 가면 봉

긋하게 솟아오른 성의 유적지가 나오고 여기서부터 칼리지가 하나 둘씩 보인다. 대학가의 거리에서는 옥외 테이블에서 휴식을 취하는 한 무리의 학생들이 찻잔을 들고 담소하는 소리가 들린다.

옥스퍼드에서 가장 오래된 대학은 대학의 원조라 불리는 유니버시티 칼리지이다. 알프렛 대왕이 기원 800년대에 창설했다고 전해지지만 실제로는 1249년에 창설되었다고 한다. 캠퍼스가 형편없이 보잘 것 없는 곳이지만, 수많은 학자들과 예술가들의 업적과 일화가 그치지 않은 곳이다. 유니버시티 칼리지 외에도 옥스퍼드에서 두 번째로 오래된 머튼 칼리지, 1379년에 창설된 뉴 칼리지, 트리니티 칼리지, 볼리올 칼리지 등등의 유구한 역사와 전통을 지닌 대학들이 줄지어 있다.

성 메리 교회의 탑에 올라서 보면 옥스퍼드 시내가 한눈에 들어온다. 영국 지성과 학문의 산실이라는 도시가 깨끗하고 질서정연한 정원과 어울러져 한가하게 누워 있다. 시간은 한가롭게 흘러가는 듯하지만 그 속에서도 새로운 역사를 낳기 위해 수많은 학문적 토론과 강의는 계속되고 있다. 20세기 최고의 영국 시인이며 문학비평가인 T. S. 엘리어트의 이야기대로 "전통은 살아 있는 것"이라는 느낌을 지울 수 없게 하는 곳이 바로 옥스퍼드 대학이다.

케임브리지 대학의 다리를 건너다

런던 북쪽 약 82km에 위치한 케임브리지는 옥스퍼드와 함께 대학도시로 세계적인 명성을 떨치고 있다. 1284년 칼리지 피터하우스가 개교한 이래 현재 32개의 칼리지가 여러 분야에서 유능한 인재를 배출하고 있다. 옥스퍼드 대학이 주로 문과 계통의 학교 전통을 중시한다면 케임브리지 대학은 자연 계열을 중시하는 명문이다. 옥스퍼드와 나란히 세계적으로 유명한 케임브리지이지만 옥스퍼드와는 또 다른 분위기가 감돌고 있다. "대학 속에 도시가 있다."라고 하는 옥스퍼드와는 달리 "도시 속에 대학이 있다."라고 하는 케임브리지는 중세의 건축물들이 수없이 많이 보존되어 있다.

케임브리지 대학은 단일 대학으로서는 노벨상 수상자 수가 세계에서 가장 많은 곳이다. 케임브리지에서는 13세기 이후에 계속 발전한 칼리지의 전통과 역사의 무게가 주는 아름다움과 운치가 있다. 케임브리지의 대학 거리를 여유 있게 산책하다 보면 이런 분위기는 금세 전달된다. 원래 케임브리지 대학의 유래는 옥스퍼드 대학으로부터 이어진다. 그 당시 옥스퍼드 대학을 다니던 학생이 학교 규율에 위배되는 행위를 하면 학교에서 중형을 내렸다고 하는데, 이에 대하여 불만을 품은 대학생과 교수들이 케임브리지로 옮겨가서 대학을 설립하게 되었다는 것이다. 찰스 황태자를 비롯한 케임브리지 출신들의 이름은 전 세계적으로 알려져 있다.

도시의 중앙을 흐르는 캠 강은 남동 방향으로 펼쳐지며, 케임브리지 대학의 각 칼리지는 캠강을 끼고 양쪽에 흩어져 있다. 대학가로 들어서면 앞에 두개의 첨탑이 서 있는 고풍스런 흰 대리석 건물이 바로 유명한 킹스 칼리지이다. 이곳 대학들 중에서 가장 오래되고 유명한 이 대학은 1441년에 설립되었다. 이곳에 있는 킹스 체플은 케임브리지의 상징적인 건물이다. 킹스칼리지 바로 왼편에 서 있는 건물은 퀸스 칼리지다. 케임브리지 대학 중에서 가장 아름다운 대학으로 알려져 있는 이 대학은 두 명의 왕비, 헨리 8세의 왕비 마가렛과 에드워드 4세의 왕비 엘리자베스에 의해 세워졌다 해서 붙여진 이름이다.

케임브리지라는 이름은 '캠강에 가설된 다리'에서 유래된 것이다. 강 양편의 대학들을 중심으로 남쪽부터 '수학數學의 다리', '클레아 다리', '한숨의 다리' 등의 캠 강에 걸려있는 다리가 눈앞에 나타난다. 공부에 지친 학생들이 모여 한숨을 짓곤 했다고 해서 지여진 '한숨의 다리', 건설 당시 못을 하나도 사용하지 않았다는 점에서 '수학의 다리'라고 명명된 다리. 그리고 강의 동쪽 부분에는 15세기부터 거의 변경되지 않았다고 하는 목조로 만든 수도원 등이 케임브리지의 오랜 학문적 분위기와 역사를 새삼 느끼게 한다. 아, 저 다리를 오가면서 나의 천학비재를 얼마나 한탄했던가. 오늘도 끝이 없는 학문연구에 지쳐 깊은 한숨을 내쉬면서 '한숨의 다리'를 건너고 있을 케임브리지 친구들에게 깊은 경의를 보낸다.

호수에 빠진 워즈워드

영국 컴버랜드 일대의 호수지역은 크고 작은 호수와 돌담으로 이어지는 초원 지대가 멋지게 어우러진 휴양지이다. 말 그대로 이 일대는 호수들과 높고 낮은 구릉들이 어우러져 그 아름다움을 더하고 있다. 이 호수지역이 바로 세계인의 가슴에 영원한 시심詩心 을 불어넣고 19세기의 위대한 낭만주의 시인 워즈워드의 삶이 있었던 곳이다. 그는 이곳에서 태어나 살면서 자연의 아름다움을 시로 읊었다. 시인으로서 한 인간의 영혼을 움직일 만큼 가슴 뛰는 자연의 아름다움이 이곳에 있었다.

런던 유스턴 역에서 에딘버러 행 열차를 타고 달리노라면 호수지역 현관인 윈더미어에 이르게 된다. 그 후 호수지역 주변인 앰블사이드, 북부 중심인 케지크 등에 이를 때까지의 크고 작은 마을들이 독자적인 아름다움과 특이함을 지니고 있어 여행객들을 며칠씩 머물도록 유혹한다. 영국에서 처음부터 호수지역을 방문하기란 쉽지 않은 일이지만, 런던과 케임브리지, 옥스퍼드와 스트랫퍼드 어폰 에이번 등을 한두 차례 방문하고 나면 워즈워드의 고향이었던 호수지역의 여행도 한결 수월해진다.

푸른 호수에 드리워진 산 그림자, 양떼들이 풀을 뜯고 있는 목가적인 모습, 바람에 흔들리는 나뭇가지, 가끔씩 내리는 비와 안개, 그리고 저 멀리 푸른 하늘 아래로 흘러가는 뭉게 구름과 같은 자연풍광을 보고 있노라면 자신도 모르게 워즈워드가 어떻게 탄생하게 되었는가를 느끼게 된다. 호수 주변에는 예쁜 농가들이 군데군데 이어져 한 폭의 풍경화를 연출한다. 호숫가 마을 뒤편을 돌아보면 어린 시절 꿈속에서 보았음직한 정겨운 돌담길과 고풍스런 석조건물들이 소담스럽게 자리 잡고 있다. 지붕 위 도자기 굴뚝이 달린 인상적인 전통 농가들은 푸른 호수와 어우러져 지나가는 나그네의 발걸음을 절로 멈추게 한다. 워즈워드가 그랬듯이 대자연과 인간영혼이 합일되면 자연과의 대화는 쉽게 이루어진다.

코커마우스에 가면 워즈워드의 생가는 쉽게 찾을 수 있다. 시인의 생가를 둘러본 후 뒤 뜰에 나가보면 그가 어린 시절에 보았을 법한 풍경이 그대로 살아있다. 이름 모를 꽃들이 피어난 뒤뜰 앞으로는 개울이 흐르고 그 한가운데는 갈대밭이 작은 섬을 에워싸고 있다. 갈대밭 사이로 야생오리 새끼들이 줄지어 헤엄치고 강물은 부드러운 햇살이 간지러운 듯 흘러간다. 강 주변에 서서 이름 모를 꽃들과 함께 바람에 흩날리는 한 무리의 수선화의 모습을 바라보고 서 있으면 워즈워드가 바로 이 모습을 보고 〈수선화〉를 창작한 것임을 쉽게 짐작 할 수 있다.

산골짜기 넘어서 떠도는 구름처럼
지향없이 거닐다
나는 보았네
호숫가 나무 아래
미풍에 너울거리는
한때의 황금빛 수선화를,

(…)

무연히 홀로 생각에 잠겨
내 자리에 누우면
고독의 축복인 속눈으로
홀연 번뜩이는 수선화.
그때 내 가슴은 기쁨에 차고
수선화와 더불어 춤추노니
- 윌리엄 워즈워드의 〈수선화〉 일부

농가에는 햇살이 가득하고 수선화 핀 개울에서 소년들은 뛰어 놀고 있다. 시인이 태어난 코커마우스를 비롯해 중년을 보낸 도브 코티지, 말년을 보낸 라이달 마운트 등을 돌아보다 보면 어느새 워즈워드가 살아 돌아와 시를 낭송하고 있는 듯하다. 이곳을 거닐며 그는 "하늘의 무지개를 보면/내 가슴은 뛰네./내 인생 시작할 때 그러했고,/어른이 된 지금도 그렇거늘./늙을 때 또한 그러하겠지./아니면 죽을지어다./아이는 어른의 아버지."(윌리엄 워즈워드, 〈무지개〉) 라고 노래했다.

낭만주의의 꽃

워즈워드는 S. 코울리지와 공동으로 펴낸 『서정민요집』에서 전원과 시골을 배경으로 자연의 장엄함을 다룸으로써, 영문학사상 낭만주의문학의 거대한 장을 여는 결정적 계기를 제공하게 된다. 낭만주의를 몇 마디의 말로 정의 한다는 것은 쉬운 일이 아니지만, 워즈워드가 『서정민요집』의 〈서문〉에서 정의내린 대로 "강력한 감정이 자연스럽게 넘쳐 나는 것"이라 말할 수 있다. 그는 상상력이 풍부한 문학이 인간을 정서적으로 생기 있게 하고 도덕적으로 민감하게 한다고 생각하였다. 다시 말해서 상상력과 감정이 풍만하게 넘쳐나는 문학이야말로 본질적인 문학의 주된 역할이라고 생각했다. 상상력이 빈곤한 시대에 사는 현대인들에게 낭만주의 시는 더욱 큰 교훈과 위안 그리고 기쁨이 될 수 있을 것임은 틀림없다.

워즈워드는 열렬히 프랑스 혁명을 지지하였고 젊은 시절 프랑스와 알프스 일대를 도보로 여행하며 그 아름다움을 찬미하기도 했다. 아마도 이 세상 사람들에게 가장 많이 회자되며 낭송된 시는 바로 〈초원의 빛〉일 것이다.

여기 적힌 먹빛이 희미해질수록
그대 사랑하는 마음 희미해진다면
여기 적힌 먹빛이 마름해 버리는 날
나 그대를 잊을 수 있겠습니다
초원의 빛이여!

꽃의 영광이여!
그것이 돌아오지 않음을 서러워 말아라
그 속에 간직된 오묘한 힘을 찾을 지어라
초원의 빛이여!
그 빛이 빛날 때
그때 그 영광 찬란히
빛을 얻으소서!
– 윌리엄 워즈워드의 〈초원의 빛〉 일부

우리가 여행을 떠나는 것은 이국적인 것을 찾아서 그리고 새로운 것을 만나기 위해서 이다. 지금 이곳이 아닌 다른 저곳, 우리를 아는 사람이 없는 낯선 땅에서 낯선 모든 것을 만나기 위해 여행을 떠나는 것이다. 그래서 여행길에서는 작은 것에서도 더 큰 위안과 더 큰 감동을 받게 되며 풍경이 주는 위대함에 감동하게 된다. 호수지역에서 우리는 워즈워스와 함께 아름다운 호수로 빠져든다.

셰익스피어 이야기

영국의 중부지방 워릭성 남쪽 외곽에 있는 작은 읍 스트랫퍼드어폰 에이번은 윌리엄 셰익스피어라는 위대한 극작가로 인하여 유명한 도시가 되었다. 이곳에서는 셰익스피어와 관계있는 명소와 공연들이 있기 때문에 항상 관광객들로 붐빈다. 작고 아늑한 느낌을 주는 이 도시에는 허리를 감싸고 도는 에이븐 강이 있어 더욱 푸근한 분위기를 연출한다.

셰익스피어 시리즈 공연이 열리는 로열 셰익스피어 시어터로 가기 위해 에이번 강을 향해 걸어간다. 여름 시즌에는 에이번 강에 배들이 떠다니기도 하는데, 이 강 부근을 산책하면 셰익스피어의 햄릿, 오델로, 멕베스 같은 인물들이 이곳저곳에서 나타나 함께 동행하는 것 같아 묘한 기분에 젖게 된다. 강을 따라 걸으면 로열 셰익스피어 시어터, 스완 시어터, 그리고 조금 떨어진 곳에 디 아더 플레이스 시어터의 세개 극장을 만나게 되며, 중간에 셰익스피어 동상도 있다. 세 개의 극장 중에서 로열 셰익스피어 시어터가 셰익스피어 작품을 전문적으로 공연하는 극장이다. 서양에서 정치적으로나 문화적으로 변방에 불과했던 16세기 영국에서 인류역사상 최고의 셰익스피어 같은 대문호가 탄생한 데는 개인의 천재성은 물론 시대적 조건이 뒤따랐다.

장구한 세월동안 위세를 떨친 로마제국의 영향 하에 있었던 대륙 국가들의 눈치를 살피며 자국 내 세 갈래의 적(스코틀랜드, 아일랜드, 웨일즈)을 평정하는 데 급급해 온 잉글랜드는 셰익스피어가 탄생한 16

세기 후반에 이르러 유럽에서 독자적인 정치세력의 기틀을 마련한다. 여기에는 셰익스피어가 태어나기 육년 전에 등극한 엘리자베스 여왕이 왕가 간의 끊임없는 분란을 잠재우고 전무후무하게 45년간의 장수 왕좌를 누린 덕분이라 할 수 있다. 엘리자베스 여왕은 영특하고 희생적인 구국의 일념으로 섬을 통일하고 국력을 길러 대륙에 맞설 정도로 대영제국의 긍지를 영국민에게 불어넣게 되었다.

국세의 확장에 힘입어 국민의 고양된 자긍심이 문화의 독창력으로 승화된 것은 당연한 일이다. 15세기 이탈리아에서 시작된 르네상스운동이 대륙을 거쳐 영국에 나타나게 된 것은 대륙보다 한 세기 늦은 16세기 전반이었다. 대륙문화의 영향을 받은 에드먼드 스펜서 같은 학자가 고전문학을 모방하는 차원을 넘어 영문학의 지평을 새롭게 넓히기 시작한 것은 셰익스피어의 문학세계를 풍성하게 하는 밑거름이 되었다. 문화의 변방에서 그렇게 단시간에 수입된 문화를 독창적으로 일으키게 되고 이에 힘입어 셰익스피어라는 작가의 천재성은 활짝 꽃피게 된 것이다. 실로 셰익스피어는 영국인들이 인도와도 바꾸지 않겠다고 서슴없이 얘기할 정도로 영국의 국가적인 자랑거리가 되었다.

인생이라는 연극

셰익스피어가 남긴 작품은 거의 사십편에 이른다. 그가 남긴 위대한 작품들 가운데서도 『햄릿』, 『오델로』, 『리어왕』, 『맥베스』를 4대 비극이라 부른다. 이들 작품에는 셰익스피어의 비극관이 잘 나타나 있다. 4대 비극에는 몇 가지 공통점이 나타나고 있는 데, 주인공들의 행동과 비극이 한결같이 그들의 성격에서 출발한다는 점, 주인공들이 비극적 현실과 갈등하고 싸우다가 종국에는 비참한 죽음으로 결말된다는 점이다. 이처럼 작품 속 주인공의 행동이 성격으로 인해 생겨난다는 사실은, 셰익스피어 비극에는 '성격이 곧 운명'이라는 개념이 농후하게 담겨있다는 점을 말해준다. 달리 말해서 이 사실은 셰익스피어의 작품이 보편적인 인간에게서 나타나는 삶의 향기와 꿈과 사랑을 구가하는 인간적 기록이라는 점을 말해 주는 것이다.

그의 비극은 언제나 비극적인 갈등과 불행 속에서도 한줄기 영롱한 인간성의 빛을 담고 있으며, 그 속에는 고매한 슬픔과 숭고한 인간정신이 담겨 있다. 비록 비극의 주인공들이 처절한 최후를 맞이하지만 독자들은 거기서 완전한 허무나 좌절이 아니라 새로운 생의 빛을 만나게 된다. 셰익스피어 문학의 위대성은 바로 여기에 있다. "나는 이 세상을 단지 무언가 한 가지씩 연기를 하지 않으면 안 될 무대라고 생각하고 있다. (…) 인생이란 걸어 다니는 그림자에 지나지 않는다. 다만 한동안 무대 위에서 광대노릇을 하곤, 이윽고 소문도 없이 사라지게 되는 비참한 배우이다." 라는 『맥베스』에 나오는 유명한 이야기와 같이, 인생과 인간에 대한 내면묘사를 그토록 완벽하게 한 작가가 이 세상에서 또 다시 등장할 수 있을까.

스트랫퍼드어폰에이번을 떠나기 전에 반드시 들러야 할 곳이 바로 홀리트리니티 교회이다. 셰익스피어를 비롯한 그의 가족들이 모두 이 교회 안에 잠들어 있다. 셰익스피어 묘 바로 옆의 벽에는 그를 사랑한 사람들이 성금을 모아 마련한 입상이 설치되어 있다. 기념상 속의 셰익스피어는 마주하고 있는 우리의 마음을 다 꿰뚫고 있다는 듯이 우리를 바라본다. 교회 묘역에 묻힌 그의 묘석에는 자작인 듯한 짤막한 글이 새겨져 있다.

친구여, 제발 여기에 묻힌 흙을
파내지 말아주오.
이 묘석을 아껴주는 이에게는 축복이,
나의 유골을 건드리는 자에게는 저주가 있을지니라.

가히 인류역사상 가장 위대한 극작가다운 유언이다. 그의 극적인 삶과 연극을 기리기 위해 오늘도 수많은 사람들이 이곳을 찾고 있다.

슬픈 아일랜드

아일랜드는 예나 지금이나 슬프다. 아일랜드인의 민족적 자부심은 건너편 섬나라인 영국에 짓눌려 칠백여 년 동안이나 억눌려 있었다. 일제가 우리에게 씻을 수 없는 상처를 남긴 식민지배의 세월이 35년이었다는 사실을 생각해 보면, 그 이십 배나 되는 세월 동안 아일랜드 민족에게 어떤 일이 벌어졌을지 상상키 어렵지 않다. 오랜 세월 동안 두 민족 간의 갈등은 지속적으로 이루어졌다. 영국인이 보기에 아일랜드인은 게으르고 술주정뱅이의 집단으로 보였고, 아일랜드인 눈에 비친 영국인은 체면치레에 급급한 속물이며, 자기나라와 민족을 갈라놓은 침입자였다. 그렇게 역사적으로나 기질적으로 화해할 수 없는 두 민족이 한 국왕을 모시고 수백 년을 살았다. 두 나라 사이에 쌓인 갈등과 불만의 앙금은 단순히 독립과 분리로 해소될 일이 아니었다. 영국은 아일랜드의 영원한 적이었고, 극복해야 할 타자였다.

아일랜드와 영국의 관계는 절묘하게도 한일 관계를 연상시킨다. 영국인이 아일랜드인을 바라보는 시각은 일본인의 한국인에 대한 시각과 비슷했다. 일본인이 조선인을 미개하고 열등한 민족으로 취급한 거와 마찬가지로, 영국인은 아일랜드인을 '하얀 검둥이'라 부르며 켈트족의 신경질적이고 불안정한 기질 때문에 독립은커녕 자치조차 허용할 수 없다고 했다. 아일랜드는 우리와 너무나 흡사한 구석이 많다. 가만히 들여다보면 나라 모양부터가 남한 지도를 빼닮았다. 강대국과 해협 하나를 사이에 두고 맞닿은 점도 닮았고, 그 때문에 겪은 고난의 역사와 그 역사가 만든 국민적 심성도 그렇다. 민족주의로 굳건히 뭉친 채 못살고 가난하던 과거를 떨쳐 버리고 단숨에 경제대국의 되었다는 사실까지도 그렇다. 오죽해서 일본의 어느 학자는 한국을 '일본의 아일랜드'라고 불렀을까. 한국과 아일랜드 두 민족에게는 한恨의 정서가 공통적으로 뿌리깊이 흐르고 있다.

이 같은 한의 정서는 그들의 문화와 문학에서 잘 드러난다. 특히 유명한 시인 W. B. 예이츠, 소설가 제임스 조이스, 그리고 극작가 버나드 쇼는 모두 아일랜드 출신으로서 민족정체성과 분열된 인간의식을 운명적으로 체험한다. 그들은 자신이 태어난 아일랜드에 대한 애정을 버릴 수 없으면서도 자신들을 문학적으로 키워준 영국문화와 문학에 대한 은혜 때문에 영국과의 연결고리를 끊지 못한다. 한마디로 그들은 식민지인으로서 '모국'과 '도피자'로서의 '분열된 인간의식'을 공유하고 있었다.

"모든 아일랜드인의 희망과 야망은 아일랜드를 어떻게 벗어나는가에 달려있다." 라는 버나드 쇼의 말대로 그들은 더블린을 떠나 런던에 정착했고, 문학적으로 성공하면서 영국 땅에서 '앵글로색슨과의 십자군 전쟁'을 치러야 했다. 그들은 어느 때 어느 곳에 있든 더블린과 런던 사이를 방황하는 '망명자'에 불과했다.

예이츠의 이니스프리 섬

예이츠는 아일랜드를 대표하는 시인으로, 우리에게도 많은 사랑을 받고 있다. 그는 조국 아일랜드의 혼란상을 지켜보면서 자기의 예술을 가능케 하는 권력 형태는 어떠해야 하고, 자기 예술은 어떤 권력을 예시해야 하는지 고심하였다. 예이츠를 '슬픈 아일랜드 마법사'로, 그의 시를 '초월시학'으로 부르는 이유도 여기에 있다. 실제 그의 시세계는 개인적 차원을 넘어 조국의 문화적·역사적·신화적 전통과의 긴밀한 유대 속에 미학적 상징체계를 구축해 낸다. 우리들에게 널리 알려진 〈이니스프리 섬〉에서 예이츠는 자신의 조국을 이상향과 같이 그려내고 있다.

나 이제 일어나 가리라 이니스프리 섬으로
흙과 나무로 오두막 짓고
아홉 이랑 콩 심고 꿀통을 놓고
벌들이 윙윙대는 숲에서 살리라
거기서 누리리니
평안은 고요히
귀뚜라미 소리와 함께 오리라
밤에는 아슴하나
낮에는 눈부시네
저녁에는 방울새 날아오리
일어나 가리라

호숫가 물소리 하루 내내 들리는 곳
어디서든 가슴으로 그 소리 들으리라
－W. B. 예이츠의 〈이니스프리 섬〉 일부

예이츠에게 미학적 이상과 정치적 이상은 동전의 양면과도 같은 것이었다. 그는 조국의 혼란상을 지켜보면서, 자기의 예술을 가능케 하는 삶과 조국의 현실은 어떠해야 하는가를 꿈꾼다. 조국으로부터 분열된 공동체 구성원들의 아픈 마음을 어루만지며 그들의 고통을 완화시켜 주려는 노력은 그의 시의 비극적 서정에서 눈부시게 빛을 발한다.

조이스와 더블린

20세기 최대의 소설가로 알려진 조이스 문학의 중심적인 주제는 '망명의식'이다. 조이스의 전 작품은 그의 조국 아일랜드와 더블린 사람들의 삶을 그린 것이다.『더블린 사람들』,『젊은 예술가의 초상』,『율리시스』까지 이른바 '더블린 3부작'이라고 불리는 세 소설은 조이스가 겪었던 더블린 사람들의 삶을 소재로 하고 있다.『젊은 예술가의 초상』의 주인공 스티븐 디덜러스가 그랬듯이, 조국 · 가정 · 종교와의 불화 때문에 조이스는 1915년 아일랜드를 떠나 취리히로 옮긴 뒤 죽을 때까지 다시는 조국 땅으로 돌아가지 못한다. 더블린은 자신이 외면하고자 하는 삶의 현실이면서 동시에 그의 문학 전체를 지배하는 터전이며 미적 영감의 진원지이기도 했다는 사실은 조이스 삶의 아이러니이기도 하다. 조국에서의 외면과 영어권 사용국가에서의 매도와는 대조적으로 조이스 문학이 비영어권인 유럽 대륙에서 먼저 인정받기 시작했다는 사실 또한 조이스 문학이 얼마나 역설적으로 영위되어왔던가를 잘 보여주고 있다.

현실의 질서가 작가들이 원하는 것을 보여주지 못할 때 작가들은 현실을 외면한다. 더블린의 거리 구석구석에서 조이스와 예이츠도 자신들의 삶의 현실과 조국의 현실을 얼마나 한탄하고 슬퍼했을 것인가. 슬픈 아일랜드의 현실은 언제나 그들을 혐오했고 그들은 그 현실을 외면하고자 했다. 그런 현실에 안주하면서 예술을 창조할 수 없다고 생각한 그들은 조국을 떠날 수밖에 없었다. 조국 아일랜드를 떠나는 조이스가 탄 배 뒤에서는 갈매기들만이 서럽게 울고 있었다.

프라하의 봄, 그리고 가을

유럽의 심장

유럽의 여러 나라들은 제각각 다른 역사와 다른 삶의 모습을 간직하고 있다. 그래서인지 사람들이 좋아하는 나라와 도시도 다르고 성향이나 관심에 따라 다양하게 표현된다. 신사의 나라 영국, 무뚝뚝하고 경직된 독일, 정열이 넘쳐나는 스페인, 가는 곳마다 예술이 가득한 프랑스 등등은 사람들의 일반적인 선입견에 의해서 붙여진 별칭이다.

유럽의 여러 나라 중에서 체코에 대해서도 사람들은 나름대로 독특한 인상을 가지고 있다. 사람들은 중세풍의 아름다운 건축물이라든가 보헤미안이 가득한 도시로서의 체코와 프라하에 대해서 이야기한다. 바쁜 유럽 여행 일정에 쫓기며 잠시 하루 이틀 정도 프라하에 머물다 떠나는 사람들이 이런 단편적 느낌을 받는 것은 당연한 일인지 모른다. 그러나 프라하에서 좀 더 긴 시간 머물다 보면 사람들이 왜 프라하를 '유럽의 심장', '황금도시', '북쪽의 로마', '중년의 도시'라 부르는지 실감하게 된다.

체코의 역사에는 깊은 슬픔의 골이 가득하다. 슬라브족은 5~7세기에 현재의 체코와 슬로바키아 지역으로 이주하여 정착하였다. 8세기에는 모라비아 왕국이 들어섰으며 10세기부터 보헤미아 왕국으로 번영했다. 14세기에는 카를 4세가 신성로마제국에 오를 정도로 국력이 신장되었으며 종교개혁의 전쟁에 휩싸여 16세기에는 합스부르크 왕조의 지배하에 들어갔다. 19세기 후반에는 오스트리아와 헝가리의 지배를 받다가, 세계 일차 대전 후 체코슬로바키아로 통합되었다가 바로 나치 독일에 점령되었다. 이후 1945년 구 소련의 점령

하에 사회주의로의 길을 걸었으며, 공산주의에 항거해 1968년 '프라하의 봄'을 갈구했으나 끝내 소련의 억압에 굴복해야 했던 슬픈 내력을 가지고 있다. 그 후 1993년 1월 1일 체코슬로바키아 연방공화국은 체코와 슬로바키아 두개의 공화국으로 분리되어 오늘에 이른다.

프라하의 봄

1960년대부터 공산주의에서 벗어나고자 하는 국민들의 민주화 자유화의 열망은 지식층이 중심이 되어 전국적으로 파급되기 시작하였다. 그러나 이러한 체코 사태가 동유럽 전체로 확산될 것을 우려한 소련은 1968년 8월 20일 약 20만 명의 군대로 체코슬로바키아를 무력 침공하여 두프체크를 비롯한 개혁파 지도자들을 숙청하였다. 이렇게 '프라하의 봄'은 좌절되었다.

원래 '프라하의 봄'은 체코 필하모니 결성 50주년을 기념해 46년부터 매년 5월에 프라하에서 열려온 음악제 이름이었다. 오랜 전통에 의해 개막일에는 스메타나의 〈나의 조국〉이, 폐막일에는 베토벤의 교향곡 9번 〈합창〉이 연주된다. 그런데 1968년 체코사태 당시 한 외신기자가 "프라하의 봄은 과연 언제 올 것인가"라고 타전한 이후 '봄'이라는 단어가 주는 이미지로 인해 '프라하의 봄'은 체코의 자유화와 민주화를 상징하는 용어가 되었다.

자유화와 민주화를 위한 '봄'은 어디서나 항상 이렇게 힘들고 더디게 온다. 폴란드에는 '바르샤바의 봄', 헝가리에는 '부다페스트의 봄', 그리고 우리나라에서는 '서울의 봄'이 그렇게 힘들고 어려운 시간을 거치면서 우리에게 운명처럼 다가왔다.

프라하 성城이 있고 카프카와 릴케의 집이 있는 프라하에는 돌의 길. 돌의 교회. 돌의 음악이 있다. 우리들이 살아가는 이유가 길이 되고 집이 되기 위한 것이지 돌이 되기 위한 것이라고 하는 사람은 없다. 그러나 돌이 되어야 집이 되고 길이 될 것이 아닌가. 이 턱없는

이율배반의 논리를 지워야하는 것인지 일으켜 세워야 하는 것인지 알 수 없는 노릇이다. 프라하에서는 집과 길의 풍경보다도 돌의 풍경이 더 아름답다.

중년의 도시, 프라하

프라하를 세 차례나 방문한 나는 이곳에 도착하면 왠지 '우울' '비애' '애수'와 같은 단어가 먼저 떠오른다. 가을이 깊어가던 어느 날 해질 즈음에 프라하 거리를 혼자서 망연히 헤매고 다니던 때를 잊을 수 없다. 프라하의 도심 뒷골목에서 옷깃을 세우고 어디론가 갈 길을 재촉하는 사람들의 발걸음을 바라보면서, 나는 갑자기 초로初老의 나이에 딱히 갈 곳도 없으면서 어딘가를 배회하는 사람들의 말할 수 없는 우수와 비애를 실감하였다. 찬란하던 여름이 지나고 푸른 초목들도 그 강렬하던 힘을 잃고 낙엽이 되어 어지럽게 길거리에 날리기 시작할 때, 사람들은 갑자기 갈 곳을 잃은 채 허둥대게 된다. 프라하 거리에서도 이 고단한 삶을 꾸역꾸역 살아가야 하는 사람들의 비애가 가을낙엽처럼 흩날리고 있었다.

가을이 깊어가는 시간이 되면 나는 흔히 담쟁이가 드리워진 화강암의 싸늘한 담 벽과 날카롭고 투명한 고딕 첨탑이 서있던 프라하의 거리를 생각하게 된다. 프라하에서는 언제나 카프카의 『변신』과 『심판』의 주인공들과 함께 거리를 걷는다. 그리고 그들의 불안과 비애를 외투주머니 구석에 꾸깃꾸깃 집어넣고 '존재의 참을 수 없는 가벼움'을 생각한다. 프라하의 구 시청사 앞 선술집에서 카프카와 필스너 맥주를 마시면서 존재와 삶의 의미에 대하여 밤새워 이야기했다. 시인 허만하는 프라하에서 우리의 모습은 "저무는 흐름 위에 몸을 던지는 비"와 같은 것이라고 했다.

> 비가 빛나기 위하여 포도가 있다. 미로처럼 이어지는 돌의 포도. 원수의 뒷모습처럼 빛나는 비. 나의 발자국도 비에 젖는다.

나의 쓸쓸함은 카를교 난간에 기대고 만다. 아득한 수면을 본다. 저무는 흐름 위에 몸을 던지는 비, 비는 수직으로 서서 죽는다. 물안개 같다. 카프카의 불안과 외로움이 잠들어 있는 유대인 묘지에는 가보지 않았다. 이마 밑에서 기이하게 빛나는 눈빛은 마이즈르 거리 그의 생가 벽면에서 보았다.

-허만하의 〈프라하 일기〉 일부

언제나 우리는 자신이 소멸되어가는 줄 모르고, 영원히 살아있을 것처럼 목청껏 소리를 지르다 결국 홀로 죽어간다는 사실을 깨닫는다. 시간의 기별이 다 끝나고 삶의 끝자리에 서서야 막다른 자의 절규가 어떠한 것인가를 알아챈다. 인간의 운명처럼 "비는 수직으로 서서 죽는다." 인간은 수직으로 직립으로 한평생 살아간다. 수직으로 떨어지는 비의 운명과 같이 한평생 살아가는 인간의 운명, 그것이 우리의 존재이고 삶인지 모른다.

프라하는 참으로 아름다운 도시다. 우리에게는 몰다우 강으로 알려져 있으나 체코인들에게는 블티바 강이라 불리는 강이 흐르고 그 위에 카를교가 있다. 체코사람들에게 카를교는 영혼과 같은 곳이다. 짙은 여수처럼 번지는 안개 낀 카를교에서 고독한 모습을 한 여인의 그림자가 속삭인다. "돌의 무릎을 베고 주무세요. 바람에 밀리는 비가 되세요. 그리고 당신이 돌의 풍경이 되세요." 그 돌의 풍경이 바로 프라하의 역사이고 문학이다.

'존재의 참을 수 없는 가벼움'

프라하의 슬픈 내력을 많은 사람들은 문학작품과 영화의 배경으로 표현해 내었다. 대표적인 것이 밀란 쿤데라의 소설 『존재의 참을 수 없는 가벼움』을 원작으로 한 영화 〈프라하의 봄〉이다. 이 작품의 배경에는 60년대와 70년대 유럽을 뒤흔들어놓은 '프라하의 봄'이라는 시련이 깔려 있다. 쿤데라의 작품 한복판에는 주인공인 양 요지부동으로 자리하고 있는 체코가 등장한다. 체코는 실제로 존재하는 나라이면서 동시에 신화적이며 상상 속의 나라이다. 현실과 꿈, 사랑과 증오, 과거와 현재 사이에서 분열된 존재의 복합성을 보여주고 있다. 그렇기 때문에 체코는 슬로바키아와 함께 둘로 갈라진 슬픈 나라가 되었다.

영화 〈프라하의 봄〉은 프라하를 배경으로 인간의 삶과 사랑이라는 통속적 주제를 다루고 있다. 웨이트리스 테레사와 의사 토마스가 열정과 권태가 교차된 사랑 끝에 '가벼운 삶의 흔적'만 남기고 증발해 버리는 프라하의 이야기이다. 그러나 주제의 통속성과 달리 이 영화는 보는 사람들로 하여금 내내 프라하에서의 진정한 삶과 사랑의 의미를 생각나게 한다. 이따금씩 우리들을 꼼짝 못하게 옥죄어 오는 암담한 삶의 현실과 타인의 삶이 지닌 중력이 우리를 억압해 올 수 있다는 것, 그리하여 우리의 삶과 사랑이 송두리째 바뀔 수 있다는 것, 그러한 사실을 깨달을 때 우리는 절망한다.

〈프라하의 봄〉에서 여자와 섹스를 한 뒤 토마스가 창밖으로 틴 교회를 바라볼 때 종소리가 들려온다. 그때 그는 "세상 여자가 다 신대륙 같다."고 말한다. 그는 진지한 사랑을 삶에서 분리시킴으로써 자신의 존재를 한없이 가볍게 만들고자 한다. 영원한 사랑이란 불가능하다고 생각하는 토마스는 사랑의 진정성을 회의했지만 결국 테레사를 만나서 진정한 사랑의 의미가 무엇인가를 다시 묻는다. 또 다른 사랑의 가벼움을 찾아 나섰다가, 깊은 우연의 사슬 끝에서 진정한 사랑의 무게를 느끼기 시작한 것이다.

테레사와 토마스는 결국 사고로 함께 죽는다. 그들의 운명은 우연한 사건들, 연쇄된 구속들, 그리고 돌이킬 수 없는 결정의 산물이다. 그렇지만 죽음을 향한 길, 서로 사랑하는 두 사람의 파괴는 어떤 내면의 자유와 평화를 다시 찾는 길이기도 하다. 삶에서 정말 중요한 것은 필연이 아니고 마술처럼 신비롭게 찾아오는 우연이다. 우리들의 사랑도 마찬가지다. 진정한 사랑은 처음 순간부터 우연이라는 이름으로 우리들의 가슴에 내려앉는다. 마치 카를교 위의 성자 프란츠 폰아시시의 어깨 위에 내려앉은 새들처럼.

토마스처럼 삶의 가벼움을 맛보기 위해 엔지니어와 하룻밤 사랑을 나눈 테레사는 다리 밑에서 잿빛 강물을 바라보며 "프라하를 떠나고 싶다"고 절규한다. 자기가 사는 곳을 떠나고자 하는 자는 불행한 사람이다. 환멸과 질투, 무책임과 욕망에 상처를 입은 두 사람의 삶과 사랑의 비극은 결국 '존재의 참을 수 없는 가벼움'을 우리에게 보여준다. 그들의 사랑에 담긴 진정한 비극은 삶이든 사랑이든, 가벼워지고 싶어도 가벼울 수 없고 무거워지려 해도 무거워질 수 없다는 사실에 있다.

카를교의 연인들

카를교는 블타바 강 우측의 구시가지와 좌측 언덕 위에 우뚝 솟은 프라하 성을 연결하는 유럽에서 가장 아름다운 다리 중 하나로 꼽힌다. 1357년 신성로마제국의 황제인 카를 4세의 명에 의해 건설되기 시작했다. 그후 로마 산탄젤로 성에 있는 베르니니의 조각에서 힌트를 얻어 1683년부터 프라하의 기독교 순교 성자인 '성 요한 네포무크'의 조각상을 시작으로 기독교 성인 33인의 조각상을 다리 난간에 세웠다. 그 중 '성 요한 네포무크' 조각상은 만지면 행운이 온다는 전설 때문에 많은 사람들이 만진 탓인지 손닿는 부분이 유독 반짝거린다.

우리들의 허망한 육신처럼 조금씩 사그라지는 빛을 쫓으며 사람들은 카를교로 모여든다. 어둠이 다가오기 시작한다. 빛이 사라지고 어둠이 온다는 것은 오늘이 어제라는 이름으로 바뀌어져 간다는 표시이다. 어제는 지나간 시간의 또 다른 이름일 뿐, 생의 끝과 역사의 끝이 어디쯤인지 나는 알지 못한다. 어둠이 다가온 줄도 모르고 밤늦도록 친구들과 어울려 놀다가 길을 잃어버리고 울던 어린 시절의 아득한 기억처럼, 지금 내 곁에 다가오고 있는 하루의 적멸을 바라보고 있다. 억겁의 세월동안 수없이 나타났다 사라져간 저 해 무더기들은 모두 어디에 쌓여져 있는 것일까. 카를교에서 지는 해는 아름답다. 카를교에서 지는 해가 아름다운 이유는 이루어질 수 없는 사랑과 슬픈 역사가 있기 때문이다. 다리 아래의 물속으로 서서히 잠겨들어가는 일몰의 향연은 나를 카를교에서 떠나지 못하게 했다.

다리 옆 공원 벤치엔 사랑하는 연인들이 다정히 담소를 나누고 있고, 다리 양쪽에 늘어선 성인상 주위론 새들이 낮게 비행한다. 아름다운 프라하의 야경을 감상할 수 있어 카를교는 항상 세계 각지에서 온 관광객들로 붐빈다. 다리 위에서 펼쳐지는 거리의 악사 공연은 오가는 사람들을 흥겹게 한다. 이곳에서 바라보는 프라하 성의 전경은 특히 신비롭다.

프라하 성은 프라하의 역사를 대변해 주는 로마네스크 양식의 건축물로 9세기 보리보위 왕자가 건립했다고 한다. 지금의 성은 대통령 관저로 사용되고 있으며 위병들이 성으로 향하는 입구를 지키고 있다. 입구를 통과하면 황금길이라 불리는 좁은 골목으로 접어든다. 그 곳에는 마치 동화 속의 소인국에서나 나올듯한 색색의 작은 집들이 늘어서 있다. 처음에는 성에서 일하던 집사와 하인들이 살던 곳이었으나 이후 연금술사들이 모여 살면서 '황금길'이라는 흥미로운 이름이 붙여졌다.

카를교에서 프라하 시가지를 내려다보면, 세계와 우주는 인간의 힘에 의해서가 아니라 눈에 보이지 않는 어떤 커다란 질서에 의해 이루어진 것이 아닌가 하는 생각이 든다. 인간에 의해서 이루어지는 이성과 역사라는 것도 고정된 채 존재하는 질서가 아니고 자연과 우주의 불가항력적이고 위대한 힘에 의해 형성되는 것은 아닐까. 세계는 단지 이어질 뿐이고 그 진정한 주체는 없으며, 절대적 진리와 주체란 무상한 것이다. 그래서 우리는 항상 무상 너머의 세계를 넘보려 하고, 막다른 골목에 이르러서야 후회하고 절망한다. 오늘날 과학기술이 아무리 발전해도 사람이 늙고 병들고 죽는 것은 막을 수 없다는

것을 우리는 너무나 잘 알고 있다. 인간들이 그렇게 자랑하는 아름다움과 지혜와 이성도 언젠가는 소멸되고 말 것이다. 생로병사가 인간에게 절대 불변의 원리이지만, 늙고 병들어 죽지 않고자 몸부림치는 것이 인간이다.

카를교의 아름다움과 그를 바라보며 영원한 사랑을 맹세하는 저 연인들도 언제까지 불변하는 존재로 남을 것인가.

카프카의 삶과 불안의식

프라하를 더욱 유명하게 만든 것은 유대계 상인의 아들로 태어난 프란츠 카프카가 이곳 출신이라는 사실 때문이다. 거리의 22번지 파란 집은 카프카가 1916년에서 1917년까지 『성』, 『변신』 같은 작품을 창작했던 곳이다. 프라하를 찾아오는 수많은 관광객들도 이곳을 방문하는 사람은 거의 없다. 카프카는 그의 여러 작품에서 정체를 알 수 없는 인간존재와 실존의 모습을 이곳에서 그려내고자 고민했다.

카프카가 태어나고 활동했던 프라하는 특수한 역사적 사회적 상황으로 인해 그에게 커다란 영향을 미쳤다. 당시 유럽제국의 보헤미아 수도로서 프라하는 체코인들이 살고 오스트리아인들이 다스리는 민족적 종교적 갈등의 온상이었다. 카프카는 몇 번의 짧은 여행, 그리고 단기간의 베를린 체류를 제외하고는 평생을 프라하에서 살았다. 따라서 프라하는 카프카에겐 중요한 인생의 지표가 될 수밖에 없었으며, 프라하의 사회적 문화적 상황은 카프카 문학에 깊은 흔적을 남겨놓았다.

카프카의 생가, 그가 다녔던 대학, 노동자상해보험 사무실, 프라하 구 시가지를 비롯한 시내 거리에 그의 인생은 고스란히 담겨 있다. 프라하는 카프카의 가정이며 삶이며 문학이었다. 그의 가정에서 아버지의 형상은 아들의 전 생애에 어두운 그림자를 드리우고 있으며, 그의 저술들 속에서 악령처럼 따라붙었다. 이렇게 카프카와 프라하는 불가분의 관계에 있다. 카프카의 소설은 항상 프라하를 배경으로 이루어져 있다. 그야말로 카프카가 프라하였고 프라하가 카프카였다. 카프카가 성장하고 그 소설의 배경이 된 프라하의 거리들을 알지 못하고는 카프카를 제대로 이해하기 힘들다.

카프카를 둘러싸고 유럽의 여러 나라는 서로 소유권을 주장하고 있다. 하지만 1924년 빈의 한 요양원에서 숨졌을 때, 그의 작품을 아는 사람은 극소수에 불과했고, 그가 세계적인 작가의 반열에 들 것이라고는 아무도 상상치 못했다. 세계문학사를 통틀어 카프카만큼 많은 문제의식을 던진 작가는 찾아보기 힘들 것이다.

그는 자신을 짓누르던 삶의 비애와 실존적 불안에 대해 끊임없이 이야기했다. '불안'이라는 단어는 카프카의 작품세계를 여는 중심개념이다. 그는 어느 편지에서 "불안은 실로 나의 본질이다"라고 말했다. 시대와 인간의 야만, 실향과 고립, 정처 없음과 소외에 대한 불안을 그는 견딜 수 없어했다. 그것은 현대적 삶에 대한 불안이며, 동시에 인간에 대한 불안이었다.

FRANZ KAFKA

『변신』과 현대인간

카프카의 작품은 무엇보다 당대를 살아가는 인간과 삶의 본질적 문제를 바라보았다는 점에 그 중요성이 있다. 카프카는 서방국가들에서 수많은 언어로 번역되고, 철학적 종교적 의미에서 광범위하게 해석되고 있다는 사실이 이를 잘 증명한다. 카프카의 작품과 관련하여 사람들이 가장 먼저 주목한 것은 기계화된 산업사회에 당면한 현대인의 소외이다. 카프카는 모든 것이 불확실하고 소외된 삶의 모습, 말을 바꾸면 불안과 고립 속에 빠진 현대인간의 모습을 단순한 언어로 형상화하고자 했다.

『변신』을 위시한 많은 작품을 통해 카프카는 인간성이 상실되고 기계화된 일상에서 느끼는 인간소외와 고립의 모습을 보여주고 있다. 매일 매일을 타성처럼 살아가며 내 삶이 단지 한 마리 벌레보다 나은 게 무엇인가를 인식하는 순간, 나는 한 마리의 벌레로 변신한다. 카프카의 『변신』은 단지 괴기한 공포의 이야기가 아니다. 현대적 인간 실존의 허무와 절대 고독, 그러한 상황이 인간을 어느 날 아침 한 마리의 벌레로 변신시킨 것이다. 『변신』은 벌레로의 변신을 통해 현대적 삶 속에서 자기 존재의 의의를 잃고 소외된 채 살아가는 인간의 모습을 보여준다. 주인공 그레고르가 생활비를 버는 동안은 그의 기능과 존재가 인정되지만, 그렇지 못할 경우 그의 존재 의의는 사라져 버린다. 그레고르의 변신은 개인은 물론 가족 간의 소통과 이해가 얼마나 단절되어 있는가를 단적으로 말해주고 있다.

『변신』은 카프카의 삶이 투영되어 있는 일종의 자서전이라 할 수 있다. 아버지의 기대와 자신의 삶에서 오는 괴리감은 카프카의 정체성에 일대 혼란을 가지고 왔을 것이다. 가정과 사회라는 거대한 압박감을 벌레의 몸통으로 표현하였고, 카프카의 자아는 다리로 표현되었다. 나는 어디에 있는가. 어디로 떠나야 하는가. 시인 보들레르는 인간은 항상 만나보지 못하고 가보지 못한 무한의 길을 갈망한다고 했다. 영원과 무한의 세계를 향한 그리움은 인간의 기본적 본능 중의 하나라 할 것이다. 카프카의 문학도 무한의 길을 향한 끊임없는 열망의 표현은 아니었을까.

블타바 강가에 앉아 무심히 흘러가는 강물을 내려다보고 있으면 카프카의 삶과 문학이 함께 흘러가는 듯하다. 또한 카프카와 프라하 사람들의 자유와 사랑을 향한 무한한 염원도 아름다운 도시 곳곳에서 여전히 살아 꿈틀대고 있는 듯하다. 그동안 프라하에서 일어났던 무수한 아픔과 슬픔의 시간을 모두 다 알고 있다는 듯이, 블타바강은 오늘도 카를교 아래에서 유유히 흘러가고 있다.

아우슈비츠에 대한 명상

아우슈비츠 이후

인간의 역사는 전쟁에 의해서든 침탈에 의해서든 피를 흘리며 이루어져 왔고 또 시간 속으로 사라진다. 그러나 폴란드 아우슈비츠에서의 유대인 대학살은 역사 속에서도 특별한 자리를 차지한다. '인류가 저지른 가장 잔혹한 행위'의 현장인 아우슈비츠에는 당시의 참혹상이 그대로 남아 있다. 매일 수천 명을 뽑아 죽이고, 화장火葬하는 학살의 현장에서 인간은 스스로의 모습을 보고 몸서리치며 고개를 돌렸고, 그곳에서는 신神도 사라지고 없었다. 서정도 시詩도 사라지고 없었다. "아우슈비츠 이후 시를 쓰는 것은 야만적이다." 라는 누군가의 말에 무릎을 꿇고 고개를 숙였다. 이곳에서는 인간이라는 사실이 무의미해지고 우주는 온통 암흑이다. 어떻게 하늘에 해와 달이 뜰 수 있으며, 어떻게 신이 존재한다고 말 할 수 있겠는가. 그러나 아우슈비츠 이후에도 우리는 이 시대를 살 수 밖에 없다는 사실이 참담할 뿐이다.

아우슈비츠에서 나는 한편의 거대한 비극을 읽었다. 아우슈비츠 곳곳에 전시된 유태인들의 유골과 그들이 입던 옷과 신발을 보는 것은 한편의 비극 그 자체이다. 비극이란 단순히 인간의 슬픔과 고통을 전시함으로써 눈물을 흘리게 하는 것이 아니다. 비극이란 나약한 자들을 위한 체념의 예술이 아니다. 비극은 인간에게 닥친 슬픔과 고통, 심지어 시련조차도 역사적 반복과 긍정의 대상으로 만들 수 있는지를 묻는 현장이다. 그러한 부정을 통해 삶을 보다 의미 있는 것이라 생각하고 살아간다는 것은 무의미한 일이다. 인간이 계속해서 살

아야 하는지를 묻는 삶의 의지에 대한 시험으로써의 예술과 철학은 비극이다. 아우슈비츠의 현장에서 나는 비극을 읽는다는 것이 무엇인가를 생각해 보았다. 이곳에서는 절망과 허무에 감염된 슬프고 무력한 순간들을 어떻게 삶에 대한 의욕으로 되돌릴 수 있을까하는 생각, 우리가 철저한 절망과 허무의 삶을 살아가기 위해 이 비극을 어떻게 읽어야 할 것인가를 생각했다.

역사를 보는 눈

역사에는 두 가지 중대한 의미가 담겨 있다. 하나는 '있었던 사실'이며, 다른 하나는 '기록된 사실'이라는 의미이다. '있었던 사실'은 있던 대로의 객관적인 것이며, '기록된 사실'은 역사가가 현재의 관점에서 주관적으로 재구성한 것이다. 역사책에는 기록하는 사람에 따라 달리 표현될 수 있는 것이어서 주관적인 해석이 담겨지게 된다. 그러나 역사가가 있지 않은 사실을 날조하거나 왜곡할 수 있는 것은 아니다. 역사가는 기본적으로 객관적인 과거의 사실을 전달해야 한다.

그렇다면 되돌릴 수도 없는 지나가버린 역사를 우리는 왜 공부하는가. 그것은 역사를 통하여 과거의 지난 세계를 만날 수 있기 때문이다. 역사는 과거의 모습과 세계를 우리 앞에 그대로 드러낸다. 역사학자 홉스 봄은 역사를 '과거와 현재와의 끊임없는 대화'라고 했다. 이 말은 현재를 사는 우리는 역사를 배우면서 과거의 세계와 만날 수 있음을 의미하는 것이다. 역사를 공부하고 인식하는 일이야말로 바로 과거와 현재 사이에서 만남을 가지고 대화를 나누는 것이다. 이 만남에서 우리는 수많은 삶의 지혜와 교훈을 얻게 된다.

그런 의미에서 독일의 역사인식과 이웃나라 일본의 역사인식은 엄청난 차이를 드러내고 있다. 여전히 자신들의 역사를 제대로 되돌아보지 않으려 하는 일본의 모습은 많은 의미를 던져주고 있다. 일본의 이런 태도로 인하여 우리 현대사에 드리워진 어둠의 그림자는 여전히 깊은 장막처럼 드리워져 있다. 일본의 몰염치한 역사인식에 우리는 다시 한 번 실망과 분노를 금할 수 없다. 자신들이 저지른 과거 역사의 잘못을 애써 외면하고 위장하고자 하는 이런 태도는 현재와 미래의 보다 나은 삶을 거부하는 기만이며 반역인 것이다.

과거의 세계를 있는 대로 만남으로써, 우리는 과거의 사실을 올바르게 이해할 수 있다. 또한 여기에 그치는 것이 아니라 과거가 주는 교훈으로부터 인간은 현재를 사는 보다 성숙한 방식을 얻는데 도움을 받는다. 현재는 과거의 결과물이다. 과거에서 일어난 역사적인 경험이 우리에게 지혜와 교훈을 주고 용기를 준다. 역사를 공부하는 것은 과거의 사실을 바르게 이해하는 데서 출발하여, 현재에 대한 보다 나은 성장을 약속하는 것이다. 더 나아가 이것은 미래를 향한 올바른 안목을 길러내는 것이기도 하다. 과거는 현재로 이어지고, 현재는 다시 미래로 이어진다. 자신들이 저지른 역사를 지우기에 급급한 일본에 비해 독일은 너무나 대조적인 모습을 보이고 있다.

아우슈비츠의 현장에서

체코 프라하에서 야간열차를 타고 힘들게 도착한 아우슈비츠 수용소 정문에는 독일어로 '노동이 너희를 자유롭게 하리라.' 라는 문구가 방문하는 사람들을 위협적으로 내려다보고 있었다. 정문에서 안으로 들어서면 고압 전류가 흐르는 이중 쇠창살과 음산한 수용소 시설과 독가스실이 줄지어 서 있다. 나치에 잡혀 이곳에 끌려온 사람들의 대부분은 도착과 동시에 학살 되거나 노동 · 기아 · 실험으로 죽어갔다. 전쟁 중에 일본이 곳곳에서 저지른 만행도 이와 하나도 다를 바 없었다. 도대체 인간의 잔혹성과 폭력성의 끝은 어디까지이며, 그들이 저지른 만행을 역사는 어떻게 처벌해야 할 것인가.

얼마 전 독일 검찰은 '아우슈비츠의 회계원'이란 별칭을 가진 94세의 오스카 그뢰닝에게 징역 삼년 육개월을 구형했다고 밝혔다. 그를 기소한 검사는, 그가 지난 수십 년간 기소되진 않았지만 계속해서 조사받았기 때문에 사실상 형 일부를 산 것으로 보고 이같이 감형한다고 말했다. 독일은 자신들이 저지른 역사적 만행과 과오를 끝까지 추적해서 반성하고 사죄하는 모습을 보인다는 점에서 일본과는 너무나 다른 모습을 보여주고 있다. 독일의 이런 모습이 우리에게 깊은 감동을 주고 있다.

역사란 결코 인위적으로 은폐되거나 단절될 수 없는 일정한 흐름을 지니고 있는 현재진행형이다. 흔히 과거의 사실만을 역사라고 생각하지만, 과거의 사실을 올바르게 재정초 지울 때 현재가 바로 설 수 있고 이것은 미래로 연결될 수 있다. 역사를 올바르게 세우기 위

해서 지나온 과거는 물론 우리가 서 있는 현재라는 시점까지 그 연결고리가 제대로 이어져야 하는 이유가 여기에 있다.

지금 우리가 지난 역사에 관심을 가지고 거듭 환기코자 하는 까닭은, 과거의 사실로부터 미래를 위한 우리의 결단을 뒷받침해 줄 수 있는 답을 얻고자 하기 위함이다. 개인이든 국가이든 보다 나은 현재와 미래를 잉태하는 길은 잘못된 과거를 왜곡하거나 답습하지 않고 바로잡는 것으로부터 출발한다. 아우슈비츠의 현장은 우리에게 거듭해서 진정한 역사의 의미가 무엇인가를 일깨운다.

아돌프 히틀러와 그 광기

아돌프 히틀러는 1889년에 태어났다. 그는 소년 시절 열렬한 화가 지망생이었지만 아버지와의 진학 마찰로 인해 결국 오스트리아의 실업계 고등학교에 진학하게 되었다고 한다. 그 후 히틀러는 학교를 자퇴하고 오스트리아 빈에 머물면서 반유대주의 사상을 키워 나간다. 그는 독일로 거처를 옮긴후 군 복무를 할 것을 요구받자 건강을 핑계로 거절한다. 일부 학자들은 히틀러가 이 때 거절을 한 이유가 슬라브계 및 유대계 군인들이 섞인 군대에 몸담기를 싫어했기 때문이라고 분석한다.

일차 세계대전 발발 후 그는 독일군에 자원하고, 독일 노동자당에 가입을 하고 급격히 지도자로 부상한다. 그는 1920년 뮌헨의 어느 커다란 맥주홀에서 연설을 하며 당 이름을 국가 사회주의 독일 노동자당, 즉 나치스로 변경한다. 그후 히틀러는 1923년 뮌헨에서 봉기를 일으켜 감옥에 수감되었으나, 옥중에서 쓴『나의 투쟁』이 큰 인기를 끌며 예정보다 빨리 풀려나게 된다. '나의 투쟁'이란 간단히 말해 다른 민족을 다 쓸어버리고 독일 게르만족의 우수성을 널리 알리겠다는 의지의 표현이었다.

1929년에는 독일도 대공황 앞에 무릎 꿇게 되고 당시 대통령이던 힌덴부르크는 1933년 히틀러를 총리로 임명한다. 그리고 얼마 후 힌덴부르크가 서거하자 히틀러는 총통 및 총리가 되어 독일의 최고 권력자가 된다. 그 후 1939년 폴란드 침공을 시작으로 세계 이차 대전을 일으키고 수많은 유대인과 슬라브계 민족들을 말살시키는 악

행을 저지르게 된다. 마침내 1945년 독일군이 패하자 그는 지하벙커에서 권총으로 생을 끊는다.

히틀러가 중심이 되어 자행한 유대인 학살은 일반적으로 인간이나 동물을 대량으로 태워 죽이거나 대학살 하는 행위로 이른바 홀로코스트라고 부른다. 이 대학살의 주범이었던 히틀러는 화가 지망생이었으며, 생전에 칠백여 점에 가까운 그림도 남겼다. 희대의 대학살범과 예술지망생이라는 양립할 수 없는 모습을 떠올리며 그야말로 '아이러니'라는 말을 떠올린다. 사람들은 이 세상의 역설적인 모습을 바라보면서 흔히 아이러니라는 철학적 용어를 자주 쓴다. 역사의 아이러니, 인간의 아이러니 등등. 그렇다면 히틀러의 아이러니는 과연 무엇일까?

히틀러는 광기와 폭력의 역사를 언급할 때 결코 빠질 수 없는 인물이다. 그리하여 현실의 정치에서도 히틀러는 아직 살아 있다. 모든 전쟁과 폭력과 고문의 역사에 히틀러를 빼놓을 수가 없기 때문이다. 과연 그는 인간의 탈을 쓴 악마인가. '아돌프 히틀러!' 그 이름은 과거에도 미래에도 결코 사람들의 뇌리 속에서 잊히지 않을 것이다.

인간으로 살아남기

인간의 가장 슬픈 운명의 하나는 아무리 슬픈 일을 당하고서도 굶지 못하고 때가 되면 밥을 먹어야 하고 섹스를 해야 하고 기쁜 일에 기뻐해야 하는 일이다. 아무리 슬퍼도 슬픔일랑 잠시 밀쳐 두고 살아야겠다고 밥을 씹어야 하는 저 지긋지긋한 생의 본능, 부모들이 죽고 가족들이 죽어도 밥덩이보다 더 중요한 일이 우리에게 어디 있느냐고 반문해야 한다. 저 잔혹한 살육의 현장 아우슈비츠를 다녀와서도 우리는 먹어야 한다.

아우슈비츠를 다녀온
이후에도 나는 밥을 먹었다

깡마른 육체의 무더기를 떠올리면서도
횟집을 서성이며 생선의 살을 파먹었고
서로를 갉아먹는 쇠와 쇠 사이의
녹 같은 연애를 했다

역사와 정치와 사랑과 관계없이
이 지상엔 사람이 없다
하늘엔 해도 없다 달도 없다

모든 신앙도 장난이다
– 최명란, 〈아우슈비츠 이후〉 일부

인간이 인간답지 않은 잔학성을 보여주는 참상은 너무나 많다. 아우슈비츠는 물론 육이오전쟁이나 인간이 스스로 자초한 지진, 화산폭발, 폭우, 쓰나미와 같은 참변은 끝이 없다. 이 세상에서 아무리 수많은 참상 가운데에서도 인간은 꿋꿋이 버티고 이겨낸다. 그럼에도 불구하고 우리는 슬픔은 뒤로 하고 밥을 먹는다. 참혹함이 파노라마처럼 아른거려도 밥을 먹어야 한다. 이 지상엔 사람이 있으되 없는 것으로 치고 신앙도 다 장난처럼 느낀다. 사랑도 시시해지고 돈도 명예도 그 어떤 것도 시시해진다. 그저 본능에 충실한 자아가 슬플 뿐이고 시시한 삶이 존재의 이유를 갉아먹을 뿐이다. 극한 상황 속에서 다급해지면 인간은 죽은 사람의 인육을 먹으며 삶의 희망을 가지면서 살고자 한다. 생각해보면 인간보다 잔인한 존재가 있을까.

인간을 인간답게 하는 것은 무엇인가. 가난한 사람은 사랑을 할 수 없을까. 사랑한다는 것은 서로 사랑을 나눈다는 것인데, 내가 가진 것이 없다고 비참한 내가 사랑을 받을 만한 자격이 없는 것일까. 사랑을 주고받는다는 것은 인간답게 생각하고 인간답게 행동하는 것은 아닌가. 아마 이런 생각이 삶에 힘을 불어 넣어주고 지금보다 나은 삶을 살아야겠다는 의욕을 만들 것이다. 사랑이 인간의 최후의 동기가 되는 그런 사회는 영원히 존재할 수 없는 유토피아의 사회이다. 우리에게 필요한 것은 반드시 부유함만은 아니다. 우리를 인간답게 만드는 것은 인간에 대한 예의이며 사랑이다. 아우슈비츠에서는 인간에 대한 마지막 예의와 사랑이 사라지고 없었다.

두브로브니크의 노을

유럽의 화약고, 발칸 반도

발칸 반도의 대부분은 그리스 북부에 있는 마케도니아 출신인 알렉산드로스 대왕의 치하에 있었으나, 그 후 로마 · 비잔틴 · 투르크 혹은 해안 연변 지대에 있는 베네치아 등 외부세력의 지배를 받게 되었다. 근대에 이르러서도 오스트리아·러시아·영국·이탈리아 등 여러 세력의 직접 혹은 간접적인 영향을 받아왔다. 19세기 들어 세르비아 ·불가리아 등 몇 개의 민족국가가 형성되었으나, 민족 간의 대립과 열강의 간섭으로 발칸 반도는 항상 유럽의 화약고로 불리게 되었다.

제2차 세계대전 후 발칸 반도는 정치적으로 사회주의 체제하에서 민족 간의 갈등이 표출되지 않았으나, 1980년대 말 이후 구소련의 사회주의가 쇠퇴하면서 국제적 관심지역으로 재등장하였다. 유고슬라비아는 슬로베니아·크로아티아·보스니아헤르체고비나·마케도니아·세르비아·몬테네그로 등 여섯개 공화국으로 이루어진 연방공화국이었으나, 1990년대 초를 지나면서 슬로베니아·크로아티아·보스니아헤르체고비나·마케도니아 등이 독립함으로써 유고연방이 축소되었다. 각 공화국에 분포하는 소수 이민족 집단에 대한 다수 민족의 적대행위가 심각한 국제문제가 된 것이다.

오랜 세월동안 유고내전, 유럽의 화약고, 발칸반도의 인종문제와 같은 사건들이 연일 방송과 신문의 일면에 나타나고 있었기 때문에 발칸반도의 지역에서는 매일 전쟁만 일어나는 지역으로 각인되어 있었다. 오늘날 흔히 이야기하는 '세계화'라는 말은 발칸반도에 와보면 완전한 허구하는 사실이 여실히 드러난다. 세계화에 반대하는 사람들은 세계화는 경쟁에서 이긴 소수의 다국적 기업과 금융 자본가에게만 막대한 이익을 가져다줄 뿐이고, 세계의 수많은 노동자와 가난한 사람은 점점 가난해질 수밖에 없다. 이런 사실은 나라와 나라사이에도 그대로 적용되어 경쟁에서 이긴 국가만이 살아남게 된다. 나라와 나라가 경제적으로 서로 의존하게 되면서 다른 나라에서 발생한 경제 위기는 국내 경제에 곧바로 영향을 끼치게 된다.

세계화의 논리는 강대국이 힘없는 약소국에 정치적 간섭을 하여 약소국의 정체성과 자율성을 해칠 수 밖에 없는 것이다. 그래서 강대국은 항상 인권과 평화 문제, 민주주의의 기준 등을 내세우며 약소국의 정치에 간섭한다. 세계화의 빛과 그림자가 분쟁으로 얼룩진 발칸 반도를 짙게 물들이고 있다.

발칸 반도의 꽃, 크로아티아

발칸 반도의 꽃이라 불리는 크로아티아는 유럽 아드리아해 동부 해안에 위치한 나라이다. 북쪽으로는 헝가리, 동쪽에는 세르비아, 서쪽에는 슬로베니아 등을 국경으로 하고 있다. 중남부 유럽의 이탈리아 반도에 위치하면서 유럽인들이 가장 사랑하는 유럽의 휴양지의 하나로 꼽힌다.

자그레브는 크로아티아의 수도로 유럽의 여러 나라와 연결되어 있다. 크로아티아 인구의 약 1/4이 살고 있는 수도로 구시가지와 신시가지가 매력적으로 혼합된 곳이다. 자그레브 대성당은 크로아티아에서 가장 높은 건물이자, 자그레브의 랜드 마크라고 할 수 있다. 유럽의 많은 성당들이 그렇듯이 이 성당도 1093년에 공사하기 시작해서 1102년에 완공되었을 정도로 건축학적인 가치가 굉장히 높은 건물이라고 한다. 고딕 양식으로 지어졌고 성당 정면 입구 위쪽에는 성모마리아와 아기예수 등의 조각상이 정교하게 조각되어 있었다. 외관은 아기자기한 느낌을 주지만, 안쪽으로 들어가면 경건하면서도 웅장한 느낌을 주는 성당이다.

저렇게 우아하고 아름다운 성당은 크로아티아의 슬픈 역사를 속속들이 다 알고 있을 것이다. 반 옐라치치 광장을 중심으로 광장 북쪽 언덕의 구시가와 남쪽의 신시가를 어슬렁거리고 다니면서 군데군데에서 크로아티아의 정지된 시간을 보는 듯 했다. 크로아티아는 흡사 이지러진 초승달 같은 생김새 그대로 아련한 아름다움을 곳곳에 품고 있다. 하지만 초승달 미인 크로아티아의 오늘이 있기까지

는 수많은 역사의 고비가 있었다. 유고슬라비아에 속했던 크로아티아가 하나의 나라가 되기까지의 힘들고 어려운 과정은 그 어느 지역에서도 쉽게 찾아보기 힘들 것이다.

크로아티아의 아름다움은 그냥 주어지지 않았다. 자연이 빚어낸 천혜의 아름다움이다. 크로아티아 최초의 국립공원이며, 열 여섯 개의 호수와 크고 작은 구십여 개의 폭포들과 연결되어 절경을 이룬 플리트비체 호수 공원이 그렇고, 로마의 디오클레티아누스 황제가 이곳에서 여생을 보내기 위해 궁전을 세웠다고 하는 휴양도시 스플리트가 그렇다. 인간이 다듬어 만든 인공조차 자연의 일부가 되어 버린다. 산과 들과 바다가 인간과 서로 어우러져 아름답게 빚어진 이 작은 나라가 여행객의 가슴을 설레게 하고 있다. 그 절정은 '아드리아 해의 숨겨진 지상낙원'으로 불리는 해안 도시 두브로브니크에서이다.

아드리아 해의 낙원

아드리아 해 연안에 자리 잡고 있는 두브로브니크는 중세 도시의 아름다운 모습을 간직하고 있다. 두브로브니크는 유럽 사람들이 가장 가고 싶어 하는 크로아티아의 아름다운 해안 도시로 알려져 있다. 두브로브니크가 오늘과 같은 아름다운 모습을 간직하기까지는 많은 사연이 있다. 17세기말 지진으로 막대한 피해를 입었으나 고색창연한 고딕 양식 건축물, 르네상스와 바로크 양식 교회, 수도원, 궁전과 분수들이 지금까지 잘 보존되어 있다. 유고내전이 일어났을 때, 이 고풍스러운 도시는 완전히 파괴 될 위기에 처했으나 서방 각국의 언

론들이 유럽 문명과 예술을 상징하는 도시인 두브로브니크에 대한 공격을 중단하라는 강력한 항의로 간신히 살아남게 되었다.

어려운 역사 속에서도 살아남아야 한다는 일념으로 혹은 자신들의 삶의 흔적을 지켜내기 위한 노력으로 두브로브니크는 지금까지 아름다운 모습을 간직하고 있다. 거리의 건물 하나하나에도 세월의 흔적이 남아 찬란하게 베여 있다. 대리석이 깔려있는 렉터 궁전, 프란체스코 수도원과 세르비아 정교회 건물, 스폰자 궁과 시계탑, 플라차 거리의 카페와 기념품가게들은 모두 나름대로의 품위와 무게를 지니고 있다.

아드리아해의 뜨거운 태양은 나를 작열하고 세상을 작열시킨다. 낯선 세상에 대한 놀라움, 나의 내부에서 끓어오르는 자유는 아드리아 해의 뜨거운 태양아래에서 다 녹아내리고 있었다. 두브로브니크의 강렬한 태양은 이 세상의 온갖 헛된 욕망과 타락을 다 태워버리고 이상과 꿈을 피워낼 듯 타오른다.

두브로브니크의 노을

두브로브니크는 외부의 침입을 막기 위해서 성벽으로 둘러친 도시이다. 성벽으로 올라가 본다. 성벽에서 내려다 본 두브로브니크는 그 옛날 중세 모습을 그대로 간직하고 있다. 성벽에서 내려다보는 빨간 지붕, 빨간 벽돌들로 이루어진 건축물들은 모두 장난감같이 비슷한 모양을 하고 있지만, 절묘하게 색채의 조화를 이루고 있었다. 앙리 마티스의 그림 〈붉은색 실내〉에서는 마치 소설 속에 또 다른 소설이 등장하는 '액자 소설'처럼 그림 속에 또 다른 그림 액자가 등장한다. 마티스는 평소 붉은색을 좋아했다. 두브로브니크에는 온통 붉은색 집뿐이다. 벽과 바닥의 구분도 보이지 않는다. 성벽 아래의 붉은 집 속에 또 다른 붉은 집과 붉은 방이 있을 뿐이다. 붉은 색은 강렬한 삶에 대한 충동과 생명을 던져준다.

나는 항상 붉은색으로부터 진한 생명력을 발견하였다. 붉은 색은 갓 태어난 핏덩어리의 아이를 연상시켰고 그 순수한 영혼을 생각하였다. 뿐만 아니라 붉은 장미를 보면 나는 죽음을 생각한다. 그 강렬한 색채는 삶의 피안에 있는 죽음을 연상시킨다. 하기야 삶과 죽음은 언제나 공존하고 있는 것이 아니던가. 어느 철학자의 말대로 색채는 사물의 현실이 아니며, 삶도 아니고 자연의 법칙도 아닌지 모른다. 그것은 자연을 재구성한 모사물, 자연과 우주의 사물 속에 존재하는 인공적인 것, 다시 말해 인간이 만든 하나의 이미지일 뿐이다.

두브로브니크의 하늘에는 갓 태어난 어린이 같은 붉은 노을이 퍼져나가고 있다. 너무 바쁘고 힘들게 살아왔는지 저렇게 예쁘고 붉

은 노을을 왜 이제야 보게 되는가. 아드리아 해의 짙푸른 바다, 시리도록 파란 하늘, 석양이 곱게 물든 붉은 노을 속에서 나는 발걸음을 멈추고 오랫동안 떠나지 못했다.

USA! USA!

신대륙 발견과 홀로코스트의 역사

신대륙을 발견한 콜럼버스는 이탈리아의 제노바에서 태어났다. 그는 13세기 이탈리아 상인이자 탐험가인 마르코폴로의 『동방견문록』의 영향을 크게 입었다고 전해진다. 이 책에서 그는 각종 향신료와 비단, 금과 보물에 대한 이야기를 읽고, 이들을 구해 일확천금을 얻으려 인도로 가고자 했다. 인도로 가기 위해서는 지구는 둥글기 때문에 대서양의 서쪽을 도는 것이 빠르다고 확신하였다.

콜럼버스는 당시 이미 해양진출을 통하여 제국주의를 활발하게 도모하던 포르투갈, 영국, 프랑스의 왕들에게 자신의 계획을 이야기하고, 재정적인 지원과 협상을 요구하였으나 모두 거부당하였다. 마침내 1492년 콜럼버스의 야망과 팽창정책에 대한 필요성이 서로 일치되어, 스페인의 이사벨라여왕과 콜럼버스는 '협약'을 맺고 지원을 약속받게 된다.

콜럼버스가 도달한 곳은 아메리카 신대륙 아메리카이었지만, 그는 죽을 때까지 자신이 인도의 한 지역에 도달했다고 생각했다. 콜럼버스가 발견하였다는 신대륙은 이미 약 3만 년 전부터 아메리카 원주민, 인디언들이 조상 대대로 거주하여 온 곳이었다. 1492년 10월 12일 이후 신대륙은 원주민들이 살아오던 세상과는 전혀 다르게 바뀌어, 기나 긴 박해와 대학살의 역사는 시작된다. 콜럼버스의 기독교 원정군은 이곳에 유럽문명의 전초기지를 세워 400년에 걸친 착취와 정복의 시대를 열었으며, 새로운 역사를 만들기 시작했다. 콜럼버스의 신대륙발견과 인디언 원주민들과의 운명적인 만남은 이렇게 이루어졌다.

우리는 흔히 나치의 유태인에 대한 학살만 잔학한 홀로코스트로 생각하지만, 실상은 인류의 역사상 아메리카 인디언들에 대한 대학살과 이와 유사한 인종대학살은 수없이 자행되어 왔다. 제국주의자들은 문명과 종교의 이름으로 원주민들을 잔혹하게 학살해 왔다. 그 이후 이루어진 인간잔혹의 역사를 간단히 설명할 수는 없겠지만, 오늘날에도 소위 개발과 문명을 가장한 잔혹한 행위는 지구 곳곳에서 만연해 왔다.

콜럼버스 이후 유럽인들은 아메리카 원주민들의 노동력을 착취하기 위해 노예로 팔기도 했고, 인디언들의 대부분을 짐승같이 취급하였다. 아메리카 인디언들은 오직 자연을 믿고 의지하며 조화를 이루면서 평화롭게 살아왔지만, 어느 날 갑자기 침략해온 정복자들에게 자신들의 모든 것을 바쳐야 했다.

콜럼버스가 세운 정복과 식민주의에 근거한 집단학살은, 연이어 오는 유럽의 식민지 지배자들과 미국에 의해서 그대로 답습된다. 두 대륙의 치명적인 만남이후, 아메리카 원주민들의 붕괴는 식민지 정부 또는 연방정부에 의해 지속적으로 강화되었다. 신대륙의 발견 이후로 미국 발전의 역사는 원주민들에 대한 집단적 살륙의 역사였으며, 이것은 현대에까지 지속되었다.

미국, 미국인, 미국놈

우리는 미국에 대해 얼마나 알고 있을까? 세계의 다른 나라의 이름은 많이 몰라도 미국을 모르는 사람은 거의 없다. 그만큼 우리에게는 미국이 중요한 나라이고 분리불가분의 관계를 가진 나라라고 할 수 있다. 미국하면 자유의 여신상, 코카콜라, 햄버거를 먼저 떠올릴지 모르지만 삼억이 넘는 어마어마한 인구와 엄청나게 큰 땅덩어리를 차지하고 있는 나라답게 세계의 정치와 경제를 주도하는 나라이다.

우리나라에서도 미국은 친미와 반미의 감정은 갈라져서 미국을 대하는 사람들의 태도도 극명하게 양분되어 있다. 우리나라에서뿐만 아니라 미국에 반대하는 감정은 전 지구적으로 만만찮은 세력으로 존재하고 있다. 예컨대 미국하면 떠오르게 되는 가장 기억에 남는 사건은 9.11테러이다. 무려 삼천 여명에 가까운 사망자를 낸 이 사건은 중동의 테러리스트들이 보스턴과 뉴욕을 출발한 네 대의 여객기를 거의 동시에 공중 납치하면서 발생하였다. 그 중 두 대의 여객기가 뉴욕 시의 세계무역센터 쌍둥이 빌딩에 각각 충돌하여 전 세계를 경악케 하였다. 이슬람 극열주의자인 오사마 빈 라덴이 이끄는 알카에다라는 테러 조직이 주도한 것으로 밝혀진 이 사건은 그 바탕에는 기독교문명과 이슬람문명의 대립으로 보는 관점이 유력하다. 그러나 그 이면에는 미국 패권주의와 그들의 자본주의와 물질주의를 숭상하는 것을 증오해 이런 끔찍한 일을 저지른 것으로 알려져 있다.

미국은 오십개의 주에 여러 인종이 모여 사는 인종과 조상과 개성이 참으로 다양하지만, 미국인을 미국인답게 만드는 무언가는 분

명히 존재하고 있다. 물론 미국인 중에는 다양한 성격과 특성을 가진 사람들이 있지만, 이들 모두는 어디인지 모르게 미국인다운 공통점을 지니고 있다. 미국인들의 공통적인 특성을 몇 마디로 요약한 것은 그리 쉽지 않지만, 그 중에서도 중요한 한 가지는 미국인들의 개인주의이다. 미국인들은 다른 사람들과 함께 어울려 움직이기 보다는 개인적으로 본인이 원하는 것을 추구한다. 음식점에서 음식을 시킬 때 한국의 식단에서는 함께 음식을 나누어 먹는 방식으로 꾸며져 있지만, 미국인들은 거의 개개인 마다 따로 나온다. 또한 계산을 할 때도 웨이트리스에게 개인마다 따로 영수증을 만들어 달라고 하는 경우가 많다.

또 다른 미국인들의 특성은 자신들의 미래를 자기들이 결정한다고 믿는 진취성에 있다. 이것은 신대륙의 발견 이래 미국의 개척주의 정신을 반영하는 것이지만, 미국인들은 사적이든 공적이든 절대 반대하고 나서서 말하는 것을 두려워하지 않는다. 미국인 성격은 항상 여러 분야와 가치에서 그들의 의견과 생각을 당당하게 말한다. 이런 진취적 정신이 그들이 어디서나 정치적 의견을 솔직하게 말하게 하며, 자신들의 헌법을 존중하면서 그들을 자유롭게 살게 만들었다.

일반적으로 미국인들은 정직성과 성실성을 강조하는 국민들로 인정받고 있다. 어디에서나 삶의 중요한 덕목으로 정직하게 살 것과 성실하게 살 것을 어린 시절부터 교육받는다. 이 같은 정신은 신대륙의 발견이후 유럽인들이 간직해온 청교도주의 정신에서 이어져온 전통이라 할 수 있을 것이다.

어쨌든 미국은 구소련이 붕괴한 이후로 세계를 주도하는 나라로 성장하면서 세계 곳곳에서 한편으로는 '미국 놈'으로 비하 받는 존재인가하면, 다른 한편으로 '미국인'으로 존중받는 거인으로 존재하고 있다.

'가짜 문화'와 '진짜 문화'

미국의 인류학자 사피어는 문화를 '진짜 문화'와 '가짜 문화'로 구분하여 이야기한 적 있다. 오늘날의 미국을 가능케 한 아메리칸 인디언들에게는 종교·교육·문화가 하나의 생활로 통일되어 있고, 그들은 소속 성원들 각자가 가치 있는 생생한 공동체라는 실감을 지니고 자신들의 문화 전반에 참여하고 있다. 그들은 문화의 창조자인 동시에 향유자로서 주체적인 자아를 간직하고 있는 것이다. 반면에 현대의 대중 사회적 문화를 창조하고 그러한 상황에 놓인 미국인들은 정신적 소외와 환멸, 그리고 무관심한 수동성 속에서 생활하면서 자신들의 문화에 대해서 능동적이고 적극적인 유기적 동질감을 느끼지 못하고 있다. 이러한 사회의 문화는 '가짜 문화'에 불과한 것이라고 사피어는 지적한다.

'가짜 문화'가 지배하는 사회에서는 필연적으로 '진짜 문화'를 회복하기 위한 운동이 전개될 수밖에 없다. 자각된 주체적 인간들이 고립성을 벗어나고 집단적인 연대성을 회복해 나갈 때, '진짜 문화'가 회복될 수 있기 때문이다. 거대한 공룡과 같은 미국을 바라보고 있으면 때로 섬득할 때가 많다. 세계 각국의 피부색 다른 인종들과 이념이 다른 종족들이 모여 살아가면서 공동의 문화와 단일한 사회적 지향성을 가진다는 것이 과연 가능한 일일까.

옛날 학창시절 때에 덩친 크고 위세 당당하던 친구들은 약점을 알고 공격하면 작은 공격에도 쉽게 무너진다. 미국이 그렇다. 세계의 어느 나라도 쉽게 범접치 못할 정도로 패권주의로 무장한 덩치 큰 거

인이지만, 많은 허점을 지니고 있는 것이 미국이다. 몇 명의 아랍인들이 미국의 중심지인 뉴욕의 한 복판에서 하늘을 찌를 듯 솟아있는 건물들을 묵사발로 만들 줄 그 누가 알았겠는가. 지난 9·11 사건은 미국이 그렇게 자랑하는 전자기술과 군사능력이 허구에 가득 찬 것이라는 사실을 여실히 보여주는 사건이었다. 그 뿐이 아니다.

2003년 8월14일 오후 미국의 동부 뉴욕을 위시한 대도시와 캐나다 동부 일부 지역에서는 오후 4시경부터 7시경까지 일대 소동이 있었다. 뉴욕의 맨하탄 전력발전소에서의 기계와 컴퓨터의 오작동으로 인해 미국과 캐나다 동부 주요지역에 정전이 되는 대소동이 일어난 것이다. 세계를 압도할 정도의 거대한 권력을 지니고 있는 미국, 그러나 거기에는 우리가 이해 할 수 없는 약점이 허다하게 많다. 그것이 미국이다.

자본과 기술의 힘

미국문화의 배후에는 오직 자본과 기술의 힘에만 의존함으로써 진짜 문화와 문명이 상실되어 있다. 하버드대 교수 새뮤얼 헌팅턴의 논문 제목인 '문명의 충돌'에서 헌팅턴 교수는 공산진영과 자유진영 사이의 냉전시대가 종식된 1990년부터 이슬람과 서구 사이에서 다시 '문명의 냉전'이 전개되고 있음을 간파하고 있다. 지금 세계의 갈등은 이슬람교의 가치관과 서구 기독교의 가치관이 빚어내는 대립의 산물이라고 말했다. 그러나 지금 하루가 멀다 하고 폭력과 마약과 감금이 난무하는 미국에 올바른 가치관이나 문화가 존재하기나 하는 것일까.

미국은 소비와 낭비가 미덕인 사회이다. 세계 각국에서 하루에 5천명이 굶주림으로 죽어가고 있지만, 소비가 미덕인 미국사회에서는 엄청난 음식과 일회용품의 소비가 이루어진다. 그러다보니 두 명 중의 한명이 지나친 음식의 남용으로 뚱보 장애인들이 거리에는 넘쳐난다. 사회전체가 살쪄 뒤뚱대지만 허약한 사회로 넘어지기 직전이다. 대형건물, 강의실, 관공서 등 곳곳에서 전력을 비롯한 엄청난 자원의 낭비가 이루어진다.

미국은 삼백년 남짓한 짧은 역사로 세계를 제패하고 세계 위에 군림하고 있다. 일천한 역사를 지니고 있음에도 불구하고 미국이 이처럼 국가적 통일성 확립에 성공할 수 있었던 이유는 인종적으로 다양한 사람들에게 동일한 국가의 한 부분으로 여기게 하는 동질감을 제공해주었기 때문이라 할 수 있다. 미국인들은 자신들의 국가를 하

나로 묶는 결합적 요소를 지니고 있었다. 그들은 스스로 공통의 이상, 공통의 정치 제도, 공통의 언어, 공통의 미국적 문화, 공통의 운명이 존재한다는 동질감을 믿고 있으며, 이것이 공룡과 같은 덩치의 이질적인 미국을 하나로 묶는 힘이 되게 한다.

미국의 인종 문제

뉴욕시가 안고 있는 도시문제 중에서 가장 심각한 것은 인종 문제이다. 주민의 인종 구성이 이렇게 다양한 것은 세계에 그 예를 찾아볼 수가 없을 정도이다. 1920년대의 뉴욕시에는 더블린보다 많은 아일랜드 인이 살았고, 로마보다 많은 이탈리아인이 살고 있었다. 이 도시의 유대인 인구는 한때 이스라엘의 유대인수보다 많았을 정도였고, 혼혈이 많은 푸에르토리코인도 백만이나 살고 있다.

세계 최대의 도시인 뉴욕은 '인종 도가니'라고 할 정도로 미국에서도 복잡한 양상을 띠고 있다. 많은 이민이 이곳을 통해 입국하여, 이 도시에서 직업을 얻어 정착하거나, 또는 몇 년 체류하다가 전국 각지로 흩어져 간다. 각 인종이 집단적으로 살고 있는 지구는 말할 것도 없고, 시내 어디서나 강한 외국 사투리가 섞인 회화를 들을 수 있다. 초등학교에서는 이들 이주자의 아이들을 미국화 시키기 위해 많은 노력을 기울이고 있다. 그들이 자립할 수 있도록 직업교육을 베푸는 것도 이 나라가 안고 있는 중요한 과제이다.

또 이백만에 가까운 흑인은 대부분이 하층계급에 속하여, 심각한 사회문제가 되고 있다. 주택문제도 심각한 사회문제의 하나이다. 교외에는 훌륭한 주택지가 건설되어 있으나, 곳에 따라서는 도심지까지 2시간이나 걸리는 데도 있다. 오래된 시가지의 건물은 거의 중·고층 건물로, 할렘이나 이스트사이드·웨스트사이드처럼 빈민화된 곳이 많아 빈민지구의 재개발도 활발히 이루어지고 있다.

대표적인 곳이 바로 맨해튼 구區 북부에 있으며, 할렘 강과 센트

럴파크 사이에 있는 할렘이다. 19세기 후반에 급속히 발달한 주택지로, 처음에는 중산 계층의 중·고층 아파트 지구를 이루었으나 그 뒤 많은 아파트를 건설하였기 때문에 빈 집이 많아져 오늘날은 백만이 넘는 흑인이 살고 있으며, 할렘은 빈민가의 대명사처럼 되었다. 할렘 동부에는 주로 푸에르토리코 인이 살고 있고, 그 밖에 이탈리아계의 이민도 많이 거주한다. 일부에서는 시가지 재개발이 추진되고 있으나 생활환경은 아직도 좋지 않은 편이어서 1960년대에는 많은 범죄와 폭동이 발생하였다. 80년대 이후 지역사회단체와 시 당국이 사회적 불균형을 바로잡기 위해 여러 가지 조처를 강구하여 공공주택·의료시설 등의 발전이 이루어졌다.

할렘의 어두운 거리 분위기와 함께 일생동안 흑인들의 인권을 위해 노력한 말콤 X, 마틴 루터 킹 목사의 발자취 등을 더듬어 보면서 미국의 흑백문제를 위시한 인종문제를 생각해 볼 수 있을 것이다.

뉴욕의 빛과 어둠

미국의 수도는 워싱턴이지만 세계의 수도는 뉴욕이다. 이곳에 처음 이주한 것은 네덜란드인이었다. 1626년 식민지 초대 총독인 미누이트가 인디언으로부터 맨해튼 섬을 사들여 뉴 암스테르담으로 명명했으나, 1664년 영국함대가 점령한 뒤 영국 왕의 동생 요크공의 이름을 따서 뉴욕으로 바꾸었다.

'지구촌 1번지', '세계의 수도', '세계경제의 중심', '인종전시장'과 같은 수많은 수식어를 담고 있는 도시가 뉴욕의 맨해튼이다. 고구마처럼 길쭉한 맨해튼 섬은 한 바퀴를 돌면 엠파이어 스테이트빌딩을 비롯해 클라이슬러·록펠러·유엔본부 등 거대한 마천루 군단들, 예술과 낭만의 거리 그리니치빌리지와 소호, 미국의 상징 자유의 여신상, 도시 속의 공원 센트럴파크, 쇼핑의 거리 5번가, 그 외의 백여 개의 박물관·전시장·공연장을 살필 수 있다.

뉴욕에서는 언제 어디서나 관광객들이 밀려다니고 있다. 1700년 시청이 건립되어 본격적인 발전기를 맞게 되었고, 지금은 세계 최대의 도시로 우뚝 서 있으나 뉴욕은 빛과 어둠을 동시에 가지고 있다. 5번가의 화려한 빛의 이면에 지하철에서는 거지들이 득실거리고 있다. 이것은 바로 뉴욕의 빈부 격차에서 나오는 것이다.

뉴욕에서의 빈부격차와 권력의 독점욕은 현대의 뉴욕에서나 과거의 뉴욕에서나 다를 바 없었다. 영화 〈갱스 오브 뉴욕〉은 이런 뉴욕의 역사를 극명하게 보여주고 있다. 이 영화는 1840년대 초반 뉴욕을 배경으로 한다. 현재도 뉴욕은 아메리칸 드림을 이루고자 하는 사람들의 성지인지만 그 당시에도 비슷한 상황이었다. 당시 뉴욕 최고의 슬럼가이자 위험한 거리 파이프 포인츠 원주민들은 아메리칸 드림을 이루기 위해 온 사람들을 침입자라고 여기며 그들을 내쫓으려고 하는 두 집단 간의 갈등으로 인한 비극이 이루어지는 과정을 보여준다.

밤이 되면 뉴욕의 지하철역은 노숙자들의 천국이 된다. 그들은 낮 동안에는 뉴욕 시내를 여기저기 다니다가 밤이 되면 지하철의 공간 곳곳에서 노숙을 한다. 노숙자들이 누울 곳을 찾고 있는 곳으로 지하철이 들어오는 모습을 보고 있으면 뉴욕이 이룩한 자본주의의 어둠을 실감할 수 있을 듯하다. 멀리 덜커덩거리는 소리와 함께 지하철 열차가 헤드라이트를 발하면서 들어오지만, 금세 탁한 먼지로 인하여 불빛은 짙은 어둠 속으로 잠기어 든다. 지하철의 불빛은 노숙자들의 얼굴과 누운 자리를 비춘다. 잠시 빛을 관통한 열차는 다시 어둠을 향해 달려간다. 빛과 어둠 사이를 지나 멀리 멀어져가는 열차의 끝을 바라보면서 뉴욕이 이룩한 자본주의의 끝 모를 허무를 바라보는 듯하다.

역사와 교육의 도시 보스턴

보스턴은 도시 자체가 살아 숨 쉬는 거대한 역사책이다. 1600년 종교의 자유를 찾아 신대륙을 개척한 '필그림'들이 닻을 내린 곳이 보스턴의 포츠머스 항이었고, 미국 독립전쟁의 신호탄이 된 '보스턴 차사건'의 무대도 보스턴이었다. 파크 스트리트에서 시작되는 '자유의 길'을 따라 걷다보면 대영제국의 그늘을 벗어나 신생 독립국으로 발돋움하기 위해 애쓰던 미국 독립의 역사가 생생하게 느껴진다.

'보스턴 차사건'은 미국의 역사를 가능케 한 사건이다. 영국 정부가 동인도 회사에게 차의 전매권을 부여하고, 지나치게 세금을 많이 거두는 등 식민지에 대해 지나치게 간섭을 하자 미국 식민지의 주민들은 영국 동인도 회사가 판매하는 차 수입을 반대하였다. 그럼에도 불구하고 영국 동인도 회사의 배는 미국의 보스턴 항구로 차를 싣고 왔고, 이것을 항구에 내리는 작업을 거부하는 민중 집회 역시 무시하고 그대로 작업을 강행하려 하였다. 그리하여 1773년 12월 16일 밤, 인디언 복장을 한 미국 식민지 주민 오십여 명이 배에 올라 차 상자를 부수고 만 오천파운드의 차를 바다에 집어 던졌는데 이것이 보스턴 차 사건이다. 이 사건 이후 영국의 본국 정부가 보스턴 항만 조례를 비롯한 일련의 탄압 입법을 제정하자 식민지 주민들의 반발은 더욱 심해졌고, 이는 결국 독립 혁명의 불씨가 되었다.

역사상 우여곡절 끝에 미국 정치와 행정의 수도는 워싱턴에, 금융과 경제의 수도는 뉴욕에 각각 빼앗겼지만 교육과 역사에서 만큼은 최고의 자리를 양보할 수 없다는 것이 보스턴 사람들의 자존심이

다. 지도책과 아이들에게 한권의 책을 손에 쥐어 준채 다니고 있는 관광객들이 유별나게 많은 것도 보스턴만이 지니고 있는 역사와 문화의 향취 때문일 것이다.

유럽의 한 역사 깊은 도시를 방문하고 있다는 착각에 빠져들 만큼 보스턴의 건물과 집들은 유럽풍이다. 아스팔트 도로 대신 울퉁불퉁한 자갈길이 더 눈에 많이 띄고 건물들은 흡사 영국 런던이나 네덜란드 암스테르담의 모습과 많이 닮아 있다.

하버드 스퀘어에서

젊음과 지성이 발산하는 현장은 바로 하버드 스퀘어다. 자신들의 기량을 한껏 뽐내는 거리의 악사, 즉석에서 선보이는 화려한 마술의 향연, 멋들어진 화음으로 지나가는 행인들의 귀를 즐겁게 하는 그룹들로 하버드 스퀘어는 즐겁다. 광장의 거리행사 뒤로 영화 '러브 스토리'의 주인공들이 눈싸움을 하던 하버드 야드에서는 지금도 어느 연인들이 사랑을 나누고 있다. 그리고 하버드대의 창립자인 존 하버드 목사의 동상 다리를 만지면 후손이 하버드대에 입학한다는 전설이 있어 많은 사람들이 모여 있다.

1636년, 미 동부 매사추세츠 주에 '글을 읽을 줄 아는 성직자를 양성하기 위한' 소박한 목적으로 설립된 학교가 하버드 대학교이다. 하버드 대학교는 지금까지 8명의 미국 대통령, 75명의 노벨상 수상자를 가진 명실상부하게 세계 최고의 명문 대학으로 자리 잡았다. 『하버드 새벽 4시 반』에서 소개되고 있듯이, 하버드 대학교는 지금까지 타고난 능력을 가진 선택된 사람들만 다니는 곳이라는 편견을 깨고 세계에서 가장 열심히 노력하고 가장 뜨거운 열정을 가진 학생들이 다니는 곳임을 보여준다.

모두가 잠을 자고 있는 시간인 새벽 네시 반, 하버드의 도서관은 빈자리 하나 없이 학생들로 가득 차 있다. 도서관뿐만 아니라 학생식당, 복도, 강의실에서도 저마다의 공부로 바쁜 모습이다. 세계적으로 뛰어난 두각을 나타내는 하버드 학생들은 노력, 자신감, 열정, 자기반성, 꿈으로 똘똘 뭉쳐진 청년들이다.

미국의 명문대학을 상징하는 아이비 리그란 미국의 대학들 중에서 명문대학인 아이비리그에 속하는 대학을 말한다. 아이비리그는 미국동부의 8개 사립대학들이 아마추어정신을 목적으로 스포츠 연맹을 조직하면서 시작되었다. 하버드, 프린스턴, 예일대학 등 그야말로 미국 최고의 명문대학에서는 오늘도 향학열에 불타는 학생들이 학업에 매진하고 있다.

'톰 소여의 모험'으로 유명한 미국 작가 마크 트웨인은 세계 금융의 심장 뉴욕에서는 돈 자랑을, 미국 독립전쟁 당시의 수도 필라델피아에서는 가문 자랑을, 보스턴에서는 학벌 자랑을 하지 말라고 충고했다. 보스턴은 젊음과 지성이 존중받는 미국의 아테네이다.

로스엔젤레스의 한인들

한국인들은 정말 위대한 민족이다. 폐허에서 최단 시일 내에 한강의 기적을 이루었듯이, 한국인들은 미국에서 또는 아르헨티나와 브라질에서, 더 거슬러 올라가면 시베리아들판에 내던져지고 하와이의 사탕수수노예로 팔려갔어도 우리의 한국인들은 결코 굴하지 않고 살아남았다.

여기에는 물론 여러 가지 이유가 있겠지만 무엇보다도 한국인들의 성실성과 근면성, 그리고 두뇌의 우수성 때문이 아닌가 한다. 한국인들은 정말 근면하고 부지런하다. 어디서나 개미와 같이 열심히 일한다. 미국에서도 힘들고 어려운 일들은 유태인 아니면 한인들이 다 하여 성공하고, 대학의 기숙사에서도 밤샘 공부를 하는 이들은 한인 아니면 유태인들이다. 하고자 하는 일은 물불을 가리지 않고 하는 사람이 한국인들이다. 물론 미국에서도 한국인들 사이에서도 외국인보다 한인을 더 조심하라는 부정적인 말들이 없지도 않지만, 그래도 한국인들에 대한 부정적인 인식은 많이 나아졌다.

재미 한인의 수는 이백만이 넘는데, 특히 로스엔젤레스는 '대한민국 로스엔젤레스 시'라고 불릴 정도로 많은 한인들이 살고 있다. 로스엔젤레스 한인사회는 대규모 코리아타운을 중심으로 폭넓게 펼쳐 있으며, 이들은 또한 다양한 층위에서 연계된 한인사회를 이루고 있다. 로스엔젤레스 거주 한인들은 미국 사회 내에서 소수민족이자 유색인종이며, 아시아 인종이자 한인의 한계를 넘어서 이 사회의 구성원으로 살고 있다.

코리아타운 건물 모퉁이를 이곳저곳 돌아다니다 보면 거리에 흩어져 있는 이민 백 년 동안의 고통과 설움의 시간의 편린들이 떠오른다. 로스엔젤레스 폭동 때의 흑인들에 대한 기억도 되살아나고, 뉴욕에 이은 두 번째 도시 정도로 생각하고 이곳에 주저앉아야 했던 저마다의 사연들이 보인다. 한반도를 제외하고 한국인이 가장 많이 몰려 사는 이곳에 왜 사람들은 모여드는가. 쾌적한 날씨는 제쳐두고서라도 풍요로운 도시를 상징하는 로스엔젤레스에서의 여유로운 삶에 대한 동경과 그 곳을 떠나 그리는 조국으로 돌아갈 수 없는 저마다의 아픔이 있기 때문이 아닐까.

자기의 의지와 상관없이 조국을 떠나 망향의 슬픔을 갖고 사는 사람들을 디아스포라라고 부른다. 세계를 사로잡은 '천사의 도시'를 느린 걸음으로 천천히 걷다보면, 미국 근현대사를 만들어낸 역동적이고 화려한 도시의 그늘 어디에선가 우리 한인들의 디아스포라의 한이 몰려오는 듯하다.

한국인과 유태인

유태인들은 영특하고, 창의력이 뛰어나 어딜 가도 살아남는 종족이고, 마침내는 그 지역사회의 강자로 부상하여 상권을 틀어쥐고 무자비한 수전노로 지탄의 대상이 된다. 그래서 유태인을 겨냥한 좋지 못한 일화나 전설들이 많이 떠돈다. 독일의 나치 정부가 유태인학살의 만행을 저지른 것도 결국은 유태인에 대한 이같은 편견 때문인지 모른다.

해외에서는 그런 유태인과 흡사한 종족으로 한국인을 꼽고 있다. 그래서 한국인은 어딜 가도 살아남았다. 한인들은 어디에서나 아무리 힘겹고 어려운 환경에서나 잡초같이 생존한다. 그 옛날 스탈린이 '소수인종말살정책'의 일환으로 두만강 근처의 조선족들을 새벽에 열차에 태워 시베리아에 내던져도 조선족들은 거뜬히 살아남았다. 한민족의 끈기와 성실은 차가운 겨울의 폐허 위에서 봄의 꽃을 피우고 절벽의 암흑을 견디어 찬란한 새벽을 밝아오게 하였다. 조국의 힘이 광야의 풀씨처럼 산산이 흩어져 날릴 때 가난과 고난의 채찍을 피하고 바람에 쫓기어 저 차가운 동토를 맨손으로 개척하던 고려인들의 피와 땀은 얼마나 위대한 것인가.

미국 땅에서도 마찬가지다. 하와이 옥수수 밭 아래서 서러운 눈물을 흘리며 세계로 흩어진 디아스포라 한인들의 역사는 통곡과 비애의 그것이다. 그러나 이제 그 고난의 눈물은 국가번영의 거름이 되었고, 전 세계의 해외동포들의 애국의 함성이 되었다. 이런 저런 사연 속에서 미국으로 이주하고 온갖 힘겨운 상황 속에서도 한국 사람들은 모두 살아남아서 이민생활 백 년 동안 역경을 이기고 이 땅에 뿌리를 내렸다. 그리하여 정치, 경제, 사회, 문화, 스포츠 등의 각계 각층에서 눈부시게 활약하는 한인들이 되었다. Kor는 Korean의 준말이고, Jew는 Jewish의 준말이다. 두 낱말을 합친 Kor-Jew는 유태인 같은 한국인 또는 한국인과 유태인의 동질성을 부각시키는 부정적이면서도 긍정적인 용어로 미국에서 통한다.

남북전쟁의 현장, 애틀랜타

우리는 한국전쟁에 대해서 쉽게 이야기하고 이제 젊은이들은 이 전쟁에 대해 거의 망각하고 있다. 하지만, 미국인들은 자신들의 전쟁은 '남북전쟁'이라고 함부로 이야기 하지도 않고 이를 '미국시민전쟁' 이라고 부르면서 역사에서 중요하게 다루고 있다. 또 한 가지 우리는 한국전쟁을 치른 후, 분단이 되어 오늘날까지 한반도는 물론 세계의 유일하게 분단된 나라로 남아있는 비극의 현장이지만, 미국은 남북 전쟁이후 오히려 자국을 한 단계 발전시키는 계기를 이룬다. 사년에 걸친 격전 끝에 남부는 패하여 다시 연방聯邦으로 복귀하는 데 십여 년이 걸렸다. 한 나라가 갈라져서 싸운다는 것은 확실히 민족적 비극이었으나, 미합중국은 이 엄청난 시련을 이겨내고 자유와 평등을 위해 국가적 단결을 한층 굳혔다.

미국의 북부와 남부는 식민지 건설 때부터 종교와 경제를 달리하고 있었다. 북부는 그 건설 단계에서 서부유럽 및 북부유럽의 이민을 받아들여 혼합인종의 새로운 미국민족을 형성하였으나, 남부는 여전히 보수적이며 영국의 전통을 고수하고 있었다. 식민지시대 아프리카에서 수입한 흑인노예제도는, 미국독립혁명 때 펜실베이니아 이북의 여러 주에서는 폐지되었으나 메릴랜드 이남의 여러 주에서는 그대로 존속하였다. 특히 독립혁명 후 남부에서 면화재배가 시작되자 노예제도는 남부 경제에 빼놓을 수 없는 것이 되어, 흑인노예와 백인 고용인 및 계약노동자가 증가일로에 있었다. 특히 영국 산업혁명의 완성으로 목화 수요가 급증하면서 면화는 남부에서 가장 이익

이 많은 농산물이 되었고, 이에 따라 노예제도는 움직일 수 없는 것이 되었다. 이 노예제도를 인정하느냐, 안하느냐 하는 권한은 대통령이나 연방의회에 있는 것이 아니라 주州의 권한이었다.

북부에서는 더 이상 노예제도를 인정하지 않으려 했고 남부에서는 자신들의 생존을 위해 노예제도를 고수하려 했다. 북부의 노예 반대론자들은 공화당을 조직하여 남부와 대항하였다. 링컨도 공화당에 가입하였다. 그러나 링컨의 입장은 인도주의적 견지에서 궁극적으로는 노예제도에 반대한다는 것이었으며, 그 본질은 연방헌법을 수호하고 미국 민주주의를 유지하는 데 있었다. 결국 남군의 리장군과 북군의 그랜트 장군과 셔먼 장군이 주도하던 남북전쟁은 북군의 승리로 끝나고 말았다. 전쟁 이후 노예해방은 전쟁이 북부의 공업 발전을 자극한 것과 같이 산업자본주의를 크게 발전시킨 점에서 중요한 의의를 지니고 있었다.

'내일은 내일의 태양이 떠오른다'

애틀랜타는 남북전쟁 때 최대격전지의 하나였다. 전쟁 당시 셔먼 장군이 거느린 북군에 의하여 시가는 완전히 불타버렸다. 시의 북서쪽에는 당시를 기념하는 켄소 산 국립 전적공원이 있다. 영화 『바람과 함께 사라지다』의 원작자인 마가렛 미첼의 동명소설의 무대로 널리 알려져 있는 이곳은 조지아주의 주도州道이며, 미국 남동부의 최대도시가 되어있다. 애틀랜타를 다니다 보면, 『바람과 함께 사라지다』의 여주인공 스카렛이 자신의 땅 타라를 지키기 위해 '내일은 내일의 태양이 떠오른다.'라고 외치던 모습이 어디선가 보이는 듯하다.

이 제목의 의미는 영화 도입부를 여는 자막에 잘 나타나 있다. "그곳은 신사도와 목화밭으로 상징되는 곳이었다. 이 아름다운 지방은 기사도가 살아 있는 마지막 땅으로, 용감한 기사와 우아한 숙녀, 그리고 지주와 노예가 함께 존재하는곳 이었다. 꿈처럼 기억되는 과거가 오늘로 살아 있는 곳에서 문명은 바람과 함께 사라지는 것일까?" 그러니까 전쟁으로 인해, 노예제를 지켜왔던 남부의 귀족적인 전통이 바람과 함께 사라졌음을 가리킨다.

이러한 맥락에서 『바람과 함께 사라지다』는 미국의 현재와 과거를 잘 보여주는 전형적인 성장 드라마로도 해석된다. "어떤 어려움이 닥쳐도 그것을 이겨내려는 사람들이 있다. 그리고 그런 사람들이 가진 진취적인 성격이 있다. 그런 성격을 가진 사람들과 가지지 못한 사람들의 이야기를 쓰고 싶었다." 라는 작가의 이야기대로 진취성을 가진 주인공 스카렛 오하라는 남성들과 동등하게 강한 의지로 생존하며 성장해가는 인물이라 할 수 있는 것이다.

알래스카의 빙원에서

우리가 사는 지구의 어디에서나 자연은 살아 있다. 그러나 일체의 문명을 거부한 채 원시 그대로의 자연을 간직한 곳은 흔치 않다. 알래스카는 미개지 그대로의 상태로 연출되는 대자연의 파노라마를 체험할 수 있는 곳이다. 알래스카는 그야말로 거대한 대자연의 위용과 아름다움을 있는 그대로 만날 수 있는 전인미답의 땅이다.

알래스카는 합중국 최대의 면적을 가진 주이지만 최소의 인구를 가지고 있는 주이다. 그 크기는 미국 본토의 약 5분의 1에 해당하며 이는 남한의 15배 정도의 크기이다. 미국이 러시아로부터 사들일 당시 알래스카의 땅 값은 당시 일에이커 당 고작 '이센트'였다. 매수

한 미국 측에서는 알래스카를 '이 세상의 지옥'이니 '스워드의 냉장고'를 매수했다는 비난의 여론이 들끓었다. 그러나 이렇듯 웃음거리가 되었던 거래 이후 30년도 채 못된 1897년 캐나다와 알래스카 국경 지역의 클론다이크 시냇물에서 사금과 유전이 발견되면서 알래스카의 '황금시대'가 시작되었다.

알래스카는 미답사의 황야, 빙하, 화산, 매킨리산을 위시한 거대한 산맥 등 신비적인 자연이 가득하다. 또한 에스키모가 살고 있고 동토, 해마, 바다코끼리, 뇌조, 북극곰 등을 볼 수 있는 이 지구상의 거의 유일한 지역이다. 앵커리지에서 북쪽 하이웨이를 따라 세시간 정도 달리면 매킨리 산 등반의 출발지인 타키트나가 나온다. 보기 만해도 그 웅장함에 압도당하는 매킨리 산은 해발 6천200미터로 북미의 최고봉이자 알래스카를 동서로 가로지르는 알래스카 산맥의 주봉우리이다.

이곳에서 경비행기를 타면 알래스카 산맥 내 디날리 국립공원의 진수이자 수천 년의 세월동안 쌓이고 쌓인 빙하와 백설을 간직한 채 우뚝 솟아 있는 매킨리 산의 비경을 볼 수 있다. 깎아지른 암벽, 태고의 눈과 얼음으로 뒤덮인 계곡들은 우리들에게 엄청난 자연의 위용으로 공포감마저 자아내게 한다. 오랜 세월동안 이 땅을 지켜온 에스키모 인디언 알류트족들은 인간의 손길이 함부로 범접할 수 없는 저 웅대한 빙벽들이 바로 자신들의 육신과 영혼을 지켜주는 정신이라 생각하고 있다.

오로라를 바라보며

콜롬비아 빙하를 보기 위해서는 발데즈에서 유람선을 타야 한다. 빙하가 '쩍쩍'하면서 갈라지는 그 굉음 또한 거대한 자연의 힘을 말해주는 듯하다. 거대한 얼음벽이 굉음을 내면서 바다로 무너져 내릴 때의 광경은 한 폭의 파노라마다. 날씨가 조금 흐린 날에는 빙하가 더욱 파랗게 보여 탄성을 자아내게 한다. 사방 수 킬로미터에 걸쳐 펼쳐진 빙하 사이를 유유자적하게 헤엄 쳐 다니다가 갑작스럽게 빙하 깨여지는 소리나 배가 지나가는 소리에 놀란 고래 떼와 얼음 위에 한가로이 늘어져있는 물개들이라도 마주치게 되면 유람선 안의 사람들은 모두 홍분에 들떠서 소리를 지른다. 그야말로 '지상의 마지막 비경'이라 하지 않을 수 없는 광경이다.

알래스카, 휘황찬란한 오로라만이 길을 밝혀 주는 깊은 어둠의 땅, 영하 수십 도의 극한 속에서도 꿋꿋이 버텨내는 동토의 땅, 억겁의 세월 동안 쌓이고 뭉쳐진 눈과 얼음이 갈라지고 또 쌓이는 땅, 긴긴 목마름 끝에 찾아간 짧은 여름이지만 줄기차게 계속되는 백야 앞에서 알래스카는 그저 아무 일 없었다는 듯이 소리 없이 하얗게 빛나고 있었다.

캐나디언 록키를 오르며

축복 받은 땅, 캐나다

캐나다를 여행하다 보면 이 나라는 참으로 하늘의 축복을 받은 나라라는 생각이 절로 든다. 이웃해 있는 미국과는 다르고, 오랜 통치를 받았으면서도 영국과도 또 다르다. 그 방대한 면적의 땅덩어리를 가지고 있지만 개발 억제를 최우선으로 하는 나라, 늘 한결같은 듯 하면서도 제각각 아름다운 자연의 웅대함을 지니고 있는 나라가 바로 캐나다이다. 잘 알려진대로 캐나다는 세계에서 중국 다음의 방대한 국토에 엄청난 천연자원을 가진 나라이다. 특히 넓은 국토에 비해 인구수는 고작 3천5백여 만 명으로 세계 37위에 지나지 않는다고 하니 얼마나 살기 좋은 나라인가를 짐작할 수 있다.

좁은 땅위에서 한 평이라도 더 넓은 공간을 차지하기 위해 눈만 뜨면 다툼을 하는 우리나라 사람들이 이곳에 오면 넓은 땅에서 사는 사람들의 여유와 느긋함이 부럽기 짝이 없다. 10개의 주와 3개의 준주를 가진 캐나다는 워낙 큰 나라이기에 각 주마다 볼거리도 많고 제마다 각자의 특징을 지니고 있다. 하지만 이 나라를 찾는 여행객들에게 압권은 바로 캐나디안 록키의 웅장한 자연의 매력이라 할 수 있다. 캐나다의 광대한 땅 서쪽에 자리 잡고 있는 캐나디안 록키도 관광지로 인위적으로 개발된 곳 이라기보다는 자연의 아름다움을 원시적으로 그대로 간직한 곳이라고 할 수 있다. 대한민국에서는 설악산을, 스위스에서는 알프스 산을 꼭 가봐야 하듯이, 캐나다에서 캐나디안 로키의 웅장한 자연을 보지 않고서 캐나다를 이야기 할 수 없다.

컬럼비아 빙원에서

캐나디안 록키 국립공원은 캐나다의 알버타 주와 브리티시 컬럼비아 주의 경계를 이루고 있는 산맥으로서 북미 대륙의 알라스카 데날리 공원에서 시작하여 로간 산과 캐나디안 록키를 거쳐 남으로 미국의 글레이셔, 옐로스톤 국립공원, 그리고 콜로라도, 유타, 뉴멕시코, 애리조나까지 이어져 뻗쳐 있는 장대한 로키산맥의 일부이다. 캐나디안 록키는 네개의 국립공원과 세개의 주립공원으로 이루어져 있으며, 공원 내에는 밴프, 레이크루이스와 재스퍼라는 세개의 타운이 있다. 캐나디안 록키를 자동차를 타고 달리다 보면, 대자연의 파노라마같이 도로 따라 펼쳐지는 만년설의 봉우리와 빙원, 빙하, 호수는 이루 헤아릴 수 없이 많다. 해발 3,954m의 롭슨 산을 비롯하여 3,000m가 넘는 산이 무수히 많다. 레이크루이스를 비롯한 크고 작은 수많은 아름다운 빙하호가 곳곳에 있으며, 오하라 호수는 해발 2,000m에 위치하고 있다.

해발 3,000m 전후의 봉우리와 평원에는 컬럼비아 빙원을 비롯한 크고 작은 수많은 빙원이 펼쳐져 있고, 빙원과 호수 사이는 빙하로 연결되어 있다. 수십 미터에서 1,000m에 이르는 빙폭이 수백·수천 개가 곳곳에 산재하여 있어 가히 빙폭 등반의 천국이라 할 수 있다. 또한 각 봉우리마다 수백 미터에서 2,000여 미터의 거대 빙벽이 있어 빙벽 등반지로서도 손색이 없다. 이외에도 인접지역인 '부가부 산악휴양지역'은 화강암의 밀집지역으로 수백 미터에서 1,000m의 암벽코스가 수 백 개가 있다. 가히 캐나디안 록키 지역은 국내에서

자세히 소개되지 않았을 뿐 천혜의 관광지일 뿐 만 아니라 산악인의 천국이라 할 수 있다.

빙하관광은 사람 키보다 훨씬 큰 바퀴의 특수 설상차를 이용해 한시간 십오분 정도 둘러보는 코스이다. 버스를 타고 빙하 아래에 도착해서 빙하를 둘러보는 것에 그치지 않고 그 위를 거닐어 볼 수도 있다. 영화 〈닥터 지바고〉의 시베리아 설원 장면을 촬영한 곳으로도 유명한 이곳은 지구 온난화 현상으로 백 이십 오년쯤 후에는 사라져 버릴지 모른다는 이야기도 있다. 실제로 1937년 빙하의 가장자리에 지어진 표를 파는 샬레오두막는 빙하가 많이 녹아 지금은 아득히 멀어져 있다. 325평방킬로미터나 되는 엄청난 면적으로, 만년설과 빙하로 뒤덮인 장관을 연출하는 이곳에 서면 고요한 태고의 신비를 느끼게 된다.

밴프 국립공원과 '영혼의 호수'

캐나디언 록키와 미국 쪽 록키와의 가장 큰 차이점은 천혜의 자연적 모습을 그대로 간직하고 있다는 점이다. 인공적인 미가 가미된 미국 쪽 록키에 비해 손상이 안 된 자연 그대로의 모습이어서 더욱 웅장하고 아름답다. 캐나다의 첫 번째 국립공원인 밴프 국립공원은 캘거리에서 차로 한시간 반 정도 소요되는 캐나디안 록키의 관문이다. 캐나다 횡단 하이웨이와 대륙 횡단철도가 지나가는 교통의 요지이자 최고의 관광지이기도 하다.

만년설을 이고 선 삼천 미터가 넘는 바위산, 푸르다는 표현으로는 성이 안 찰 정도로 아름다운 미네완카 호수, 병풍처럼 둘러친 록키의 산자락 안에 있는 밴프 스프링스 호텔의 위용 그리고 산과 호수 곳곳에 자리 잡고 있는 아름다운 별장들을 다보기도 전에 사람들은 록키에 압도당한다. 특히 '미네완카'란 인디언 말로 '영혼의 호수'라는 뜻인데, 죽은 사람의 혼이 이 호수에서 서로 만난다고 한다. 그래서 이 호수에서 손을 씻으며 생각하는 사람은 반드시 죽은 후에 다시 만나게 된다고 한다. 빙하가 녹아내려 생긴 푸르디 푸른 호수를 바라보면서 그 물에 손을 씻고 있으면 과연 내가 후생에서도 만나게 될 사람이 누구일까를 생각해 본다.

〈돌아오지 않는 강〉과 밴프 스프링

캐나디안 록키의 이같이 아름다운 경치로 인해 흔히 이곳은 세계 영화의 촬영지로 유명한데, 이곳에서 촬영된 대표적인 영화로는 마릴린 먼로와 로버트 밋첨이 주연한 영화 〈돌아오지 않는 강〉, 브래드 피트의 〈가을의 전설〉 등이 있다. 영화 〈돌아오지 않는 강〉은 보우강과 보우 폭포에서 촬영되었다. 보우 강은 밴프 시 북쪽 약 100km지점의 보우 패스에서 시작되어 캘거리시를 걸쳐 올트맨 강과 합류되어 대서양에 이르는 큰 강으로 록키 산맥 부근에서 아름다운 절경을 만들어 내고 있다. 특히 밴프 시를 감싸 흐르는 부분이 최고의 절경을 이루고 있다. 보우강과 함께 보우 폭포 주변은 너무나도 멋진 경치를 자아내고 있다. 보우폭포는 보우강이 좁은 협곡을 지나며 강 전체가 약 십여m 낙하하는데 주변의 경치와 잘 어우러져 있다.

워낙 유명한 세계적인 공원인지라 밴프 국립공원의 밴프 애비뉴에는 쇼핑센터와 식당가가 자리해서 여행객을 맞이한다. 인구 약 사천 여명의 작은 마을이나 국립공원 내에서는 가장 큰 규모이다. 마을에는 국립공원 관리소를 비롯하여 숙박업소와 기념품점, 식당, 주유소 등 관광에 필요한 시설이 대부분이다. 중심부분은 주도로인 밴프 거리를 중심으로 서너 블록 정도이므로 걸으며 즐길 수 있다. 이 거리는 만년설이 덥힌 로키를 가운데 두고 양 옆으로 나지막한 상점들이 줄지어 선 모습이라 관광객들은 이 정경을 사진에 담기 위해 여념이 없다. 화려하지도 대규모도 아닌 이곳이 쇼핑가 자체로 사람들의 볼거리가 되는 것은 전적으로 지리적 이점 때문이라 할 수 있다.

또한 앨버타 주에는 캐나다 다른 주에서 부과되는 판매세가 없어서 같은 물건이라도 밴쿠버나 토론토에 비해 훨씬 저렴하게 구입할 수 있다.

밴프 거리에서 오 분 정도 걸으면, 밴프의 상징과 같은 유럽 중세 식 건물의 밴프 스프링 호텔을 만나게 된다. 캐나다의 재벌 C·P 그룹에서 세운 호텔로서 울창한 숲 사이에 중세의 거대한 성곽 모양으로 세워졌다. 골프장·온천 등 모든 시설이 갖추어져 있다. 호텔 동쪽 보우강가에는 보우 폭포가 있다. 게다가 밴프는 온천, 스키, 래프팅 등 각종 레저 스포츠를 저렴하게 즐기며 대자연과 함께 호흡하는 곳으로도 더욱 알려져 있다. 특히 어퍼 핫 스프링스는 류머티즘에 시달리던 곰들이 발견해 치료용으로 즐겼다는 유황천으로 휴화산인 설퍼 산 근처에 있다. 우리나라 온천에 비하면 온도가 그다지 높은 편은 아니지만 함박눈이 쏟아지는 겨울, 록키 산맥의 장엄한 산 그림자를 바라보며 즐기는 옥외 온천은 새로운 맛이라 하지 않을 수 없다.

'록키의 보석' 재스퍼

'록키의 보석'으로 불리는 재스퍼는 밴프가 국립공원으로 지정되기 전만 해도 작은 시골 마을에 불과했다. 그래서 록키의 중심 도시로 성장한 지금도 훈훈한 시골 인심이 남아있는 고향 같은 곳이다. 밴프에서 이곳까지 이어지는 고속도로는 그야말로 캐나디언 로키의 모든 것을 보여주겠다는 듯이 절경을 자아낸다. 밴프에서 재스퍼까지 연결하는 310킬로미터의 도로 주변에는 아름다운 호수와 빙하, 그리고 산들이 밀집돼 있어 캐나디안 록키의 '골든 루트'로 통한다. 1960년 초에 건설된 93번 도로는 레이크 루이즈에서 재스퍼까지로 이어지며 통상 '아이스필드 파크웨이'라고 불린다. 이 길을 달리고 있다 보면 흡사 꿈속에서 아름다운 어딘가를 헤매고 있는 듯한 느낌이 들고 간혹 엘크 떼나 곰 같은 야생 동물들이 나타난다는 주의표지판에 의해 현실감을 느끼게 된다.

미국의 유명한 컨트리 뮤직 가수인 존 덴버의 '로키 마운틴 하이'는 바로 이 길을 배경으로 한 음악이다. 밴프에서 재스퍼까지 59km에 이르는 곳이 바로 레이크 루이즈 정션이고, 여기서 조그마한 기차역을 하나 만나게 되는데 이곳이 유명한 영화 "닥터 지바고"를 촬영했던 곳이다. 여기서 다시 4km 정도를 달리다 보면, 캐나디안 록키를 여행하는 사람이면 누구나 찾게 되는 레이크 루이즈라는 유명한 호수를 만나게 된다. 에메랄드 블루의 호수빛, 하늘의 스카이 블루, 얼음의 순백이 침엽수림의 다크 그린과 어우러져 완벽한 절경을 이루고 있는 레이크 루이즈는 캐나디언 록키의 보석으로 소문나 있다.

레이크 루이스에 지다

'세계 십대 절경' 가운데 하나로 평가받는 레이크 루이스는 길이 2.4km, 폭 800m, 수심 70m로 이루어져 있다. 빙하가 흘러내려 고인 호수인 레이크 루이스는 청아한 옥색빛 물과 하얀 눈의 아름다움이 어울려 관광객들의 탄성을 자아내게 한다. 눈이 아리도록 투명한 옥색 물빛과 산 안쪽에 걸려 있는 빙하가 그림 같은 조화를 이뤄내 이곳이 '세계 십대 절경'의 하나로 꼽힌다는 말에 절로 고개가 끄덕여진다. 조그마한 흐트러짐이나 빈틈없이, 완벽한 구도로 서있는 호수의 오른쪽으로는 빅 비하이브 산이 버티고 있고, 왼쪽으로는 페어뷰 산이 전나무 숲을 배경으로 서 있다. 수억 년 전 바다에서 불쑥 솟아오른 록키는 억만년의 시간을 지나면서 저토록 아름답고 장엄한 모습으로 이 세상에 존재하고 있는 것이다. 로키는 레이크 루이즈라는 옥색 눈동자를 가진 아름다운 눈동자를 가지고 있다. 레이크 루이스를 바라보고 있노라면 로키의 마음과 캐나다의 마음을 읽을 수 있다. 레이크 루이스의 시시각각 변하는 청록색의 호수 물은 로키의 희로애락을 나타내는 것인지도 모른다. 특히 아래쪽 호수 변에 있는 레이크 루이스 호텔의 로비에서 커피를 마시며 바라보는 호수의 경치는 더욱 아름답다.

재스퍼에서 말린 협곡, 메디신 호수, 휘슬러 산, 피라미드 호수 등을 둘러보고 재스퍼 근처의 야영장에서 텐트를 치고 야영을 했다. 어둠 속에서 모닥불을 피워두고 하늘을 바라보니 어두운 하늘에는 찬란한 크고 작은 별이 온 하늘을 가득 메우고 있었다. 하늘을 가득

메운 별들은 모두 내 얼굴로 금세 쏟아 내릴 듯 했다. 밤하늘에서 저렇게 많은 별들은 본적이 없었다. 찬연한 하늘의 별빛과 주변의 어둠과 모닥불의 불빛이 조화를 이루어 가히 환상적인 공간을 만들어 내고 있었다. 캐나다는 축복 받은 땅이었다. 장대한 계곡과 아름다운 호수가 아니더라도 풀 한 포기, 산자락의 그림자 하나하나에도 자연의 축복은 그대로 살아남아 있었다.

또 하나의 문명, 앙코르와트

앙코르의 씨엠립

캄보디아 국기의 한가운데에는 앙코르 유적지의 대표적 사원 앙코르와트가 그려져 있다. 또한 캄보디아의 대표적인 맥주의 이름이 앙코르비어인 것을 비롯해 여러 호텔과 식당들이 '앙코르'라는 이름을 달고 있다. 이 같은 사실에서도 알 수 있듯이, 앙코르와트는 캄보디아의 상징이며 자존심이다. '킬링필드'로 상징되던 동족간의 처절한 내전의 나라라는 인상이 우리에게 아직 깊이 드리워져 있지만, 이제 캄보디아는 오래 지속되던 내전의 아픔을 딛고 일어서 경제부흥과 새로운 도약을 준비하고 있다.

앙코르 유적지가 위치하고 있는 곳은 수도 프놈펜에서 약 330킬로미터 떨어진 작은 도시 씨엠립이다. 지금은 비록 인구 십만 명도 채 안 되는 작은 관광도시에 불과하지만 이곳에는 8세기 말부터 15세기 중반까지 약 600여 년에 걸쳐 강력한 앙코르 왕국이 있었다. 이 왕국은 인도차이나 반도의 중심에 근거를 두고 9세기부터 15세기까지 번성했었는데, 한국의 통일 신라에서 조선 초기에 해당된다. 그 앙코르 왕국의 전성기에는 캄보디아, 태국, 라오스, 베트남, 미얀마의 인도양에 이르는 대제국을 형성했고, 앙코르톰 일대에 당시는 세계적인 규모의 백만 명이 거주하는 대 도시가 있었다. 세계에서 단일 유적지로는 사원의 규모나 숫자로 보아도 최대의 유적지를 자랑하는 앙코르 유적지는 씨엠립 주변의 310km의 평원에 천개 이상의 축조물로 구성된 대단위 유적지로, 아직도 발견 중이거나 발견하지 못한 유적들이 많이 남아 있다고 한다.

앙코르와트 사원

방대한 앙코르 유적 가운데서도 단연 손꼽히는 것이 바로 앙코르와트 사원이다. '도읍'이라는 뜻의 앙코르와 '사원'을 의미하는 태국어 와트의 조합인 앙코르와트 유적지는 이름처럼 오천여 개의 석상과 조각, 백여 개의 크고 작은 사원들이 늘어서 있는 거대한 사원들의 집합지이다. 담 바깥으로는 폭 백미터의 거대한 인공수로가 사면을 둘러싸고 있어, 거대한 사원이 물 위에 떠있는 듯한 느낌을 주도록 설계한 점도 이색적이다. 원래 앙코르와트는 힌두교 사원으로 지어졌으나 힌두교가 쇠퇴해가면서 나중에 불승들이 들어가서 거주했었기 때문에 불교사원으로 알려져 있다. 인도문화의 영향을 받아 힌두교가 번성하였고 당시의 왕들은 자신을 힌두교의 '시바'신이나 '비슈누'신과 동일시하여 왕권을 신격화하였다. 힌두교의 세계관은 유일신적 다신론, 이른바 범신론이기 때문에 시바, 비쉬누, 브라마라는 주요한 세신이 있는데. 힌두 사원에서는 보통 시바 신을 모신다. 그런데 앙코르와트에서는 비슈누를 모시고 있다.

일반적으로 사원은 들어가는 입구가 동쪽으로 나있는데. 앙코르와트는 죽음의 방향인 서쪽으로 들어간다. 이런 독특한 양식을 두고 학자들은 앙코르와트가 두 가지 기능을 하고 있다고 생각하는데, 하나는 사원이고, 또 하나는 무덤의 기능을 하는 것이다. 일반사원들은 동쪽인 사원입구로 들어가서 시계방향으로 돌면서 부조물을 보는데, 앙코르와트는 서쪽으로 입구가 되어 있고 시계 반대방향으로 돌게 되어 있다. 힌두교에서는 죽음의 의미가 있는 의식에서는 시계

반대방향으로 돈다고 한다. 이렇게 볼 때, 앙코르와트는 무덤 기능을 하는 힌두교 사원이라고 여길 수 있다. 벽면에 새겨진 부조의 정교함은 로마나 이집트의 유적지와 앙코르와트를 구별 짓는 가장 중요한 요소이자 앙코르와트를 세계 7대 불가사의 중 하나로 불리게 하는 특징이라고 할 수 있다.

앙코르와트의 사원 한 곳에 사용된 돌의 분량은 피라미드의 돌의 분량과 맞먹는다고 한다. 그런데 이집트의 피라미드는 순수하게 토목공사였던데 반해, 앙코르와트는 대규모 토목공사일 뿐만 아니라 모든 구석구석에 대단히 섬세하게 조각이 되어 있는 일종의 돌의 예술품이다. 건축기술 자체도 놀랍거니와 건물의 벽을 쌓을 때에도 서로 크기가 다른 돌들을 정교하게 쌓아 놓았다. 흡사 나무를 정확하게 베어놓은 듯이 금은 있어도 틈이 없이, 벽 위에 부조들이 짜 맞혀져 있는데 정교하기 이를데없다. 엄청난 규모의 돌들이 쌓여서 건축물을 구성하고 있는데도 그 하중에 잘 지탱할 수 있도록 사원의 기초가 튼튼하기 그지없다. 도대체 깊은 밀림 속에 위치한 이곳에 이 많은 돌들을 어떻게 날라 왔으며, 모든 돌에 그처럼 세밀한 조각을 어떻게 새겨 넣을 수 있었을까. 이같이 위대한 앙코르의 사원을 창조한 것은 결국 종교적인 힘에 의한 것이라고 답할 수밖에 없을 것인가. 하나님께서 인류에게 주신 놀라운 창조력과 아름다운 기술이 얼마나 대단한 것인가를 앙코르와트에서 다시 한 번 확인 할 수 있었다.

앙코르와트의 유적들과 바이욘의 미소

앙코르 제국은 이 건축을 위해 쏟은 과도한 국력 낭비와 징용으로 쇠망하기 시작하여 결국 밀림 속에 버려지게 된다. 흡사 타락한 인간이 쌓은 바벨탑이 허망하게 무너져 내리듯이, 그렇게 강력하게 위대한 문명을 번성시킨 왕국은 멸망하여 사백년 동안 밀림 속에 파묻혀 버리고 만다. 밀림 속에 덮여 있던 앙코르 왕국의 모습이 이 세상 사람들에게 다시 모습을 드러낸 것은 1853년 프랑스 탐험가 헨리 모앗트에 의해 발견됨으로써 가능했다. 그의 발견에 의해 앙코르 왕국은 다시 세계적인 유적지로 재개발에 들어가게 된다. 앙코르 사원은 1993년 세계에서 가장 훌륭한 예술품으로 인정받고, 세계칠대 불가사의 중 하나로 불리는 유적지로 인정된다. 그 후에도 앙코르와트는 캄보디아의 불행하고 지루한 전쟁으로 인해 오랫동안 드문드문 사람의 발길을 받아오다가 수년 전부터 다시 방문객을 맞이하게 된다.

바이욘이라 불리는 제2의 유적지인 앙코르 톰의 아름다움과 정교함 또한 앙코르와트에 뒤지지 않는다. 바이욘을 비롯해서 많은 사원들이 제이베르만 7세라는 왕이 건축했는데, 고대 크메르 왕조의 마지막 도성으로 12세기 후반에 건설된 앙코르 톰은 미로와 같은 계단을 포함, 앙코르 유적지 중 제일 복잡한 구조를 지니고 있다. 특히 앙코르 톰의 중앙에 위치한 불교사원인 바이욘에서 살펴볼 수 있는 사면불안탑(四面佛顏塔 : 어느 방향에서 바라보아도 신비로운 부처의 모습을 볼 수 있게 만들어 놓은 탑)은 '바이욘의 미소'로 불리며 온화한 표정으로 보는 이들에게 평화를 가져다준다. 이것은 대승불교의 영향으로(현재의 캄보디아

의 불교는 소승불교이다) 바이욘이 대승불교의 사원임을 알 수 있게 한다. 아직도 바이욘의 사면 얼굴과 동일한 모습의 두상이 건축물에 많이 부착되어있는 것을 볼 수 있다. 이 밖에도 왕이 국사를 처리하던 길과 유유히 흐르는 호수에 수 십 만의 코끼리가 사육되던 크메르 왕국의 모습을 벽을 따라 새겨놓은 코끼리 테라스 등은 더 없는 영화를 누린 시대의 흔적을 보여준다.

따 프롬, '아름다운 폐허'

따 프롬은 가로 육백미터, 세로 일킬로미터의 규모를 가진 사원으로 앙코르 지역의 사원 중 가장 규모가 큰 편에 속하지만 지금은 거의 폐허가 된 상태이다. 그러나 역설적이게도 바로 그 폐허 자체가 가지는 아름다움으로 하여 오히려 관광객들의 발길을 붙잡는 곳이다.

'아름다운 폐허'라고 밖에 달리 표현할 수 없는 따 프롬은 앙코르와트 사원, 앙코르 톰과 함께 자연과 문명의 절묘한 공존을 상징적으로 나타내주는 앙코르 유적이다. 세월이 흘러 문명의 흥망성쇠는 계속되어도 인간이 만든 문명의 흔적은 이렇게 남아 있다. 보리수,

무화과 등의 거대한 나무들이 벽과 지붕에 뿌리를 내리고 있으며, 담을 넘고 문을 감싸며 절묘하게 보존되어 있는 모습은 마치 자연과 인간이 합심하여 빚어낸 예술의 극치와도 같이 느껴진다. 그래서 일부 보존론자들은 이 사원을 보수하는 것은 오히려 사원을 망치는 길이라고 주장하기도 한다.

앙코르 톰 남문 아래쪽의 언덕에 위치하고 있는 프놈 바켕 사원은 저녁노을을 배경으로 내려다보는 앙코르지역의 일몰과 함께 감상하는 곳으로 더욱 유명하다. 매일 해질 녘이 되면 앙코르지역을 둘러보던 관광객들의 대부분이 이 사원으로 일몰을 보기 위해 몰려든다. 이곳은 지평선과 수평선이 맞닿은 곳으로 사라지는 일몰의 아름다움도 일품이긴 하지만, 이 황홀한 일몰 속에서 우리는 저마다 가슴에 간직하고 있는 아쉬운 과거와 현재를 성찰하게 된다. 마찬가지로 억겁의 시간 속에서도 변함없는 자연의 섭리 속에서 흥했다가 망하는 문명의 영고성쇠를 생각해 보게 된다.

앙코르와트에는 바꽁, 따 쏨, 번떼이 스라이, 쁘레 룹 등의 또 다른 수많은 앙코르의 유적들이 모두 나름대로의 독창적인 매력을 지니고 있다. 이같이 위대한 문화유적들이 오랜 세월 방치되거나 전쟁에 의해 무차별하게 파괴되어 훼손된 모습들이 안타까움을 더한다. 앙코르의 유적들은 크메르 왕조의 웅장함과 영광을 말없이 우리에게 보여주고 있는 것이다. 그러나 몰락한 왕조의 영광의 뒤안길에는 슬픈 후예들의 삶이 있다. 씨엠립에서 살펴볼 수 있는 크메르 왕국 후예들의 삶은 모두 찌들고 슬픈 모습이다.

톤레삽 호수의 사람들

어느 곳에서나 아무리 화려하고 영광된 문명을 가졌다고 하더라도 몰락한 왕조의 후예들은 슬프다. 그러한 후손들의 모습을 살펴볼 수 있는 곳이 바로 아시아 지역에서 가장 큰 담수호인 톤레삽 호수다. 한 때 인도차이나 반도의 중심으로 여러 나라를 평정했던 크메르 왕국의 건설을 가능하게 했던 이 호수는 이제 그 후손들의 고단한 삶의 터전으로 남아있다. 호수인지 바다인지 구분키 힘들 정도의 큰 호수 위에 떠있는 수상가옥만 오천여 채, 그곳은 찬란한 왕국의 후예들의 남루한 삶을 대표하는 수상가옥이다. 그 위에서 밥 먹고, 잠자고 거의 모든 생활을 이어가는 그들의 모습은 대단히 남루하고 가난해 보인다.

그러나 배를 타고 가면서 유심히 살펴보아도 그들에게 절망의 표정은 발견할 수 없었다. 오히려 그들은 검은 얼굴을 하고 관광 온 외국인에게 이빨을 드러내며 손을 흔들어 보인다. 수상가옥 중간 중간에 위치한 수상학교에 배를 타고 등하교를 하는 아이들의 모습도 밝아 보인다. 그들은 비록 지금 고단하고 초라해 보이기까지 한 수상가옥에서의 지리한 나날들을 살아가고 있지만 이런 고난의 세월을 이겨낼 수 있다는 희망을 지니고 있는 것 같았다. 그렇다. 그들은 비록 몰락한 왕조의 후손이지만 자신들의 미래에 언젠가는 자신들의 선조들이 이룩했던 그 위대했던 왕조와 같은 문명을 이룩할 수 있다는 희망이 있기 때문에 그들은 미소지울 수 있는 것이다.

한때 세계에서 가장 찬란했던 문명을 꽃피우고 역사 속으로 사

라져 간 크메르 왕국, 그 영광과 쇠락을 고스란히 담고 있는 앙코르 와트는 세월의 허무와 영원, 그리고 삶에 대한 깊은 성찰을 갖게 해 주는 곳이었다. 그래서 영국의 토인비도 앙코르 유적지를 본 후에 "이렇게 경이로운 곳에서 여생을 마치고 싶다."고 했던가.

부에노스아이레스에서 사랑은 없다

부에노스아이레스에서 사랑에 빠질 확률

얼마 전 국내에도 소개되어 화제를 나은 바 있는 아르헨티나의 영화 중에 〈부에노스아이레스에서 사랑에 빠질 확률〉이라는 영화가 있었다. 부에노스아이레스의 거리를 걸으면서도 '부에노스아이레스에서 사랑은 없다.'는 말은 어떤 의미를 지니는가 하고 호기심을 가지게 된다.

아르헨티나는 20세기 초반까지만 하더라도 세계 5위 안에 드는 경제 부국이었지만, 페론이즘이란 대중인기에만 영합하는 잘못된 정치로 선진국 문턱에서 주저앉은 나라로 알려져 있었다. 그러나 정작 부에노스아이레스에 도착하게 되었을 때 적잖은 혼란을 느꼈다. 부에노스아이레스는 파산한 나라 수도로서의 을씨년스러움이 아닌 부의 윤기와 수준 높은 문화의 향기가 묻어나고 있었다. 남미가 아닌 파리나 런던과 같은 유럽의 어느 대도시의 분위기를 연상시키면서 정말 이 나라가 부도난 나라가 맞는가 하는 의문이 절로 들었다.

거리에는 백년 넘은 고목들이 즐비하게 늘어서 있었고 시내의 팔레르모 공원에는 제철을 만난 듯 '술 취한 나무'가 분홍색 꽃망울을 터트리며 나를 반겨주고 있었다. 아르헨티나는 라틴어로 '은'이라는 뜻이다. 아르헨티나가 가진 거대한 경제적 잠재력과 가능성은 엄청난 것으로 보였다. 남반구에 위치한 이 나라는 한반도의 열 세 배나 되는 거대한 땅에 한반도 전체인구 7500만 명의 절반 수준인 3700만 명이 살고 있으며, 가스·석유 등의 넘치는 천연자원은 아직도 전체 매장량이 얼마인지 모를 정도의 천혜의 에너지자원을 가진

자원대국이다. 아르헨티나는 부도난 나라라기보다는 일시적으로 경제적인 어려움을 겪고 있다는 것이 올바른 표현일 것이었다.

아무리 자원이 풍부한 나라라도 정치를 잘못하면 망할 수밖에 없다. 우리나라처럼 아르헨티나 역시 2001년 IMF 외환위기를 맞아 어려움을 겪었다. 환란을 맞았을 때 한 조각가가 국민에게 희망을 주기위해 만들었다는 '움직이는 꽃' 조형물이 도심에서 은빛 자태를 뽐내고 있었다.

에바 페론을 그리며

부에노스아이레스의 길거리를 오가는 버스의 보라색 빛이 너무 좋았다. 밤이 되면 그 보라색 빛은 더욱 짙은 감청색의 빛을 띠게 되어서 도시 전체를 은은한 감미로운 우울로 물들이게 되었다. 버스운전사는 매우 위험하게도 돈을 받아 세고, 표를 끊어주며, 동시에 잔돈을 거슬러줬다. 사람들이 우르르 몰려 타면 운전수의 손놀림이 장난이 아니었다, 팔이 문어다리처럼 여러 개 있는 듯이 보였다. 게다가 옆에 애인까지 세워두고 잡담해가며 버스를 운전했다.

시내 골목길을 돌고 돌아서 레꼴레따 공동묘지로 찾아갔다. 레콜레따 지역의 공동묘지는 아름다운 묘지로 유명하다. 호화로운 조각들이 무덤을 장식하고 있어서 공원같이 아름다웠다. 1882년에 개설된 가장 오래되고 유서 있는 묘지이면서 박물관에서나 볼 수 있는 화려한 조각상과 전통적인 장식이 꾸며져 있는 납골당은 전혀 묘지라고 생각할 수 없을 정도인데, 곳곳에서 보여 지는 고양이들이 권력과 인생의 무상함을 표현해주는 듯 했다.

시내 한복판에 자리한 공동묘지가 한국적 정서에는 맞지 않지만 이곳에는 역대 대통령 13인의 묘소를 비롯해서 너무도 유명한 '가난한자의 성녀요, 부자들엔 악녀'로 평가 받았던 페론 대통령의 부인 에비타가 잠든 곳이기도 하다. 에비타는 에바 페론을 애칭으로 부를 때 쓰는 말이다. 수많은 대리석탑들로 미로를 만들어 놓은 이곳에 후손의 손길이 닿지 않아 벽돌사이로 잡초가 무성히 자라고 있는 곳도 있었다. 다른 묘들과 달리 에바 페론의 묘에는 언제나 꽃다발이 끊이지 않는다고 한다.

빈민층의 딸로 태어나 온갖 역경을 딛고 퍼스트레이디가 된 그녀의 인생은 그 자체만으로도 한편의 영화와도 같다. 에비타는 노동자들의 어머니이자 노동자들이 진정 존경하는 성녀였다. "클레오파트라의 코가 조금만 더 높았더라면"하는 우문을 던지는 것과 같이, 에비타가 젊은 나이에 죽지 않고 좀더 살았더라면 아르헨티나의 운명은 어떻게 달라지게 되었을까?

그녀가 좀더 살았다면 아마도 예측하기 힘든 아르헨티나는 그 역사를 다시 써야 했을 것이다. 페론은 에비타의 인기에 힘입어 대통령이 되었고, 에비타가 죽고 나서 얼마 지나지 않아서 실각을 했다. 노동자들에게 사회정의 실현을 위해 불꽃같이 자신을 태웠던 에비타는 이렇게 말했다. "나는 이 큰 도시의 모든 마을을 걸어봤다. 그때부터 나는 내 조국의 땅 안에서 뛰고 있는 심장의 모든 생각을 다 꿰뚫고 있다."

아르헨티나의 국민적 영웅이라는 평가와 한편으로는 아르헨티나 몰락의 단초라는 너무나 상반된 평가를 받고 있는 인물인 에바 페론, 지금 이 길 어디쯤에도 그녀의 온 몸이 타들어가도록 몸부림쳐야 했던 상처의 흔적이 있을 듯하다.

체 게바라의 생애와 투쟁

에바 페론과 함께 아르헨티나의 국민적 영웅으로 존경받는 사람은 체 게바라이다. 한 도시를 이야기하면서 그곳에서 살다간 인물들을 다 이야기할 수 없지만 오늘의 아르헨티나를 세계인에게 회자케 한 인물로 체 게바라를 빠뜨릴 수 없다. 그의 본명은 에르네스또 게바라 데 라 세르나이다. 그는 원래 중산층의 아들로 꼬르도바 주 로사리오라는 도시에서 태어났지만, 어릴 때부터 천식을 앓아 공기가 좋은 알따 가르시아라는 마을로 이사해 살게 된다. 그는 부에노스아이레스 국립대학교 의과대학을 졸업하고 의사가 되었지만, 의사로서의 평안한 삶보다는 현실 개혁이라는 이상을 좇는 혁명가의 삶을 택했다.

인간을 억압하는 모든 독재에 대항하기 위해 전 세계 전장을 뛰어다닌 체 게바라는 1960년대 저항운동의 상징이다. 그는 검은 베레모에 아무렇게나 기른 긴 머리칼, 덥수룩한 턱수염, 그리고 열정적인 눈빛, 굳게 다문 입술은 진보적인 지식인을 자처하는 사람들에게 동경의 대상이다.

자전거와 오토바이를 타고 중남미 전역을 여행하면서 민중의 비참한 생활과 미국 기업들의 착취에 눈을 뜨기 시작하면서, 민중을 위한 혁명의 대열에 들어선다. 1954년 과테말라의 좌파 정권 하꼬보 아르벤즈 대통령의 개혁정책에 참여했다가 쿠데타에 의해 전복되는 것을 바라보면서 본격적인 마르크스 레닌주의에 몰두한다.

그 후 1955년 체 게바라는 쿠바에서 추방되어 멕시코에서 망명생활을 하던 중 피델 카스트로를 만나게 되고, 쿠바 혁명의 성공과

함께 체 게바라도 성공한 혁명가가 된다. 그 후 체 게바라는 혁명이 성공한 후 홀연히 쿠바를 떠나 콩고와 볼리비아에서 게릴라 활동을 하다가 1967년 10월 9일 볼리비아 정부군에 의해 사살된다. 의사로서, 혹은 쿠바 혁명 성공 후 정치인으로 얼마든지 안락한 생활을 할 수 있었던 그는 오직 사심 없이 공산주의라는 이상만을 추종한 순수한 혁명가로서 살았다.

민중과 함께 하는 삶

'체Che'라는 말은 모든 부에노스아이레스 사람들이 쉽게 사용하는 단어이다. 그 뜻은 사람을 부를 때 '어이'하는 정도의 말이다. 사실 이것을 아무에게나 사용할 수는 없고, 비교적 막역한 사이나 같은 집단에서만 사용하지만 길거리에서 처음 만난 사람도, 친구 간에도 그렇게 부른다. 체 게바라는 누구나 쉽게 부를 수 있고 쉽게 다가갈 수 있는 사람이었다.

체 게바라 열기는 그가 활동하지 않았던 유럽과 미국 등지에서도 계속 타올랐다. 그 이유는 단지 그의 정치적인 입장에 의해서가 아니라 그가 당시의 '시대정신'을 가장 잘 구현한 사람이었기 때문이다. 그는 더 나은 세상을 꿈꾸는 사람들의 가슴속에 언제나 살아있다. 현대사회에서는 시간이 흐를수록 체와 같은 사람을 찾아보기가 더 어렵기 때문이다. 60년대라는 시대와 그 시대를 불꽃같이 살다간 이상을 꿈꾸는 인간으로서의 게바라와 같은 인물을 다시는 만날 수 없을 것이다.

'죽은 게바라가 산 독재자를 물리친다.' 라는 말이 있다. 체 게바라가 볼리비아에서 처형된 지 30여 년이 된 지금도 그가 추진했던 혁명은 아직 미완으로 남아 있다. 게바라의 죽음은 그 자체로서 남미 등 많은 지역의 반독재투쟁의 정신으로 오늘날까지 살아 있다. '게바라의 후예들'은 그가 직접 활동했던 아프리카 콩고와 남미 볼리비아는 물론 멕시코, 미얀마 등 세계 곳곳에서 다양한 방법으로 활동하고 있다. 다음과 같은 그의 유명한 어록과 함께-.

"물레방아를 향해 질주하는 돈키호테처럼 나는 녹슬지 않는 창을 가슴에 지닌 채, 자유를 얻는 그날까지 앞으로 앞으로만 달려갈 것이다."

"인간은 태양을 향해 당당하게 가슴을 펼 수 있어야 한다. 태양은 인간을 불타오르게 하고, 인간의 존엄성을 드러내준다. 고개를 숙인다면 그는 인간으로서의 존엄성을 잃게 되는 것이다."

부에노스아이레스에서는 탱고를

봄이라면 안온하고 따스한 느낌의 이미지를 떠올리거나, 혹은 비발디의 봄을 생각하기 마련이지만, 부에노스아이레스라는 도시의 정열은 계절을 마다하지 않는 듯하다. 남미의 파리라는 명칭에 걸맞게 부에노스아이레스의 오래된 건물들. 꾸불꾸불한 골목길을 돌다보면 오랜 역사와 인간의 흔적은 도처에서 호흡하고 있었다. 허풍이 심한 아르헨티나 사람들이 건너가는데 하루가 걸린다고 하는 세상에서 가장 넓은 도로인 코코풍의 대통령궁과 국회의사당사이의 대로를 지나다 보면 40도 가까운 뜨거운 여름의 열기가 쏟아져 내리고 있다.

부에노스아이레스의 시작은 탱고의 발상지라는 보카 지구에서 시작한다. 이곳은 도시의 동남쪽 항구에 위치하면서 유럽에서 이민온 사람들의 안식처였다. 19세기 중엽부터 쿠바의 무곡을 변형하여 만든 탱고는 감미로운 음악과 함께 왠지 모를 애환이 묻어있는 아름다운 춤이다. 지금은 슬럼가로 변해버린 보카 지역의 투박한 색채마저도 다른 곳에서 볼 수 없는 조화로 보여 관광객들의 발걸음을 멈추게 한다. 크지 않은 무대 위에서 펼쳐지는 탱고 쇼는 이민자의 애환의 산물이라 하는 탱고를 중심으로 춤, 오케스트라, 노래, 안데스풍의 포크 뮤직으로 이루어진 아르헨티나 인들의 삶의 모습을 그대로 볼 수 있는 무대였다. 특히 에비타를 위한 '울지 말아요. 아르헨티나'를 부르는 장면에서는 희열과 슬픔이 함께 느껴지면서 쇼의 절정을 이룬다.

부에노스아이레스는 슬퍼서 아름다운 도시이다. 나는 그 밤을 잊지 못한다. 섹스는 육체의 위안이지만, 탱고는 정신의 위안이라는 말이 있다. 나그네의 가난한 정신과 영혼에 위안을 주기 위해서인지 탱고 춤을 추는 여인들의 몸짓은 밤을 잊고 있었다. 여인들의 탱고의 몸짓에는 아르헨티나의 고단한 일상과 인생이 담겨서 흔들리고 있었다.

우리가 살아있음을 생생히 확인할 수 있는 것은 항상 정체되지 않고 움직이고 있을 때라고 할 것이다. 닿을 수 없는 미지의 그 황홀함을 향해 눈멀어 황홀하게 움직여갈 때, 움직여 가서 닿고 싶은 곳, 그곳이 우리의 마음속에 간직되고 있는 한 우리는 항상 살아 움직이는 존재가 된다.

부에노스아이레스! 나는 그곳에서 보낸 시간들을 잊을 수 없다. 지금도 어느 카페에서나 대중매체에서 경쾌한 탱고풍의 음악이 나오면 마음은 부에노스아이레스의 거리 어딘가로 달려가게 된다.

마추픽추 가는 길

페루의 수도 리마로

리마로 가는 비행기를 타기 위해 시애틀 공항에서 애틀랜타 공항으로 갔다. 애틀랜타 공항에 내리자마자 국제선으로 환승하는 시간이 급해 그 복잡하고 커다란 애틀랜타 공항 구내를 지하철을 타고 왔다 갔다 하기를 몇 번 마침내 리마로 가는 비행기를 탈 수 있었다. 리마로 가는 비행기를 타기 위해 미국 땅을 남북으로 종단을 한 셈이며. 페루에 도착하기 전에 반은 파김치가 되어 있었다. 그나마 한국에서 페루까지의 24시간에 가까운 비행을 하지 않은 것을 다행이라며 위안 삼을 수밖에 없었다.

비행기에 오르자 한숨을 돌리고 기내에 비치된 책자를 들어다 보았다. 거기에는 벌써 페루의 불가사의한 모습들이 그려져 있었다. 짙은 새벽안개에 싸여 있는 잉카 유적의 현장 마추픽추, 페루의 민속 의상을 입고 세 갈래의 머리를 늘어뜨린 인디오의 여인들, 아마존의 밀림 지대, 그리고 안데스 산 속 어딘가에서 메아리치는 폴클로레의 멜로디 소리. 이렇게 페루는 남미의 모든 이미지를 지니고 있는 나라이며 남미의 모든 매력이 깃들어 있다. 예전에 남미 최대의 제국을 쌓았던 잉카를 비롯하여 페루에는 기원전부터 몇 개의 고대 문명이 꽃피었다가 사라졌다. 그리하여 페루의 여행에서는 머나먼 과거를 가까이에서 느낄 수 있는 불가사의한 매력이 여행객을 매료시킨다. 동시에 시내 곳곳에서는 제국주의의 흔적이 여전히 남아있다.

시내에서 훌륭한 조각이 되어 있는 건물들을 바라보고 있노라면 그 옛날 잉카문명을 억누르고 식민지를 개척한 스페인의 위용과 이곳에서 캐낸 황금으로 호화스런 궁정생활을 한 제국주의자들의 모습을 짐작할 수 있다. 아르마스 광장의 중심에 위엄 있게 서있는 대성당도 바로 스페인 정복자에 의해 지어진 것이다. 대성당과 같은 성당의 모습은 남미의 여러 도시에서 볼 수 있는 풍경이지만 특히 리마의 대성당은 더욱 색다른 의미를 지닌 것이다. 이 건물은 1535년 1월 18일 리마 시 건설의 날 남미 최고의 정복자 프란시스코 피사로가 직접 손으로 초석을 놓은 페루에서 가장 오래된 대성당이라고 한다. 피사로가 페루에 상륙한 것은 황금의 도시라고 소문난 잉카 제국을 손에 넣기 위해서였다. 당시의 많은 스페인의 야심가들은 황금의 도시 엘도라도를 찾아서 신대륙의 이곳저곳을 떠돌아다녔다. 이곳 페루의 선봉자는 스페인 사람인 프란시스코 피사로였다. 그가 180명의 병사와 함께 잉카 제국으로 들어온 것은 1532년의 일이었다. 그들은 스페인의 국왕에게서 '가톨릭 포교'라는 종교적인 사명을 받고 있었지만 진짜 목적은 황금 때문이었다.

'잉카의 눈물'을 바라보며

이런 저런 생각에 잠겨 있을 때 비행기는 페루의 수도 리마에 도착하고 있었다. 리마는 남미의 입구로서 브라질의 상파울루나 리우데자네이루와 함께 남미로 들어가는 입구의 역할을 하는 곳이다. 리마의 호르헤 차베스 국제공항은 남미 제일의 현대적인 공항이다. 비행기에서 내려 사람들을 헤치고 밖으로 나오니 무더운 공기가 몸을 감싼다. 이곳 리마는 사계절 내내 거의 비가 내리지 않는다고 하는데, 5월이 되면 '잉카의 눈물'이라고 부르는 안개비가 약간 내릴 뿐이라 한다. 추수감사절이 가까운 때라 맑은 가을 하늘이 기대 되었지만 하늘은 비라도 올 듯이 잔뜩 흐려 있었다. 사람들에게 물으니 비가 올 날씨는 아니고 아마도 시내 전역을 다니는 자동차들에서 지독하게 내뿜는 매연 때문인 듯 했다. 흥미로운 사실은 아마도 세계 각지에서 한국의 자동차가 가장 많은 도시가 리마가 아닐까 할 정도로 한국 자동차가 많았다. 특히 시내를 달리는 자동차의 다섯 대 중 한 대가 대우의 티코 자동차일 정도로 한국의 자동차가 많았다.

수 백 년의 세월이 지났지만 아직도 페루의 수도 리마에는 제국주의의 흔적이 그대로 남아있다. 구시가지의 아르마스 광장에는 정복자 피사로가 세웠다는 대성당이 솟아있고, 그 주위에는 식민지 시대의 위엄을 나타내겠다는 듯이 정부청사와 시청사가 수백 년의 역사를 간직한 채 여행자들을 맞이한다. 그래도 리마 시내를 걷고 있으면 스페인 식민지 시대의 문화와 근대 문화가 서로 뒤섞여 공존하고 있다는 것을 느끼게 된다. 내일이면 이제 이번 여행의 백미라고 할 수 있는 마추픽추가 있는 쿠스코로 가야 한다.

사라진 잉카제국

리마공항을 이륙한 경비행기는 한 시간정도의 비행 후에 쿠스코 공항에 도착했다. 케츄아어로 배꼽또는 중앙을 의미하는 쿠스코는 3,399m의 안데스 분지에 자리 잡고 있는 인구 26만 명의 도시로 그 옛날 잉카 제국의 수도답게 잉카의 고대문명의 흔적이 도처에 남아 있는 도시이다. 태양신을 숭배한 잉카사람들은 쿠스코가 세계와 우주의 중심이라고 생각했다. 그리고 그들은 하늘은 독수리, 땅은 퓨마, 땅속은 뱀이 지배한다고 믿고 있다. 이러한 정신세계를 반영하듯 쿠스꼬는 도시 전체가 퓨마 모양을 하고 있으며, 그 머리 부분에는 사크사이와만 유적지가 자리하고 있다. 16세기 스페인의 정복자들에 의해서 잉카인은 산속으로 쫓겨 갔다. 잉키인들이 쫓겨난 자리에 스페인 사람들은 교회와 저택을 지었다. 잉카사람들이 살던 삶의 터전과 스페인 사람들이 새로 지운 건물들이 이상한 대조를 이루며 현재의 쿠스코를 아주 특별하고도 무언가 우울한 도시로 보이게 하고 있다.

세계 곳곳의 위대한 문명이 영광과 오욕의 역사를 간직하고 있는 거와 마찬가지로 페루는 잉카문명을 꽃피우는 영광과 함께 스페인 지배 속의 멸망이라는 슬픈 역사를 간직하고 있다. 15세기 말부터 시작된 유럽의 신대륙의 탐험과 더불어 1532년에 신대륙을 찾아서 건너온 스페인 사람들에 의해 잉카문명은 비극을 맞게 된다. 스페인의 프란시스코 피사로에게 잉카 황제 아타와르파는 카하마르카에서 붙잡혀 처형됨으로써 사백여 년에 걸친 잉카문명이 막을 내리게 되

는 것이다. 그 후 페루는 19세기 초반 독립할 때까지 스페인의 식민지로서 억압과 착취의 세월을 보내게 된다.

쿠스코를 걸으며

마추픽추를 비롯하여 쿠스코의 근교에는 잉카 시대의 유적이 그대로 남아 있다. 카미노 델 잉카라고 부르는 잉카 시대의 길이 있는데 당시에 잉카가 지배하고 있던 지역부터 쿠스코로 집중해 있다. 지금의 도로도 잉카의 길을 근거로 하여 만든 곳이 많고, 당시의 다리나 터널, 안데네스라고 부르는 계단밭, 관개용 수로 등은 지금도 그대로 사용되고 있다. 잉카사람들은 스페인의 정복자들에 의해 그 옛날 어디론가로 사라져버렸다고 생각되지만 아직도 잉카인들은 자신들의 삶을 그대로 간직하고 있었다.

쿠스코 시내 곳곳에 있는 석조건물들을 보고 있노라면 풀리지 않는 의문에 잠기게 된다. 면도날 하나 통하지 않을 정도로 빈틈없이 치밀하게 쌓은 석공 기술을 지닌 잉카의 사람들은 도대체 어디에서 왔다 어디로 가버린 것일까? 잉카족 발생의 전설에는 두 가지가 있다. 그 하나는 잉카 왕조를 최초로 열었던 망코 카파크가 티티카카 호수에 나타나 태양신의 아들로서 주변의 백성들을 지도하면서 쿠스코 분지로 왔다고 하는 전설이다. 다른 하나는 창조신 비라코차의 명령을 받은 여덟명의 형제 자매가 쿠스코 부근의 동형에서 나와 쿠스코에 이주해 왔다고 하는 전설이다.

잉카 제국이 융성하게 된 것은 탁월한 농업생산과 사회조직에서 혁명적인 방식이 도입되었기 때문이라고 한다. 계단식 밭에 의한 곡류 생산, 반란 방지를 위한 인구 이동, 키푸라고 하는 매듭에 의한 통계관리, 발달한 도로망, 집단 노동 등등이 이 같은 사실을 입증해 준다.

마추픽추 가는 길

새벽5시 30분에 출발하는 마추픽추 행 열차를 타기 위해 일찍 일어났다. 고산병에 적응이 되어서인지 간밤에는 비교적 잠도 잘 잤다. 쿠스코에서 마추픽추로 가는 열차는 중간 중간에 몇 차례 좁은 철로의 노선을 바꾸어 가며 힘겹게 산 속을 달려가고 있었다. 말이 달려가는 것이지 아마도 시속 30-40킬로도 안될 정도의 속도로 숨을 헐떡이며 움직여 가고 있었다. 한참을 그렇게 움직여 가다가 왼쪽으로 우루밤바 계곡이 나오고, 오른쪽은 깎아지른 동 안데스 산맥의 봉우리들이 만년설을 이루며 나타났다.

세시간 가까이 달린 열차는 베로니카 봉을 비롯하여 웅장하고 아름다운 설산들을 지나고 아구아스 카리엘테스 역을 통과하여 마추픽추 아래의 푸엔테 루이나스 역에 도착한다. 푸엔테 루이나스 역은 해발 2,000m로 쿠스코보다 약 1,500m낮은 곳에 있어서 공기가 따뜻하게 느껴지며 이상할 정도로 평온한 느낌을 주는 곳이었다. 푸엔테 루이나스 역 앞에 당도하니 마추픽추까지 가는 미니버스가 대기하고 있었는데, 이 버스를 타고 다시 이십분 정도를 올라가 마침내 마추픽추에 도착하게 된다. 언덕길은 발견자의 이름을 따서 하이람 빙검 도로라고 부른다.

구불구불한 산길을 굽이쳐 오르기를 수십 차례, 갑자기 눈앞에 무슨 환상과 같이 사람들이 살았던 도시가 갑자기 확 나타났다. 이곳이 바로 잉카인들이 정복자 스페인 사람들을 피해 천년왕국으로 꿈꾸며 건설했던 도시인 것이다. '공중 도시', 그렇다. 잉카인들은 정복자들의 피하기 위하여 산 속에 비밀 도시를 만들었다. 그렇지만 어느 날 잉카인들은 스페인 정복자들이 이곳까지 들이닥치는 것을 보고 도시를 불태우고 또 다시 어디론가 사라져 버렸다.

'잃어버린 도시' 마추픽추

만 명이나 되는 사람들이 살던 잉카의 공중 도시 마추픽추는 1911년 하이람 빙검에 의해서 발견되었을 때는 풀에 묻혀버린 폐허였다. 마추픽추는 해발 2,280m의 산정에 있다. 주위에는 높은 산들과 절벽이 놓여 있고, 우루밤바 강 유역은 열대우림이 무성한 정글로 아래에서는 물론 볼 수 없고, 공중에서만 존재를 확인할 수 있다는 점에서 '공중 도시'라고 부르고 있다. 눈 아래로는 실처럼 가늘게 흐르는 우루밤바 강과 현기증을 일으킬 것 같은 절벽이 내려다보인다. 마추픽추가 '늙은 봉우리'라는 의미를 지니고 있다면, 와이나피츄는 마추픽추의 배후에 솟아 있는 '젊은 봉우리'를 의미한다. 이곳 정상에서는 당연히 마추픽추의 전망을 가장 잘 볼 수 잇는 곳이다. 그렇지만 산정으로 올라가는 길이 가파르고 위험해서 오를 수 없었다.

공중에서 본 마추픽추의 총면적은 5km²이며 절반가량이 경사면이다. 유적 주위는 높이 5m, 두께 1.8m의 성벽으로 견고하게 만든 요새 형식이다. 유적의 가장 오래 된 부분은 지금부터 2000년 전에 만들어졌다고 하지만, 적어도 잉카 이전부터 존재해 왔다고 얘기된다. 스페인 정복 후 쿠스코나 다른 도시는 모조리 파괴되어서 잉카의 건축양식을 충실하게 재현하는 것이 매우 곤란했다. 그러나 마추픽추만은 그런 잉카 시대의 잃어버린 과거가 손닿지 않은 채로 남아 있는 유적이었다. 하이람 빙검이 이곳을 '잃어버린 도시'라고 불렀던 것도 이 때문이다.

철새는 날아가고!

마추픽추의 수많은 유물과 유적들이 잉카의 슬픈 유산으로 남아있다. 잉카 문명은 저 장엄한 마추픽추의 유적을 통해서 재평가 되었다고 해도 과언이 아닐 것이다. 그러나 저같이 위대한 문명을 일으켰던 잉카사람들은 스페인 제국주의자들의 침략에 의해 또다시 어디론가 떠나지 않으면 안 되었다. 자신이 잉카인의 후예임을 자랑스레 여기고 나에게 잉카문명과 마추픽추에 대해 땀을 흘리며 열심히 설명하던 인디오가 안데스의 원주민들이 사용하는 전통악기인 피리를 꺼내 '철새는 날아가고!(엘 콘도 파사!)'를 애절하게 불고 있다. 그 애절한 곡조는 한참동안 마추픽추의 광장을 맴돌다가 잉카사람들이 떠난 아마존의 숲 어딘가로 흘러가고 있었다.

돌아오는 길에 다시 미니버스를 탈 때 붉은 옷을 입은 인디오 소년이 나타나서 손을 흔들며 '굿바이'하고 인사한다. 굿바이 소년을 뒤로하고 마추픽추를 떠났다. 마추픽추를 비추는 태양은 더욱 강열하고 붉게 보였다. 잃어버린 도시, 잃어버린 문명, 그 위로 한 무리의 철새가 날아가고 있었다. 엘 콘도 파사!